BRIDGE
LIGHTWEIGHT MONITORING

桥梁轻量化监测

张宇峰　徐一超　承　宇　编著

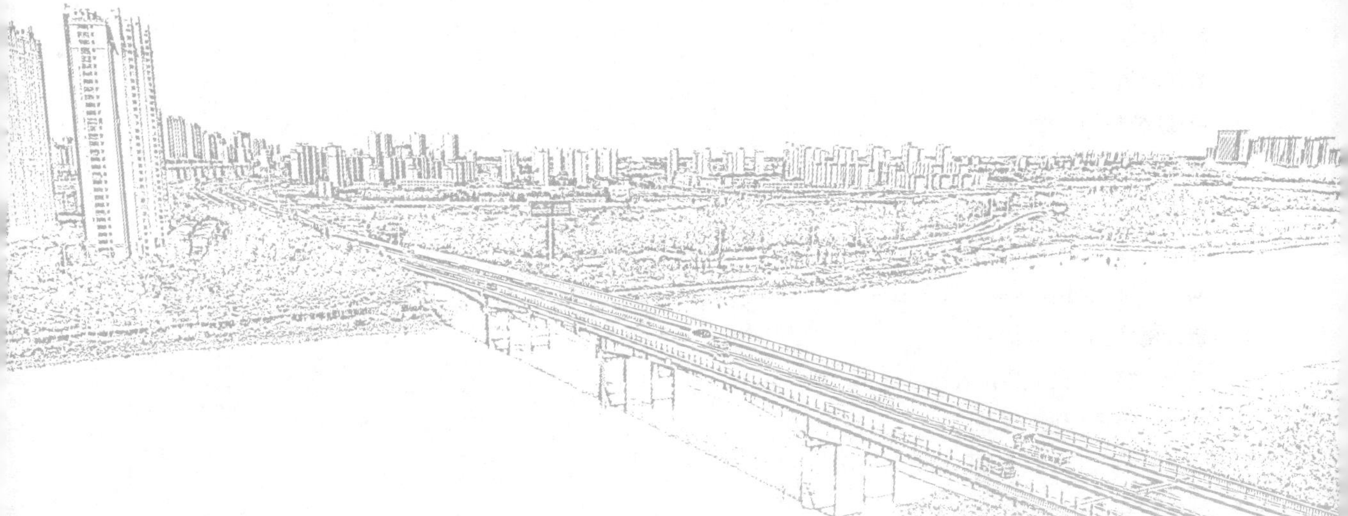

人民交通出版社
北京

内 容 提 要

桥梁是交通网络的“咽喉”节点,对保障国家安全和人民生命财产安全具有重要意义。常规桥梁受维护经费、桥址位置、服役环境等因素限制,难以像特大跨径桥梁一样做到全面的结构健康监测。本书针对数量众多的常规桥梁,根据其不同特点设定监测场景,通过场景监测进行常规桥梁的监测工作。本书共分5章,分别介绍了桥梁结构监测技术、轻量化监测顶层设计、监测技术与装备、监测系统建设、典型应用案例等内容。

本书可供桥梁监测从业人员、基层桥梁养护人员和技术人员及桥梁养护工程师参考使用,亦可作为高等院校有关工程专业的教学参考书,以及公路技术人员自学与培训教材。

图书在版编目(CIP)数据

桥梁轻量化监测 / 张宇峰,徐一超,承宇编著.
北京 :人民交通出版社股份有限公司, 2025.1.
ISBN 978-7-114-20014-4

Ⅰ. U446

中国国家版本馆 CIP 数据核字第 2025571LH7 号

Qiaoliang Qinglianghua Jiance

书　　名:**桥梁轻量化监测**
著 作 者:张宇峰　徐一超　承　宇
责任编辑:陈力维
责任校对:龙　雪
责任印制:张　凯
出版发行:人民交通出版社
地　　址:(100011)北京市朝阳区安定门外外馆斜街3号
网　　址:http://www.ccpcl.com.cn
销售电话:(010)85285857
总 经 销:人民交通出版社发行部
经　　销:各地新华书店
印　　刷:北京市密东印刷有限公司
开　　本:787×1092　1/16
印　　张:10.25
字　　数:256千
版　　次:2025年1月　第1版
印　　次:2025年1月　第1次印刷
书　　号:ISBN 978-7-114-20014-4
定　　价:68.00元

前言 >>>

可持续发展一直是全球关注的重大议题，对于保障国民经济持续、稳定、健康发展具有重要作用。我国积极推进可持续发展战略，并取得了显著成效。据《地球大数据支撑可持续发展目标报告(2023)》显示，我国超过一半的环境类指标已提前实现了联合国《2030 年可持续发展议程》中的目标。

交通运输作为推动可持续发展的关键领域，对可持续发展战略的顺利实施起着重要的支撑作用。改革开放以来，在党的领导下，我国交通事业坚持与经济社会协调发展、与自然生态和谐共生的理念，不断自立自强、艰苦奋斗，努力建设人民满意的交通系统，取得了举世瞩目的成就，从根本上改变了交通基础薄弱、整体落后的局面。进入新时代，我国继续贯彻创新、协调、绿色、开放、共享的新发展理念，加速构建现代化综合交通运输体系，在推动可持续交通发展方面取得了显著进展。特别是党的十八大以来，我国交通运输事业取得了历史性成就，正稳步从“交通大国”向“交通强国”迈进。党和国家领导人一向高度重视交通的可持续发展。2023 年，国家主席习近平向全球可持续交通高峰论坛致贺信，指出“建设安全、便捷、高效、绿色、经济、包容、韧性的可持续交通体系是支撑服务经济社会高质量发展、实现‘人享其行、物畅其流’美好愿景的重要举措。”[1]这为我国在可持续交通领域的进一步发展指明了方向。

在这一背景下，桥梁结构健康监测作为建设安全的可持续交通体系中的关键举措，正逐步引起广泛重视。近年来，桥梁结构健康监测技术得到了国家和行业的大力支持，尤其在长大桥梁上，现代化的传感、通信及网络技术得以广泛应用，定制化的监测系统为长大桥梁的安全运行提供了有效保障。然而，由于长大桥梁的监测系统架构复杂、规模庞大、造价高昂，且后期维护的工作量和成本巨大，如何合理推广健康监测系统成为一大难题。与此同时，中小跨径桥梁的结构形式相对简单、病害风险较为单一，而建设单位的维护资金相对有限，因此昂贵的定制化监测系统并不适用于这些桥梁。编者团队深入学习习近平主席在第二届联合国全球可持续交通大会开幕式上的主旨讲话，创新性地提出“桥梁轻量化监测”。桥梁轻量化监测是一种面向桥梁重点风险场景特定参数，通过布置低功耗、易安装、高集成的感知设备，获取定量数据或定性结果，实现超限报警预警和长期数据跟踪观测，服务桥梁运营养护的多学科交叉融合技术，具有“少指标、小成本、高集成、低功耗、易安装、轻维护、自组网、多联动”的技术特点。桥梁轻量化监测的发展，将进一步推动桥梁监测传感领域产业链与创新链的深度融合，充分发挥监测技术在桥梁养护管理和执法应急等方面的作用，对突发事件进行及时报警，提供突发事件

---

[1] 《习近平向全球可持续高峰论坛致贺信》，《人民日报》2023 年 9 月 26 日。

前后的关键数据,支撑交通强国、制造强国等国家重大战略,保障国家安全、人民生命财产安全。

本书由张宇峰、徐一超、承宇设计大纲并主持编写。第 1 章由张宇峰、承宇、张光伟、张宸茜等编写;第 2 章由陈晓强、张宇峰、孙吉飚、何连海、赵楷林等编写;第 3 章由赵亮、张宇峰、黄月华、章磊磊、何连海、程博维等编写;第 4 章由徐一超、承宇、欧阳歆泓、彭家意、付一帆、郭俊、黄月华、刘锐、王连发、邓晓隆、马尚、陈一凡等编写;第 5 章由杨超、周文举、徐一超、张宇峰、承宇、邓晓隆、付一帆、韦俊杰、马威、陈一凡等编写。本书的研究得益于诸多相关领域的前沿研究成果,在此向有关学者及团队表达诚挚的敬意和感谢。

编　者

2024 年 10 月

目录 〉〉〉

1 桥梁结构监测技术

交通运输作为影响全球可持续发展的重要领域，一直受到广泛关注。桥梁是国家重要的基础设施，多位于交通骨干网的“咽喉”节点，桥梁结构安全服役的重要性十分显著。桥梁安全直接关系到广大人民的生命与财产安全，更对社会安定和谐具有深远影响。为了充分保障桥梁的安全服役，桥梁结构监测技术得到了迅速的发展和完善，为桥梁的全寿命周期安全运营与健康维护提供了坚实的技术支撑和有效保障手段。

本章介绍了可持续交通发展背景下桥梁结构监测的核心理念、发展历程，展示了我国在此领域取得的显著成就与进步，剖析了国家为推动桥梁健康监测技术的广泛应用而制定的一系列战略规划与政策方针，全面勾勒了此领域未来发展的蓝图与方向。

1.1 可持续交通发展背景

可持续发展一直是全球关注的重大议题，关乎生态、经济与社会的协调发展，尤其对保障国民经济持续、稳定、健康发展具有重要作用。随着气候变化、资源消耗和环境恶化等问题日益凸显，世界各国纷纷将可持续发展提升至战略高度，力求在满足当代需求的同时，保护环境资源以造福后代。对我国这样一个人口众多、资源需求巨大的发展中大国而言，可持续发展的挑战尤为复杂和紧迫。我国在积极推进可持续发展战略的过程中，始终坚持以生态文明建设为核心，推动经济、社会与环境协调发展。改革开放以来，我国从粗放型经济逐步转向绿色、低碳、循环经济，力求在经济腾飞的同时，减少对自然资源和环境的依赖。我国实施了一系列重大举措，包括大力推广清洁能源、严格控制碳排放、积极推进环境治理、推动绿色技术创新等，为全球可持续发展作出了积极贡献。《地球大数据支撑可持续发展目标报告(2023)》(图 1.1-1)显示，我国在实现联合国《2030 年可持续发展议程》的过程中，取得了显著的成效。该报告指出，我国超过一半的环境类指标已经提前实现了联合国 2030 年可持续发展目标。这一成就不仅反映了我国政府在环境保护方面的决心和行动力，也表明在治理污染、保护生态系统以及推动绿色发展等多个方面，我国已经走在了世界前列。

交通是影响全球可持续发展的重要领域。1992 年联合国地球峰会通过的《21 世纪议程》首次确认了交通在可持续发展中的重要作用。2002 年世界可持续发展峰会的成果文件《约翰内斯堡行动计划》再次突出了交通的地位。2012 年在联合国可持续发展大会上，各国领导人一致认同交通在可持续发展中的中心地位。为促进和支持可持续交通发展方面的国际合作，联合国于 2016 年在土库曼斯坦召开首届全球可持续交通大会，就交通可持续发展及其对实现可持续发展目标的支持作用达成了初步共识。2020 年 12 月，国务院新闻办公室发布《中国交通的可持续发展》白皮书（图 1.1-2），全面总结了中国交通发展成就，重点阐述了十八大以来中国在推动交通发展方面实施的一系列方针政策和举措办法，深入诠释了中国交通可持续发展的理念和实践，并提出了未来中国交通发展的政策主张。2021 年第二届联合国全球可持续交通大会以“可持续的交通，可持续的发展”为主题，聚焦减贫脱贫、国际互联互通合作、绿色发展、创新发展、安全发展等议题，有助于各方凝聚共识，进一步推进全球、区域和国家的可持续交通发展。

图 1.1-1 《地球大数据支撑可持续发展目标报告》

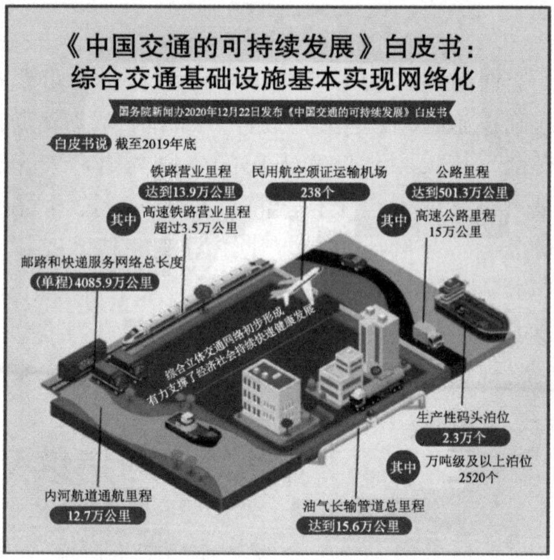

图 1.1-2 《中国交通可持续发展》白皮书

近年来我国正逐步从交通大国迈向交通强国。这主要体现在如下几个方面：

一是综合交通网突破 600 万公里。其中，铁路、公路增加里程约 110 万公里，高速铁路、高速公路对 20 万以上人口城市的覆盖率均超过 95%。

二是综合交通服务能力大幅提高。公铁水航客货周转量、港口货物吞吐量、邮政快递业务量等主要指标连续多年位居世界前列。

三是交通运输基础性、先导性、战略性、服务性作用充分发挥，为经济社会发展提供了有力支撑和坚实保障。

一直以来，党中央、国务院高度重视交通运输工作，先后出台一系列相关政策，印发了《交通强国建设纲要》《国家综合立体交通网规划纲要》《“十三五”现代综合交通运输体系发展规划》《“十四五”现代综合交通运输体系发展规划》等，有力推动了我国交通运输高质量可持续发展。2021 年 10 月 14 日，习近平主席出席第二届联合国全球可持续交通大会开幕式并发表主旨讲话，提出“要加快形成绿色低碳交通运输方式，加强绿色基础设施建设，推广新能源、智能化、数字化、轻量化交通装备，鼓励引导绿色出行，让交通更加环保、出行更加低碳。”❶2022

❶ 习近平：《与世界相交 与时代相通 在可持续发展道路上阔步前行——在第二届联合国全球可持续交通大会开幕式上的主旨讲话》，人民出版社 2021 年版，第 4 页。

年10月14日,习近平主席向中国国际可持续交通创新和知识中心成立致贺信。2023年9月25日,在全球可持续交通高峰论坛开幕之际,习近平主席向论坛致贺信,充分体现了对推动可持续交通发展和全球交通合作的高度重视,为我们推动交通在可持续发展道路上迈出新步伐指明了方向和路径。

1.2 桥梁结构监测技术发展背景

桥梁是国家重要的基础设施,多位于交通骨干网的“咽喉”节点。改革开放以来,伴随着国民经济的快速发展,对道路交通的要求日益提高,我国桥梁建设取得了突飞猛进的发展。《交通运输部行业发展统计公报》显示,截至2023年末,我国的公路桥梁数量已达107.93万座,比上年末增加4.61万座,其中特大桥10239座,如图1.2-1所示。我国建成了一批创造世界纪录的特大桥梁,如苏通大桥、杭州湾大桥、港珠澳大桥和西堠门大桥等,在跨径、技术难度和技术质量方面均处于世界同类桥梁前列。

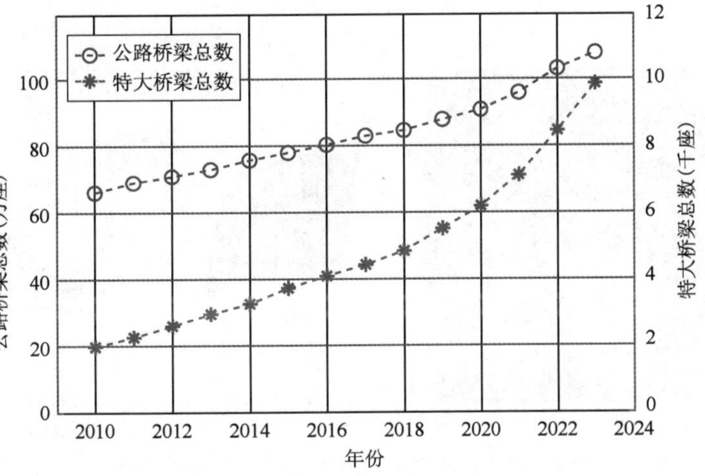

图1.2-1 历年公路桥梁数量统计图

桥梁结构使用期长达几十年甚至上百年,受车辆荷载、温度、风、腐蚀、疲劳、材料老化等因素耦合影响,易导致承载能力和耐久性下降,对桥梁结构安全及耐久性带来较大风险;地震、洪水、飓风、爆炸等灾害也可能损伤桥梁,若未及时发现,可能导致垮塌。图1.2-2为典型的桥梁安全事故,其中a)图为2018年8月14日,意大利莫兰迪大桥发生严重塌桥事故,造成43人死亡;b)图为2019年10月1日,我国台湾地区宜兰南方澳跨海大桥倒塌事故。“十三五”期间,我国共计投入697亿元,改造了3.4万座危桥,其中检修维护费用高达400亿元。截至2022年底,全国投入桥梁改造资金超1800亿元,改造危桥8.2万座。

长久以来,桥梁结构技术状况评估主要通过人工目视检查或便携式仪器测量来进行,分为经常检查、定期检查和特殊检查。然而,这种方法存在一定局限性:美国联邦公路局调查显示,56%的人工目视检查评估结果不准确。其主要不足包括:需要大量人力物力,有检查盲点;主观性强，难以量化；缺少整体性，只能提供局部信息；影响交通，需要交通管制；周期长，实时性差，无法在重大事故或自然灾害时提供即时信息。因此，传统人工检查方法已经越来越难以满足现代桥梁管养需求。为了解决这一问题，近年来桥梁结构健康监测技术迅速发展，已成为传统人工检查方法的必要补充。图 1.2-3 为桥梁常规检测与智能监测技术示意。

a)意大利莫兰迪大桥垮塌

b)我国台湾地区宜兰南方澳大桥垮塌

图 1.2-2　典型桥梁事故

a)常规检测技术

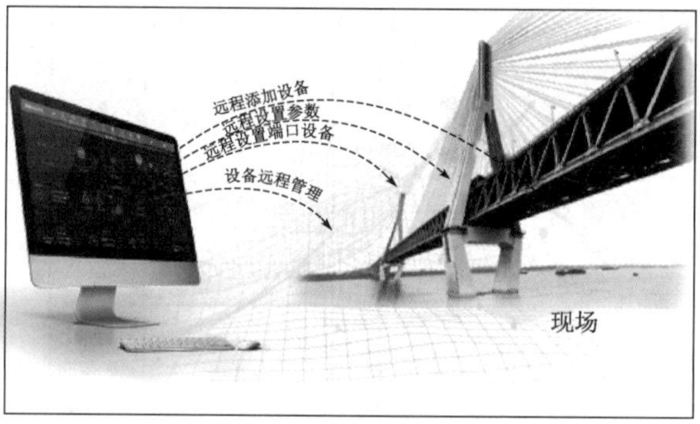

b)智能监测技术

图 1.2-3　桥梁常规检测与智能监测技术

结构健康监测（Structural Health Monitoring，简称 SHM）指利用现场的传感设备获取相关数据，通过对包括结构响应在内的结构系统特性分析，对结构状态进行识别，进而对已发生和将要发生的风险因素进行及时预警，并为后续的健康评估等环节提供基础依据的技术。结构健康监测的概念于 20 世纪 30 年代被提出，从 20 世纪 80 年代开始逐步从航空、航天和机械领域向土木工程领域，尤其是桥梁领域拓展，目前已被普遍认为是提高工程结构健康与安全及实现结构长寿命和可持续发展的较有效途径之一。

桥梁结构健康监测系统通过传感技术收集桥梁在全寿命周期内的外部环境因素和内部结构响应数据，随后利用各种数据清洗和时空多尺度评价方法，精确捕捉结构性能的变化规律，以支持针对性的维护决策。通俗理解来看，类似于人体的神经系统，结构健康监测技术也为桥梁构建了一套神经系统（图 1.2-4）：传感器如同神经末梢，精准感知结构响应；传输网络犹如神经中枢，快速传输响应数据；状态评估则相当于大脑，处理数据并评估结构状态。通过这种方式,桥梁结构健康监测系统能够实现长期、连续、全面的监测,及时发现潜在问题,预测性能变化,为桥梁维护管理提供科学依据。

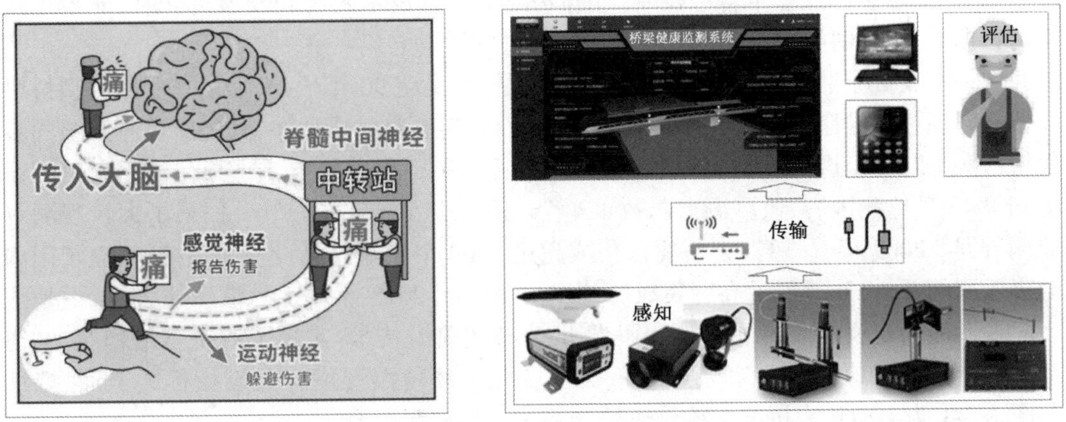

图 1.2-4　桥梁结构健康监测系统与人体神经系统类比图

从监测内容来看,桥梁结构健康监测系统的监测指标主要可分为 3 大类(图 1.2-5):①环境影响,包括风、温度、车辆荷载、地震等,是对桥梁结构的外界影响输入;②结构响应,包括应力、位移、索力、振动等,是在外界影响输入下桥梁结构产生的响应输出;③自身特性,包括频率、振型、影响线等,是桥梁结构自身所固有的特性。通常情况下,输入 X(环境影响)一定的情况下,如结构自身特性没有改变(没有损伤或边界条件改变),则输出 Y(结构响应)也不应发生改变;如其发生改变,则通常意味着桥梁结构发生了损伤或边界约束条件改变(如支座脱空或损坏),当然也可以直接通过桥梁自身特性的测定来发现损伤或边界约束条件改变。目前,基于结构健康监测系统的损伤识别和状态评估主要基于这一原理。当然,在实际运用时,由于现场环境复杂,监测系统获得的数据具有多源异构强耦合的特点,识别结构损伤、实现状态评估是一项非常复杂的工作,当前仍有大量技术瓶颈需要突破。

$$Y = F(X)$$

	结构响应（Y）	自身特性（F）	环境影响（X）
监测指标	应力、位移、索力、振动……	影响线、频率、振型……	风、温度、车辆荷载、地震……
常用设备	应变计、位移计、加速度计倾角仪、GNSS(全球导航卫星系统)……		风速仪、温度计、车速车轴仪、地震仪……

图 1.2-5　桥梁结构健康监测系统主要监测内容

1.3　长大桥梁结构监测技术应用现状

桥梁结构健康监测技术的萌芽可追溯至 20 世纪 60 年代,彼时,美国与英国率先开启了这一领域的探索之旅，其核心为桥梁应变、位移、温度等基础参数的精确测量。随着科技的不断发展，监测范畴显著拓宽，融入了风力监测与结构动态评估，确保在极端气象条件或桥梁结构异常波动时，能迅速触发安全警报机制。随后，网络信息技术的蓬勃发展，促使监测系统跃升至实时数据采集、即时数据分析与广泛信息共享的新高度。

我国在桥梁健康监测领域的研究起步较晚，从20世纪90年代起，陆续在一些大型桥梁上建立了不同规模的健康监测系统。苏通大桥于2008年6月建成通车，其健康监测系统同步投入使用，并于2022年进行了全面升级，涵盖了车辆荷载与车道分布、结构疲劳裂缝、钢桥面服役感知等42项监测内容，监测测点总数424个，至今已运行超过15年，积累了大量观测资料与监测数据。2009年，昂船洲大桥凭借集成超过1800个尖端监测设备的系统，树立了国内桥梁健康监测的新标杆，展现了高度集成的技术成就。而2018年竣工的港珠澳大桥，更是配备了当时业界最大规模的监测系统，运用大跨度分布式前沿技术，实现了对桥梁结构振动、缆索振动、气象参数（风速、风向）、倾斜状态、位移变化及环境温湿度等关键指标的全面、持续监控。图1.3-1为典型长大桥梁结构健康监测系统主要监测内容。

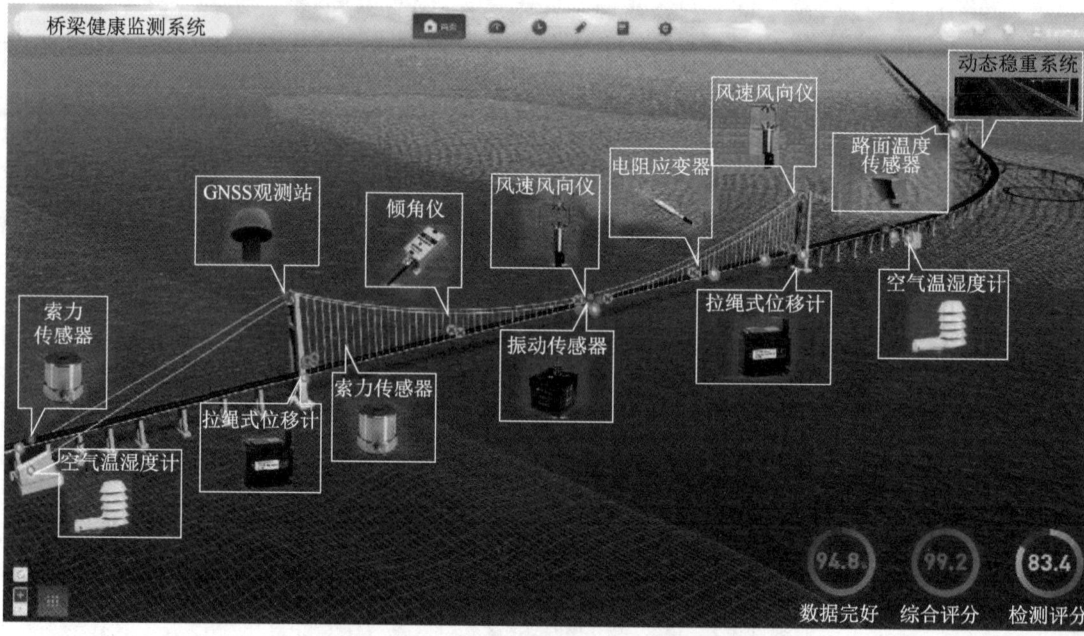

图1.3-1 长大桥梁结构健康监测系统主要监测内容

随着技术的进步和应用的发展，我国长大桥梁结构健康监测系统得到了快速发展和大量应用。当前研究聚焦传感器网络优化布局、智能化自动监测技术、实时数据高效共享机制、自动化损伤诊断技术、桥梁承载能力深度评估、结构可靠性分析及剩余使用寿命精准预测等多个前沿领域，且已取得了一系列令人瞩目的科研突破与实际应用成果，为保障长大桥梁安全运营提供了有效支撑。通过运用结构健康监测技术，对于异常事件（台风、地震等）和突发性损伤，提高了发现速度；对于累积性损伤，使趋势推演成为可能；对于桥梁的隐蔽部位，使用传感器代替人工检查，实现实时观察；对于桥梁设计，不仅可以对已有设计起到重要的验证作用，对于今后类似桥梁设计也可以起到很好的指导作用。桥梁结构健康监测已成为常规检测的必要补充和感知桥梁状态、保障桥梁安全与健康的重要手段。

近年来，桥梁结构健康监测技术日益受到认可，国家和行业都对桥梁结构健康监测技术给予了大力支持。从2013年开始，国家相关部门陆续出台了一系列行业政策。如2013年交通运输部颁布的《关于进一步加强公路桥梁养护管理的若干意见》中提道："特大、特殊结构和特别重要桥梁的养管单位，要利用现代信息技术，建立符合自身特点的养护管理系统和健康监测系统"；2016年，在交通运输部颁布的《"十三五"公路养护管理发展纲要》中提道："高速公路要运行实时监测覆盖率，加强长大桥隧健康监测和动态运行监管"；2018年，交通运输部印发了《公路长大桥隧养护管理和安全运行若干规定》，明确提出"长大桥隧经营管理单位应逐步建立长大桥隧结构监测体系，设置专人或委托专业机构对桥隧的结构状态和各类外部荷载作用下的响应情况进行监测，及时掌握长大桥隧的结构运行状况"；特别是2019年9月，中共中央、国务院在《交通强国建设纲要》中强调"提升关键基础设施安全防护能力""强化交通基础设施养护，加强基础设施运行监测检测，提高养护专业化、信息化水平，增强设施耐久性和可靠性"；2021年3月，交通运输部印发的《公路长大桥梁结构健康监测系统建设实施方案》中明确提出，"十四五"期间组织开展跨江跨海跨峡谷等401座长大桥梁结构健康监测系统的建设；2022年4月，交通运输部联合科技部发布《"十四五"交通领域科技创新规划》，指出"提升交通运输系统韧性和安全保障能力，实现特大桥梁自动化监测检测能力明显提升，攻克基础设施服役状态智能感知、实时监测评估"；2022年6月，交通运输部办公厅在《关于进一步做好公路长大桥梁结构健康监测系统建设实施工作的通知》中明确，2023年12月底前完成644座单桥系统建设；2024年4月30日，交通运输部办公厅印发《进一步推进公路桥梁隧道结构监测工作实施方案(2024—2030年)》，明确要"高度重视公路桥梁隧道结构监测工作，抓紧推进公路桥梁隧道结构监测系统建设，进一步健全完善公路桥梁隧道结构监测长效运行机制"。因此，对长大桥梁进行结构健康监测系统建设不但符合国家工程需求，而且与国家大政方针也是高度一致的。

2 桥梁轻量化监测顶层设计

常规跨径桥梁作为交通基础设施的重要组成部分，具有建设规模大、分布范围广与养护条件多样等突出特点，为解决现有常规跨径桥梁结构监测需求不明确、针对长大桥梁设计的健康监测系统与常规跨径桥梁的监测目标和环境特点不匹配的问题，需要针对常规跨径桥梁结构健康监测系统展开分析与顶层设计。

本章结合行业发展趋势，基于结构安全、技术发展、政策支持等分析了桥梁轻量化监测需求，提出了桥梁轻量化监测概念，明确了桥梁轻量化监测的典型特点，构建了“汇聚化”和“一体化”两种桥梁轻量化监测系统架构，为桥梁轻量化监测提供指导。

2.1 需求分析

相比于长大桥梁，常规桥梁的数量庞大且分布广泛。以江苏省为例，截至 2023 年底，江苏省内建有国省道桥梁 8524 座，其中特大桥 141 座、大桥 1818 座、中桥 3450 座、小桥 3115 座，如图 2.1-1所示。通过数据可以看出中小跨径桥梁在江苏省国省道桥梁中占比较大，达到 77%。但是由于投入的关注较少，技术力量相对薄弱，常规桥梁的总体技术状况相比于长大桥梁更为严峻。从危桥占比来看，常规桥梁远高于长大桥梁；从运营期垮塌桥梁来看，也主要集中于常规桥梁。同时，智慧城市、城市生命线工程安全监测也提出了大量常规桥梁监测需求。然而，当前的桥梁结构健康监测技术体系，主要是面向跨江越海的长大桥梁而开发的，难以满足常规桥梁监测需求。

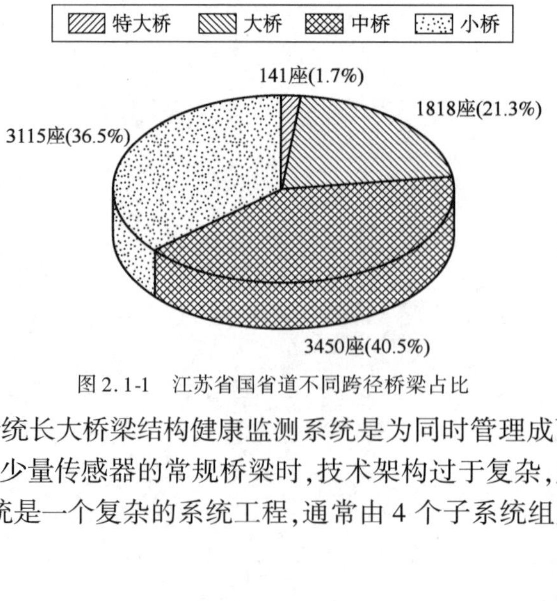

图 2.1-1　江苏省国省道不同跨径桥梁占比

从系统架构来看，传统长大桥梁结构健康监测系统是为同时管理成百上千个传感器实时监测而设计的，当用于只有少量传感器的常规桥梁时，技术架构过于复杂，成本过于高昂。传统长大桥梁结构健康监测系统是一个复杂的系统工程，通常由 4 个子系统组成：传感器子系统、数据采集与传输子系统、数据存储与处理子系统和结构分析与评估子系统，如图 2.1-2、图 2.1-3 所示。传感器子系统由固定式传感器系统和便携式传感器系统组成，用于监测长大桥梁的荷载及响应，为响应监测与安全评价系统提供信号输入。数据采集与传输子系统由数据采集单元、数据传输网络和相应的软件系统组成，用于采集传感器信号并将其传输给数据存储与处理系统。数据存储与处理子系统由数据存储与处理服务器和相应的软件系统组成，用于控制数据采集系统及数据的预处理、显示、归档和存储等。结构分析与评估子系统由结构健康评价服务器、结构健康评价工作站和相应的软件系统组成，用于数据库管理、数据分析和结构健康状况评价等。从整体设备成本来看，70% 以上的费用是传感器以外的后端其他设备，当用于只有少量传感器的常规桥梁时，难以充分发挥后端设备性能，也难以承受由此带来的高昂代价。

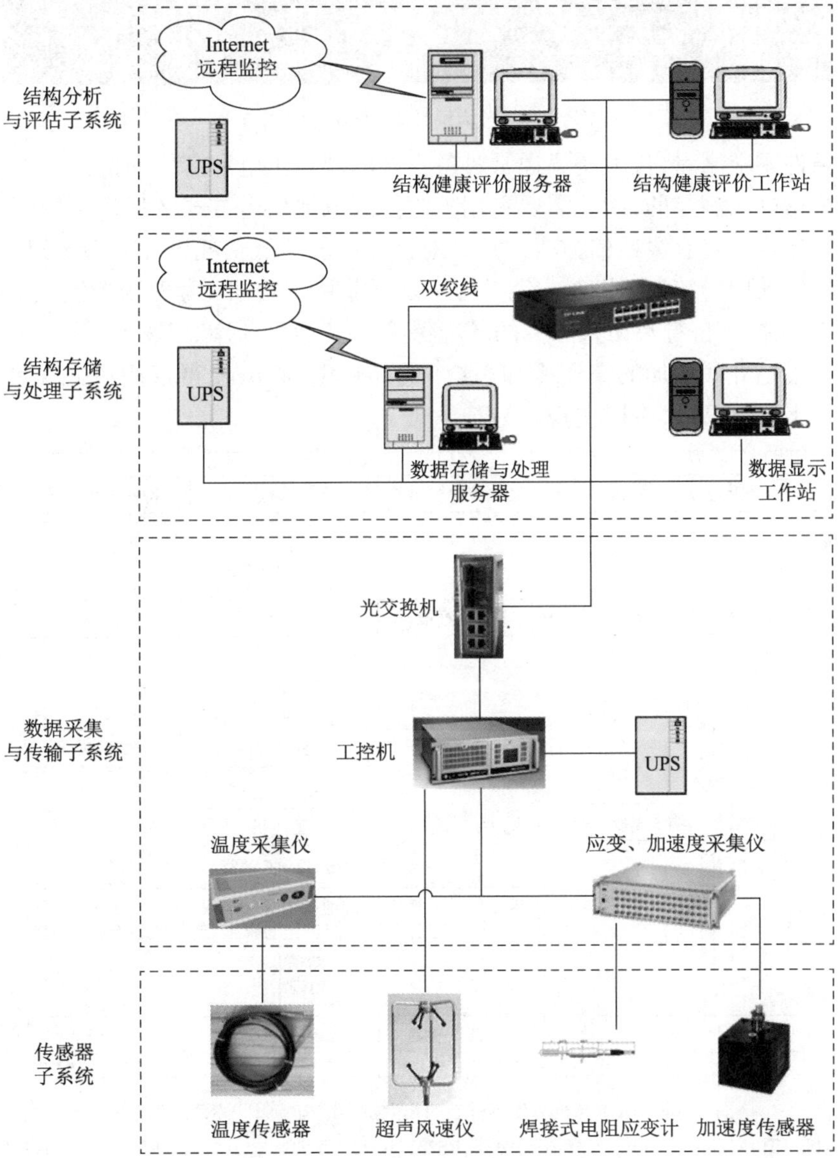

图 2.1-2 长大桥梁结构健康监测系统拓扑图

Internet-因特网；UPS-不间断电源

图 2.1-3　长大桥梁结构健康监测系统

从现场条件要求来看,长大桥梁通常具备良好的现场供电和有线通信条件,而这些对常规桥梁而言往往是难以满足的,因此需要采用太阳能或电池供电方式替代传统的市电供电方式,采用无线通信方式替代有线通信方式。这又对监测系统的低功耗设计及系统架构设计提出了新的要求。如仍采用传统以工业控制计算机(以下简称工控机)为现场控制核心的架构体系(图 2.1-4),则工控机自身及为其服务的环境保障系统(如为保障高发热工控机的工作环境温度而在其安装机柜外面增加的空调冷却系统)的高耗电问题,使得仅用风光互补等方式进行自发供电的成本过于高昂,难以实现。

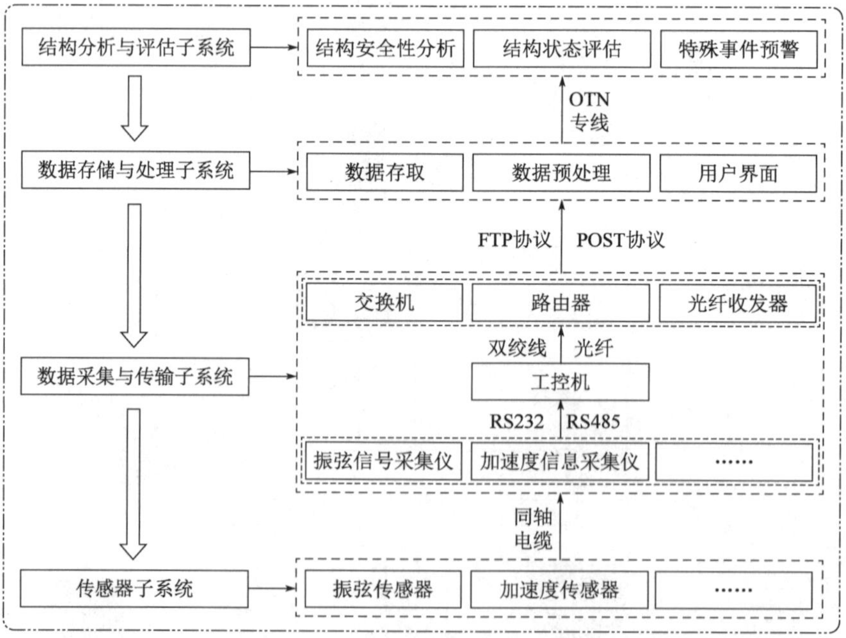

图 2.1-4　以工控机为现场核心的长大桥梁结构健康监测系统架构图

OTN-光传送网;FTP-文件传输协议;POST-邮局协议;RS232、RS485-工业和电子领域应用较为广泛的两种通信接口从测量精度要求来看，常规桥梁结构变形等监测指标变化量远小于长大桥梁，因此监测精度要求更高，传统方式难以满足要求。以结构变形测量为例，长大桥梁结构刚度相对较小，在车辆荷载作用下产生的挠度较大。如江阴长江公路大桥（主跨1385m悬索桥），温度变化1℃跨中挠度变化37mm，在荷载试验时跨中挠度变化超过2.5m，因此对测量设备的精度要求仅在厘米级；而中小跨径桥梁刚度相对较大，在车辆荷载作用下的挠度较小，对测量设备的精度要求高于毫米级，甚至要到0.1mm才能满足要求。这就导致传统以GNSS为主的长大桥梁变形测量方法难以直接应用于常规跨径桥梁的变形监测中。

从后期维护难度来看，常规桥梁监测系统单桥规模必然较小，同费用规模下，系统更为分散，因此维护压力更大，免维护要求更高。江苏省长大桥梁健康监测数据中心曾经对江苏省内6座跨江大桥结构健康监测系统3年的故障类型进行统计分析，结果显示：3年总共进行了250余次系统现场维护，其中约70%故障为传感器以外的硬件故障，工控机故障占比最高为25%，网络故障占比约为13%，采集设备故障占比约为15%，供电故障占比约为10%，其他故障约为7%。从以上数据可以看出，长大桥梁结构健康监测系统以工控机为采集系统核心，系统庞大复杂，故障率高，高度依赖良好的后期维护。

综上所述，目前长大桥梁结构健康监测系统架构复杂，监测规模庞大，造价高昂，后期维护工作量及成本较高。这种监测模式并不适合养护资金短缺、量大面广、结构形式较为简单、失效模式相对明确、监测重点突出的常规桥梁。简单照搬传统长大桥梁结构健康监测系统架构体系是造成当前很多常规桥梁结构健康监测系统规模庞大、造价高昂、后期维护困难、性价比极低的主要原因。常规桥梁的结构监测应向简单易装、经济可行、持久可靠的方向发展。在此背景下，近年来轻量化监测技术得以提出并迅速发展。

2.2 定义和特点

桥梁轻量化监测中轻量化的概念主要来自建筑信息模型（Building Information Modeling，简称BIM）中的轻量化。BIM中的轻量化是指利用模型面片化、信息云端化、逻辑简化等技术手段，在不改变模型与数据文件结构属性的基础上，实现模型在几何实体、承载信息、构建逻辑等方面的精简、转换、缩减的过程，以改善项目模型体量大、Web（全球广域网）端加载困难、协同管理难等问题。常规桥梁量大面广、养护资金少、结构形式相近，为动态掌握常规桥梁结构运行状况，建立健全常规桥梁结构监测长效运行机制，提升桥梁运行安全水平，桥梁轻量化监测理念应运而生。

在江苏省《桥梁轻量化监测系统建设规范》（送审稿）中首次对桥梁轻量化监测给出了定义：桥梁轻量化监测是一种面向桥梁重点风险场景特定参数，通过布置低功耗、易安装、高集成的感知设备，获取定量数据或定性结果，实现超限报警预警和长期数据跟踪观测，服务桥梁运营养护的多学科交叉融合技术。桥梁轻量化监测是对现行公路桥梁养护管理的有效补充，应与桥梁初始检查、日常巡查、经常检查、定期检查和特殊检查形成互补机制，与部、省级桥梁监测数据平台格式、协议兼容协调，从而实现对常规单桥、桥群的集群式高效管理。

由于常规桥梁量大面广、结构相对简单、资金与人力受限，相较于长大桥梁结构健康监测系统，面向常规桥梁的轻量化监测系统具有如下特点：

①针对性。轻量化监测是一种以桥梁面对的风险场景为核心的监测模式。该模式决定了

轻量化监测必须要符合一桥一策的特点。在桥梁监测方案设计前，应当重视现场踏勘等资料收集环节，明确监测的需求，突出监测的重点。

②经济性。常规桥梁监测系统单桥规模较小，相比长大桥梁监测，同目标下综合成本应大幅降低，以适应量大面广、养护资金不足的常规桥梁群监测需求。

③灵活性。系统的传感技术以及数据的采集、传输等必须有多种方式，具有较高的灵活性，以满足不同桥梁的监测需求。

2.3 监测场景

常规跨径桥梁养护资金相对紧张，因此不同于长大桥梁的结构健康监测系统，轻量化监测不追求对桥梁环境影响、自身特性和结构响应的全面监测，而是根据不同桥梁面对的主要风险场景进行重点监测。这种以风险场景需求为导向的设计，使得监测更加精准和高效。

从运营阶段桥梁安全面临的主要风险来看，造成桥梁垮塌的主要风险来源可以大致分为5类：自然灾害（台风、地震、洪水等）、人为事故（车辆超载、车船撞击、火灾等）、极端事件（爆炸、战争等）、结构缺陷（安全性较差的轻型少筋拱桥等）和性能衰退（腐蚀、疲劳等）。对我国132座桥梁运营阶段垮塌事故（有公开资料可确定事故成因）进行分析（图2.3-1），结果显示：地震水害原因占32.6%、腐蚀疲劳占24.2%、超载占22.7%、碰撞占20.5%。

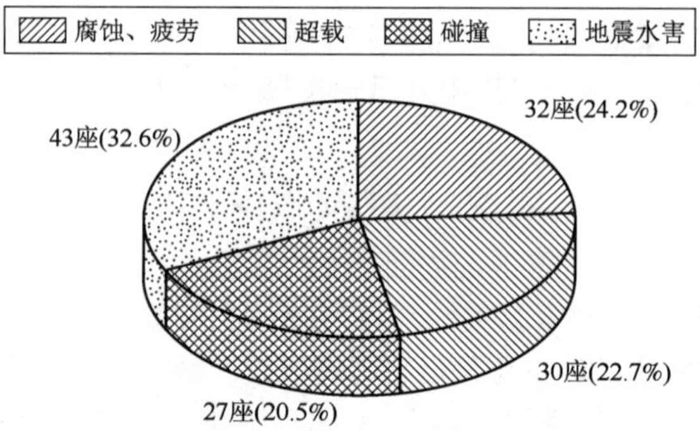

图2.3-1　桥梁事故原因统计

同时，考虑到山区、洪泛区、采煤挖矿采空区等特殊桥址环境下桥梁易发生事故，以及养护管理需求，将桥梁轻量化监测典型场景划分为12类，具体如表2.3-1所示。

桥梁轻量化监测典型应用场景及主要监测指标　　表2.3-1

序号	轻量化监测场景		主要监测指标
1	特殊结构体系桥梁	单孔跨径60m以上的桥梁（包括自锚式悬索桥、柔性系杆拱桥、预应力混凝土连续箱梁桥等）	挠度、振动、索力、应变、开裂报警和裂缝宽度
		独柱墩桥、弯桥、斜桥、坡桥等	梁体移位
		结构存在缺陷的桥梁（轻型少筋拱桥、带挂梁结构的桥梁、无加劲纵梁吊杆拱桥等）	挠度、振动、应变、开裂报警和裂缝宽度
		多片梁结构体系桥梁	相邻梁的竖向位移差

续上表

序号	轻量化监测场景		主要监测指标
2	重载交通桥梁	大件运输通行桥梁	车辆荷载、主梁挠度、应变、开裂报警和裂缝宽度
		重载交通通行量大的桥梁	
3	饱和交通桥梁	实际最大交通量超过设计通行能力的桥梁	
		道路拥堵或严重拥堵的桥梁	
4	车/船撞击高风险桥梁	存在车辆撞击记录的桥梁	主梁、桥墩振动，通航净空（水位），船舶位置与轨迹
		净空尺度不满足航道规划尺度或抗撞性能不满足相关要求的桥梁	
		存在非通航孔撞击风险的桥梁	
5	安全状况差、运营风险高桥梁	服役25年以上的桥梁	主梁挠度、应变、开裂报警和裂缝宽度
		设计荷载低于实际通行荷载的桥梁	
		整体技术状况或主要受力构件的技术状况评定等级为三类及以上的桥梁	
6	加固改造桥梁	预应力加固桥梁	体外预应力
		梁体更换及纠偏、支座更换桥梁	梁体移位和支座偏位
		斜拉索或吊杆更换桥梁	索力
7	高烈度地震区桥梁	抗震设防烈度大于等于7度地区的桥梁	振动
		沿线存在地震带或断层地区的桥梁	
		历史最大地震大于7级地震地区的桥梁	
8	恶劣环境区桥梁	沿海氯盐区的桥梁	氯离子含量
		北方冻融地区的桥梁	路面温度
		极端气候桥面结冰地区的桥梁	桥面结冰
9	水毁多发区桥梁	存在历史水毁记录的桥梁	桥梁冲刷、桥梁垮塌
		存在河道变迁风险的桥梁	
		山洪易发地区的桥梁	
10	地质灾害易发山区桥梁	沿线存在边坡崩塌等记录的桥梁	边坡位移、桥梁垮塌
		桥梁两侧护坡技术状况等级低的桥梁	
		桥梁两侧边坡存在崩塌等风险的桥梁	
11	采空区等易沉降区桥梁	采煤挖矿等采空区的桥梁	墩台沉降
		桥梁沉降异常地区的桥梁	
12	长期性能跟踪观测桥梁	特殊结构等主要桥梁中的代表性桥梁	桥梁线形、索体锈蚀、伸缩缝堵塞等
		具备设立野外暴露站场地的桥梁	
		与养护工区接近、供电和网络方便的桥梁	

1）特殊结构体系桥梁

（1）单孔跨径60m以上的桥梁

单孔跨径60m以上的自锚式悬索桥、柔性系杆拱桥、预应力混凝土连续箱梁桥等在自重和车辆荷载作用下具有较大的竖向下挠，当遇到超载车辆、车队通行时，结构面临承载能力超限的风险。对于这类桥梁，宜重点监测桥梁主梁挠度、振动、索力、裂缝宽度和应变。

(2)独柱墩桥、弯桥、斜桥、坡桥等

独柱墩桥梁体在偏载作用下会发生弯曲和扭转变形，导致支座反力重分配；当偏载加大到一定程度时，梁体有发生倾覆的风险。弯桥、斜桥在运营期间受汽车离心力和冲击力的影响会产生弯扭耦合效应，引起桥梁结构向外侧偏移。对于这类桥梁，宜重点监测桥梁梁体移位。

(3)结构存在缺陷的桥梁

结构存在缺陷的桥梁主要包括轻型少筋拱桥、带挂梁结构的桥梁、无加劲纵梁吊杆拱桥等。这些桥梁通常年代久远、安全风险大。如轻型少筋拱桥由于配筋较少，纵梁拉力较大，混凝土容易被拉裂；带挂梁结构的桥梁挂梁与牛腿相交处为结构薄弱部位，容易产生局部应力集中问题；无加劲纵梁吊杆拱桥为有推力拱桥，非自平衡体系，拱脚处承受较大推力。对于这类桥梁，宜重点监测桥梁主梁挠度、振动、裂缝宽度和应变。

(4)多片梁结构体系桥梁

多片梁结构体系桥梁主要包括装配式箱梁桥、T梁桥、空心板梁桥等。装配式箱梁桥和T梁桥湿接缝以及装配式空心板梁桥铰缝承担着横向联系和传递荷载的关键作用，在交通荷载反复作用下，容易导致湿接缝、铰缝部分或全部失效。对于这类桥梁，宜重点监测相邻梁之间的竖向位移差，以判断是否存在横向联系失效。

2)重载交通桥梁

重载交通桥梁主要包括大件运输通行桥梁和重载通行量大的桥梁。重载车辆的总重、轴重、轮重等技术参数与设计规范中的车辆荷载参数有很大的不同，重载车辆总重大、轴载大，车辆驶过桥梁时，桥梁跨中挠度增大，桥梁产生疲劳应力幅度加大、损伤加剧，甚至会因超重造成结构破坏事故。对于这类桥梁，宜重点监测桥梁车辆荷载、主梁挠度、裂缝宽度和应变。

3)饱和交通桥梁

饱和交通状态是指当交通需求大于交通供给时，超过交通供给的那部分滞留在道路上的现象。在桥梁上，当车流量接近或达到桥梁的设计通行能力时，桥梁即进入饱和交通状态，此时，车辆行驶速度会显著下降，车头间距变小，交通流变得密集且不稳定，容易引起桥梁结构的疲劳破坏。对于这类桥梁，宜重点监测桥梁主梁挠度、裂缝宽度和应变。

4)车/船撞击高风险桥梁

随着我国经济的快速发展和人民生活水平的提高，机动车数量持续增长，交通负担日益繁重，车桥碰撞事故频发，车桥撞击会导致桥跨结构落梁或局部损坏，带来经济损失和人员伤亡。同时，目前内河航道上船舶越来越多并向大型化发展，然而部分老旧桥梁在初始设计和建造时存在缺陷或者船撞力值偏小的问题，导致通航孔跨径富余度普遍较小、结构尺寸偏紧，很难满足当前大型船舶通航日益增高的需求，故近年来多次发生船舶碰撞桥梁的事故。对于这类桥梁，宜重点监测桥梁主梁、柱墩的振动加速度，以及船舶位置与轨迹。

5)安全状况差、运营风险高的桥梁

安全状况差、运营风险高的桥梁主要包括服役25年以上，设计荷载低于实际通行荷载，以及整体技术状况、主要受力构件的技术状况等级为三类及以上的桥梁。这些桥梁大都面临刚度退化的问题，梁体存在较大的开裂和下挠风险，宜重点监测桥梁主梁挠度、裂缝宽度和应变。

6)加固改造桥梁

桥梁在长期运营过程中,受车辆荷载循环往复作用、不良气候、温度交变等因素的影响,往往会出现各种病害,如裂缝、锈蚀、变形等。为了确保桥梁的安全运行,需要对技术状况水平较低的桥梁进行维修加固。加固改造桥梁主要包括:体外预应力加固桥梁,梁体更换、纠偏及支座更换桥梁,以及斜拉索、吊杆更换桥梁。对于这类桥梁,宜结合加固改造内容对桥梁体外预应力(预应力加固桥梁)、主梁挠度、梁体移位和支座偏位(梁体更换及纠偏、支座更换桥梁)、索力(斜拉索或吊杆更换桥梁)等进行重点监测,并宜对修补后裂缝进行跟踪观测。

7)高烈度地震区桥梁

高烈度地震区桥梁是指位于地震基本烈度为Ⅶ度及以上或者沿线存在地震带、断层的地区,在运营阶段需特别考虑地震影响的桥梁。地震会导致桥梁支座、伸缩缝、剪力键等连接部件发生损坏,甚至导致主梁坠毁,阻断交通,对救灾行动造成严重影响。对于这类桥梁,宜重点监测桥梁振动。

8)恶劣环境区桥梁

恶劣环境区桥梁主要包括:

(1)位于海岸线附近、所处空气和水中含有大量的氯离子和盐离子的桥梁

这些离子会随着空气流通和降雨直接接触桥梁的混凝土构件,导致钢筋锈蚀、混凝土开裂等病害。对于这类桥梁,宜重点监测桥梁氯离子含量。

(2)位于严寒及寒冷地区的桥梁

这些地区昼夜温差大、冻融循环频繁,对混凝土结构的耐久性构成严重威胁。对于这类桥梁,宜重点监测路面温度。

(3)冬季长时间低温导致桥面结冰频繁发生的地区的桥梁

桥面结冰会显著降低轮胎与路面之间的摩擦系数,增加车辆行驶过程中的滑移风险,极易导致侧滑、追尾等交通事故。对于这类桥梁,宜重点监测桥面结冰。

9)水毁多发区桥梁

水毁多发区桥梁是指位于河流、湖泊、水库等水域附近,或处于地势低洼、排水不畅地区,易受洪水、暴雨等自然灾害影响的桥梁。这些桥梁通常面临较大的水流冲击和冲刷作用,桥墩、桥台等关键部位易受侵蚀和破坏,宜重点监测桥下水位、桥梁冲刷和桥梁垮塌。

10)地质灾害易发山区桥梁

地质灾害易发山区常见的地质灾害包括滑坡、崩塌等。其中,滑坡可能导致桥梁基础失稳、墩台位移或倾斜,严重时甚至引发桥梁整体垮塌;崩塌可能导致大量土石体冲向桥梁,对桥梁结构和基础造成巨大冲击和破坏。对于这类桥梁,宜重点监测边坡位移、落石撞击和桥梁垮塌。

11)采空区等易沉降区桥梁

采空区等易沉降区桥梁是指位于煤矿、金属矿等地下开采区域上方的桥梁。这些区域由于长期的开采活动,形成了大面积的采空区,导致地表和地下岩层产生移动和变形,进而引发桥梁的沉降问题。对于这类桥梁,宜重点监测桥梁墩台的沉降。

12)长期性能跟踪观测桥梁

长期性能是指桥梁在长期使用过程中,其材料、功能、耐久性等各项性能随时间推移而保

持或变化的情况。对具备设立野外暴露站场地的桥梁或者与养护工区接近、供电和联网方便的桥梁开展桥梁长期性能的监测,跟踪桥梁在使用过程中的性能变化规律,为桥梁的设计、施工、养护和加固提供科学依据。对于这类桥梁,宜重点监测桥梁线形、索体锈蚀、伸缩缝堵塞等。

2.4 系统架构

桥梁轻量化监测系统是一种通过网络集成技术将各类低功耗、易安装的感知设备、软件模块及配套设施连接在一起,具有对桥梁特定指标进行专项测量、自动记录、异常报警的功能,辅助桥梁管养决策的开放性电子信息系统。

桥梁轻量化监测系统架构的选择应灵活适配监测项的数量与需求特性。对于监测项较少的场景,宜采用“一体化采集”两层系统架构。该架构下,传感器集采集、存储、边缘计算、信息传输等功能于一体,并辅以太阳能或锂电池供电,显著减少了综合布线工程量,提升了传感器安装效率,实现了高效与经济的平衡。

然而,当监测项目较多时,若坚持每个传感器均集成全面功能,将造成资源冗余与成本激增,违背桥梁轻量化监测的经济性原则。此时,更适宜采用“汇聚化采集”三层系统架构。该架构通过设立综合采集站,集中处理来自各类传感器的数据,统一进行存储、计算及供电管理,有效降低了系统整体造价。同时,综合采集站还具备多传感器数据校验功能,增强了数据融合的精准度与可靠性。

针对监测项繁多且包含如船舶撞击、梁体倾覆等特殊事件监测的桥梁,建议采用混合架构策略。对于要求即时响应的特殊事件,其监测传感器应集成边缘计算能力、快速传输模块及自供电系统,确保一旦检测到潜在风险,能立即向监控平台发送警报信息;而其余常规监测传感器则接入综合采集站,实现资源的优化配置与成本的有效控制。这种混合架构策略既保证了关键事件的即时响应能力,又兼顾了系统的经济性与高效性。下面将详细阐述“汇聚化采集”和“一体化采集”系统架构。

1)“汇聚化采集”三层系统架构

“汇聚化采集”三层系统架构主要包括传感层、传输层和应用层。

(1)传感层

传感层主要通过振弦式应变计、加速度计、电阻式温度计等各类传感器元件采集结构状态和环境信息,通过网线或者LoRa(一种低功耗局域网无线标准)、ZigBee(一种低速短距离传输的无线网上协议)、NB-IoT(窄带物联网)、5G(第5代移动通信技术)等无线协议组成局域网,将数据传输到传输层。

(2)传输层

传输层的核心设备为综合采集站。综合采集站集成边缘网关、无线通信模块、微处理器和电源控制模块,形成具备边缘计算能力的智能采集装置,可以将传感层传输过来的数据进行预处理,并将预处理后的监测数据通过无线通信模块统一上传至应用层。相比传统“采集仪+工控机+交换机+路由器”的传输方式,综合采集站减少了系统节点数量,增加了系统稳定性,传输效率得到极大提高。

(3)应用层

传输层通过 MQTT 协议(物联网常用的一种消息传输协议)将数据转化为桥梁轻量化监测云平台支持的传输格式,然后通过 VPN(虚拟专用网络)专线将数据发布到云平台。云平台宜使用 B/S(浏览器/服务器)架构。B/S 架构主要是利用不断成熟的 WWW(万维网)浏览器技术,结合浏览器的多种脚本语言,基于浏览器就实现了原来需要复杂的专用软件才能实现的强大功能。在 B/S 架构中,除了数据库服务器外,数据专项分析、报告下载等功能以网页形式存放于 Web 服务器上。用户查看各类桥梁运行指标时只需在客户端上的浏览器中键入相应的网址,调用 Web 服务器上的应用程序对数据库进行操作,即可查询、统计桥梁各项监测信息,并进行结构安全性、温度与结构响应相关性等专项分析,最后结果将通过浏览器展示给用户。基于 B/S 架构的轻量化监测系统安装、修改和维护全在服务器端解决,用户在使用系统时,仅需要一个浏览器就可以运行全部的模块,真正达到了“零客户端”的功能;与长大桥梁监测系统传统 C/S(客户机/服务器)架构单点安装、维护相比,极大地提升了效率、降低了成本,非常适用于量大面广国省道常规跨径桥梁集群式管理。此外,为了确保桥梁管养人员可以在任何时间、任何地点都能方便地访问和使用系统提供的功能,系统宜同步开发移动应用,管养人员可以通过移动端 App(应用程序)或者微信小程序订阅云平台数据服务,实时查看各类监测项量值及报警信息。“汇聚化采集”三层系统架构如图 2.4-1 所示。

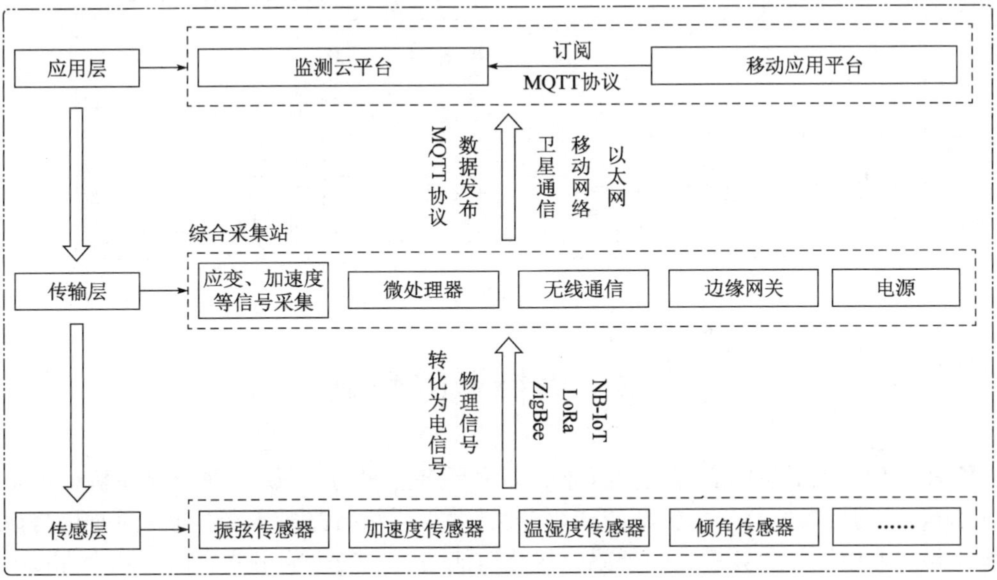

图 2.4-1 “汇聚化采集”三层系统架构

此外,由于结构耐久性监测指标传输数据量不大、传感终端功耗较低,“汇聚化采集”三层系统架构根据现场施工条件,支持锂电池、风能、太阳能、220V 电源等多种供电方式。

2)“一体化采集”两层系统架构

“一体化采集”两层系统架构主要包括感知层和应用层。

(1)感知层

感知层主要为智能传感器。传统监测系统中传感设备功能单一,只能用于数据采集,数据传输仍需要通过路由器、交换机等设备；而轻量化监测系统一般采用基于ARM（磁力传感器）、DSP（数字信号处理器）、FPGA（现场可编程门阵列）等嵌入式平台的传感设备，集成无线通信模块、微处理器、传感器元件和外围设备，不仅能够监测和响应物理输入（如温度、湿度、压力、光照等），还可以对输入数据进行即时分析和处理，实现数据的本地处理和决策制定，从而实现及时报警、数据异常的自诊断等。进一步地，微处理器将原始数据进行A/D（模拟量/数字量）转换，调整传感器采样频率、时间设置、单位换算、滤波等，传感器输出信号经微处理器处理后通过无线通信模块直接与应用层对接。这种方法可靠性高、小巧精简、成本低、功耗低，解决了量大面广的国省道常规跨径桥梁在预算有限、机电安装环境相对恶劣情况下系统设备难以部署的问题。同时，由于高频采集会产生较大功耗，“端-云”系统架构一般采用220V电源搭配交流转直流电源适配器或者大功率太阳能的供电方式。

（2）应用层

“一体化采集”两层系统架构的应用层实现方式与“汇聚化采集”三层系统架构的基本一致，仅传输终端不同，即桥址现场感知层通过智能传感终端直接将数据传输到云平台。“一体化采集”两层系统架构如图2.4-2所示。

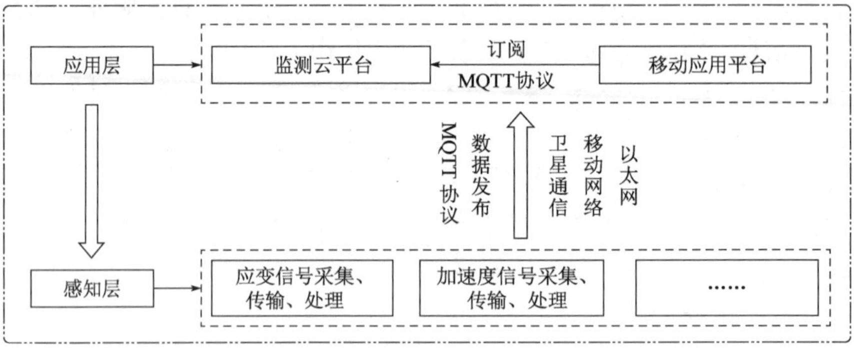

图2.4-2 “一体化采集”两层系统架

2.5 对行业的影响

桥梁轻量化监测对桥梁运营养护行业的影响是多方面的，不仅有助于提高桥梁养护管理水平，还能够推动桥梁监测技术创新与产业升级、助力桥梁智慧维养的实现，同时也将改变桥梁结构监测行业生态与业务模式。桥梁轻量化监测对行业的影响主要有以下几个方面。

1）提高桥梁养护管理水平

桥梁轻量化监测系统以低成本优势，极大地拓展了常规跨径桥梁监测的覆盖范围并提高了其实施的可行性。作为一种创新的桥梁养护管理手段，该系统借助轻量化监测设备采集数据，深度融合边缘计算、大数据分析等前沿技术，实现了对桥梁结构状态及使用性能的精准评估。这不仅为桥梁的养护维修策略提供了科学的数据支撑，显著提升了养护工作的效率与质量，还通过实时监测数据有效识别并预警潜在的安全风险事件。当收到预警时，桥梁管养单位可以及时介入处理，从而避免重大安全事故的发生及其带来的经济与社会损失。

桥梁轻量化监测系统的引入还促进了桥梁养护管理的精细化发展，有助于优化资源配置，减少不必要的养护作业与资金投入。从长远角度看,大幅度降低了整体养护成本。这种高效、精准的维修养护模式,不仅保障了桥梁结构的持续安全与稳定,也为交通基础设施的智慧化和可持续发展奠定了坚实基础。

2)推动技术创新与产业升级

桥梁轻量化监测技术的蓬勃发展,与轻量化监测设备、系统的持续创新互相促进。新型监测设备的研发,更加注重设备的小型化、智能化与集成化,旨在提升监测效能的同时降低部署成本。而系统的优化升级,则侧重提高数据清洗自动化程度、增强数据分析的维度与深度,以及实现更高效的远程监控与管理。

此外,桥梁轻量化监测技术的广泛普及与应用,不仅是桥梁安全管理的重大革新,还将激发相关产业链的蓬勃发展。从精密传感器的研发制造,到高效数据处理算法的创新,再到云端平台的构建与优化,每一个环节都将迎来前所未有的发展机遇。这种跨领域的协同发展,不仅加速了整个行业的技术迭代与产业升级,还为区域经济注入了新的活力,促进了经济结构的优化与升级。

3)改变桥梁结构监测行业生态与业务模式

桥梁轻量化监测技术将给桥梁结构监测行业的生态与业务模式带来颠覆性改变。这种变化主要体现在传统监测系统实施单位的身份和主要作用将从"系统集成商"向"平台提供商"的角色转变,盈利模式也将从"卖系统为主"向"卖服务为主"的模式转变。

(1)"系统集成商"向"平台提供商"的角色转变

随着轻量化监测技术的不断发展,大量软硬件集成工作在设备出厂时即已完成,传统的现场集成工作将被大幅简化。因此,系统实施单位的角色定位也将发生重大改变,不能仅仅负责硬件和软件的简单集成,而必须向提供全方位、智能化的监测平台转变。智能监测平台集成了物联网、大数据、云计算、人工智能等先进技术,具备强大的数据管理和分析能力,能够处理海量的监测数据,提取有价值的信息,实现对桥梁结构的实时监测、数据分析、预警和决策支持。

(2)"卖系统为主"向"卖服务为主"的模式转变

在桥梁轻量化监测技术的推动下,系统本身不再是唯一的"卖点",而是作为服务的载体存在。平台提供商需要向客户提供整体解决方案,包括系统的规划、设计、施工、运维等全链条服务。同时,客户可以根据自身的需求和预算,选择适合的服务模式,如按年付费、按项目付费、按专项分析付费等。这种灵活的付费方式有助于降低客户的初期投入成本,提高资金的使用效率。此外,平台提供商还可以提供增值服务,如专家咨询、技术培训、数据分析报告等,帮助客户更好地理解和利用监测数据,提升桥梁运维管理的科学性和有效性。

综上所述,"系统集成商"需要积极适应桥梁轻量化监测技术带来的变化,向"平台提供商"的角色转变,并不断创新服务模式,以满足客户的需求并推动构建更加健康、可持续的行业生态。

3 桥梁轻量化监测技术与装备

在桥梁结构监测领域，尽管传统传感器和数据采集技术已得到广泛应用，但其局限性日益凸显，难以满足灵活布设、高精度、实时和全面的监测需求。新一代智能传感技术以高集成度、高精度和低功耗特性，为桥梁轻量化监测提供了创新解决方案。这些智能传感器集成了多种传感功能，简化了监测系统，提高了数据的全面性和准确性；部分还具备自适应和自学习能力，可动态调整监测策略并优化数据采集与处理，同时借助物联网技术实现远程监控和实时数据传输，进一步降低了监测系统的复杂性和成本。

本章概述了桥梁监测领域的关键传感技术分类、发展历程及趋势，深入介绍了轻量化监测领域的典型装备，强调了这些技术与装备在提高监测效率、降低成本、增强数据准确性方面的优势，旨在为桥梁的安全维护与智能化管理提供有力支持。

3.1 桥梁常用传感技术

3.1.1 发展历程

传感器是桥梁健康监测系统的重要组成部分，可以实时监测桥梁变形、应变、振动等各种参数；基于传感器监测的海量数据可以识别结构损伤，评估结构健康状况并及时发出安全预警，为桥梁的长期安全运营提供强有力的数据保障。传感器的技术发展可以大致划分为 3 个主要阶段：被动传感、自诊断传感和自控制传感。

(1) 被动传感

早期的传感器大多属于被动传感类型，即传感器主要通过接收外部环境中的物理量(如光、声、热、压力等)并将其转化为模拟电压或电流信号进行输出，而传感器自身不主动发出任何信号。这类传感器结构相对简单，功能单一，不具备自我评估和错误检测的能力，主要用于基本的物理量测量。

(2) 自诊断传感

随着传感器技术的发展，人们开始关注传感器的稳定性和可靠性，自诊断技术应运而生。自诊断传感器通过预设的自检程序或算法对传感器的各项参数进行实时监测，能够自主检测工作状态和性能，从而判断传感器是否存在故障或异常，便于及时维护和修复。这种传感器在需要高可靠性和高安全性的场合中尤为适用，如航空航天、工业自动化、医疗设备等领域。

(3)自控制传感

近年来,随着物联网、大数据、人工智能等技术的飞速发展,传感器技术也迈入了自控制传感的新阶段。自控制传感器不仅能够感知外部环境,还能根据感知结果主动进行控制和调节。自控制传感器集成控制系统,能够根据预设的条件和规则自动执行控制操作,而无须外部控制器的干预。此外,结合物联网和人工智能技术,传感器能够自主学习、优化决策,并与其他设备或系统协同工作。自控制传感器相比常规被动传感器有更高的精度、更低的功耗、更强的抗干扰能力和更高的维护效率,相比自诊断传感器可以实现自主控制。自控制传感器在需要自动调整和优化系统性能的场合中被广泛应用,如自动调节温度、压力、流量等参数的控制系统。

综上,传感器技术从被动传感到自诊断传感再到自控制传感的发展历程,是科技进步和产业升级的必然结果。未来,随着新技术的不断涌现和应用场景的不断拓展,传感器技术将继续向更高水平、更广领域迈进。

3.1.2 传感器的分类

根据测量对象、输出信号类型、应用领域等的不同,传感器可以划分为多种类型。

(1)按测量对象分类

根据测量对象的不同,传感器可以划分为物理类、化学类、生物类等,如图 3.1-1 所示。

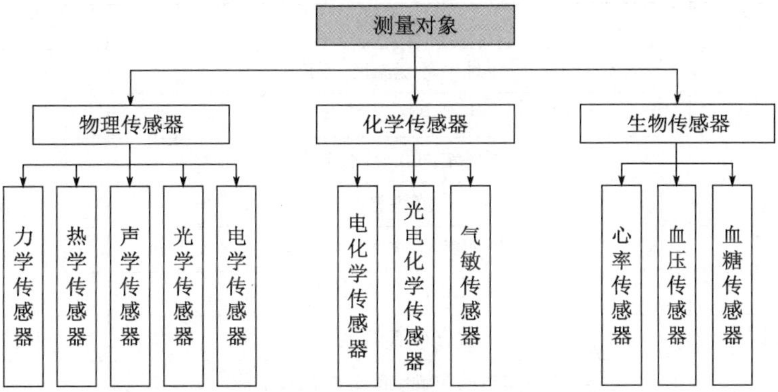

图 3.1-1 根据测量对象不同的传感器分类

其中,物理类传感器主要包括力学传感器、热学传感器、声学传感器、光学传感器、电学传感器等。化学类传感器主要包括电化学传感器、光电化学传感器、气敏传感器等。生物类传感器主要包括心率传感器、血压传感器、血糖传感器等。

(2)按输出信号类型分类

根据输出信号类型的不同,传感器可以划分为模拟传感器、数字传感器、开关传感器等,如图 3.1-2 所示。

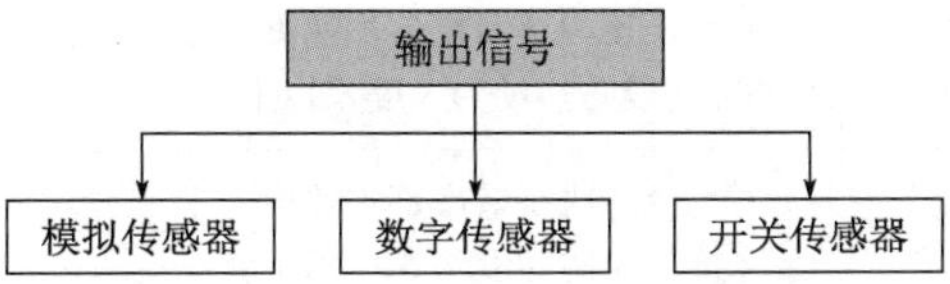

图 3.1-2 根据输出信号类型的传感器分类

(3)按应用领域分类

根据应用领域的不同,传感器可以划分为工业传感器、医疗传感器、环境传感器、消费电子传感器等,如图 3.1-3 所示。

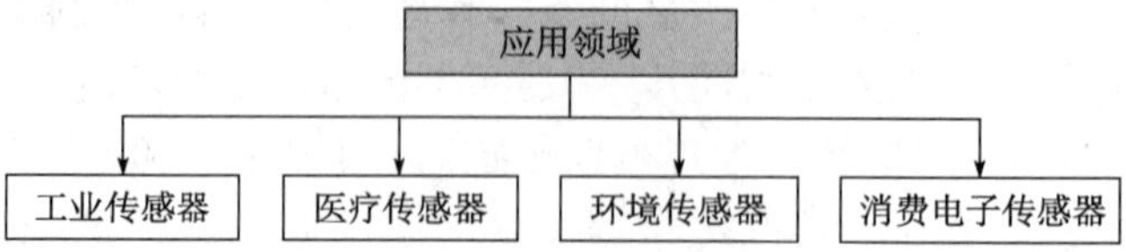

图 3.1-3　不同应用领域的传感器

综上所述,智能传感器的分类方法多样,可以根据测量对象、输出信号类型、应用领域等多种标准进行分类。随着物联网、先进传感、人工智能等技术的不断发展,传感器的种类和应用领域还将不断拓展。

3.1.3　桥梁常用监测指标及传统传感技术

参照《公路桥梁结构监测技术规范》(JT/T 1037—2022),分别按照环境、作用、结构响应和结构变化 4 个方面,将桥梁常用监测指标及传统传感设备划分,如表 3.1-1 所示。

监测指标及传感设备　　表 3.1-1

监测类别	监测内容	监测指标	传感设备
环境	温度、湿度	桥址区环境温度、湿度	温湿度计
		主梁内温度、湿度	温湿度计
		索塔锚固区温度、湿度	温湿度计
	雨量	降雨量	雨量传感器
	结冰	桥面结冰、斜拉索结冰	超声测距仪
作用	车辆荷载	所有车道车重、轴重、轴数、车速	动态称重系统
		所有车道车流量	动态称重系统
		所有车道的车辆空间分布视频图像	高清摄像头
	风速、风向	桥面风速、风向	风速仪
		塔顶风速、风向	风速仪
	结构温度	混凝土或钢结构构件温度	温度计
		桥面铺装层温度	温度计
	船舶撞击	桥墩加速度	加速度计
		视频图像	高清摄像头
	地震	桥岸地表场地加速度	加速度计
		承台顶或桥墩底部加速度 (抗震设防烈度为 5 度及以上)	加速度计
		承台顶或桥墩底部加速度 (抗震设防烈度为 5 度以下)	加速度计

续上表

监测类别	监测内容	监测指标	传感设备
结构响应	位移	主梁竖向位移	挠度仪
		主梁横向位移	挠度仪
		支座位移	支座偏位感知终端
		梁端纵向位移	位移计
		塔顶偏位	GNSS
	转角	塔顶转角	倾角仪
		梁端水平转角	倾角仪
		梁端竖向转角	倾角仪
	应变	主梁关键截面应变	应变计
		索塔关键截面应变	应变计
	索力	斜拉索索力	加速度计
	振动	主梁竖向振动加速度	加速度计
		主梁横向振动加速度	加速度计
		主梁纵向振动加速度	加速度计
		塔顶水平双向振动加速度	加速度计
		斜拉索振动加速度	加速度计
结构变化	基础冲刷	基础冲刷深度	三维声呐
	裂缝	混凝土结构裂缝	裂缝计
		钢结构裂缝	应变计
	腐蚀	墩身、承台混凝土氯离子浓度	氯离子含量快速测定仪
	预应力	预应力	应变计
	断丝	斜拉索断丝	声发射传感器
	螺栓状态	高强螺栓紧固力、螺栓滑脱	超声波测试仪

3.1.4 技术发展趋势

在早期桥梁健康监测系统建设中,监测传感器一般直接使用其他领域的成熟产品。随着对桥梁健康监测系统的认知不断加深,桥梁监测传感器也在类型、结构、采集方式、传输方式等多方面产生新的变化,以适配桥梁健康监测的需求。

1)微型化与融合化

(1)微型化

精密元件或零部件大多以微型化为主要发展方向,桥梁结构健康监测传感器也不例外,更小体积的传感器有利于提升产品的适应性。桥梁传感器的微型化发展基于从半导体集成电路技术发展而来的MEMS(微电子机械系统)芯片技术。微型传感器利用微机械加工技术将微米级的敏感元件、信号处理器、数据处理装置封装在一块芯片上,由于具有体积小、价格便宜、便于集成等特点,可以明显提高系统测试精度。目前 MEMS 芯片技术日渐成熟,可以用于制作各种能敏感检测力学量、磁学量、热学量、化学量和生物量的微型传感器。基于 MEMS 芯片技术的微型传感器已开始逐步取代基于传统机电技术的传感器。

MEMS 芯片技术是未来桥梁健康监测传感器的基础。MEMS 传感器可通过微纳加工工艺实现传统传感器的微型化，已大范围取代传统的机械式、应变片式、滑动电位器等传感器，可通过与信息处理和控制芯片的集成实现自诊断、多参数混合测量、误差补偿等智能化功能，可有效缩小整体体积、降低系统功耗、提高可靠性。

(2)融合化

传统桥梁健康监测系统中，大量指标是分开监测的，如振动、倾角、挠度、温度等数据都是单独使用传感器进行采集。这种采集方式的优势是独立采集不易发生故障，同时各设备的精度与量程易于控制，比较适合传统长大桥梁的健康监测系统。但对于中小跨径桥梁来说，这种传感器设计方式并不适用。原因在于当监测重点转向关键场景的定制监测时，需要多类型传感器融合成某一场景下专用的传感设备。

融合传感器相较于传统传感器的一大优势就是在同一设备中可以对多个参数进行数据采集与监控。随着设备智能化要求的不断提升，传感器芯片的体型变小、功耗降低，使得单个设备中存在的传感器数量逐渐增加，原本多传感器分别采集再由后端统一处理的架构设计已经不符合实际智能传感器使用场景的需求。如今通过智能传感器融合化发展，实现了多传感器的融合及软件和算法的协同，提升了信号识别与收集的效果，也提高了智能设备的集成化程度，节约了设备内部空间。

例如在惯性传感器领域，单一的加速度计、倾角仪或者陀螺仪无法完成对惯性姿态的完全判断，而同时使用三类传感器会导致数据处理量和传感器体型过大的问题；而目前的惯性传感器在感知元件端将三类传感器进行融合和集成，确保了传感器大小和数据的一次性输出。同时传感器内部的数据智能自处理系统会在采集端对数据进行初步处理，大大减少了单片机芯片的数据处理工作量，降低了整个设备的功耗。

桥梁健康监测系统的实际数据分析需要结合多类传感器在同一时间采集的数据进行瞬时分析，所以传感器融合化是必然趋势，通过融合后的新型传感器可以对大量数据进行瞬时采集与分析。桥梁健康监测这种原本经常使用单独传感器的场景，目前也逐渐开始使用融合化传感器。例如将摄像头、超声测距等方法融合在一起形成了船舶撞击预警监测，将动态称重传感器与监测桥梁挠度信息的传感器结合形成重型载货汽车(以下简称重车)经过时桥梁信息的监控体系。这都体现了融合化智能传感器在目前桥梁健康监测领域的应用。

2)无线化与无源化

(1)无线化

在传感技术发展的早期，大多数传感器都是通过直流电源接入或者 POE(通过以太网线路同时传输电力和数据)供电的方式来进行供电的，同时传感器还需要使用网线来向上位机传输和接收数据信息。从实际使用上看，尽管有线连接的方法能够确保传输的稳定性，但同样大大提高了施工成本。近些年，随着电池小型化和无线通信技术的发展，越来越多的新式传感器选择了无线化处理，舍弃掉了电源与网络接口。无线化传感器相比于传统有线传感器有以下几个明显的优势：

①无线化设计避免了远距离布线，简化了施工要求，节省了大量的施工成本。施工人员只

需将设备安装在指定位置即可,无须长距离布设线缆。

②无线化设计简化了系统架构。有线传感器需要上位机进行布设采集程序,而无线式传感器通过内置的无线联网装置实现数据直接上传,减少了网络架构层数,提高了数据传输效率。

③无线化设计减少了线缆,方便传感器后续更换维护。维护人员无须判断线缆是否出现问题,只需对出问题的设备进行更换即可确保系统恢复正常。

基于以上的优势,近些年无线化传感器的应用越来越广泛,尤其是在工程应用中,现场严苛的施工环境为无线化传感器提供了发挥的舞台,无须供电和布设线缆即可解决很多施工问题。图 3.1-4 为无线加速传感器与太阳能供电的多元感知终端。

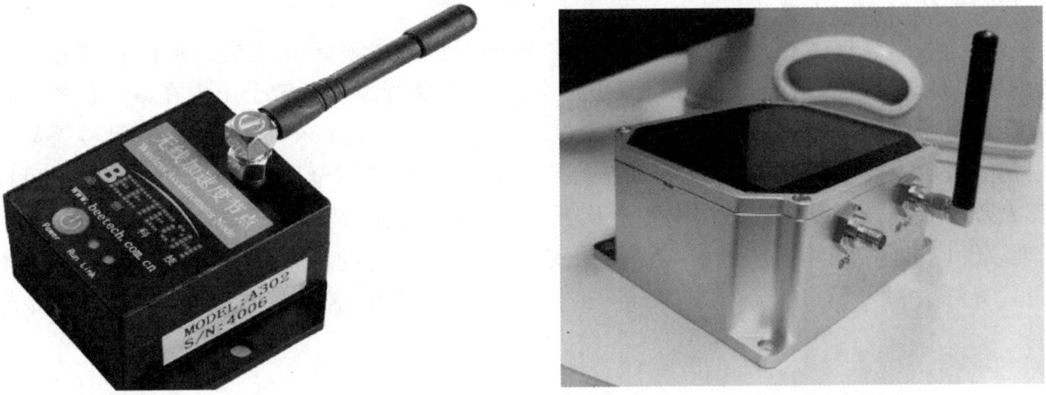

图 3.1-4　无线加速度传感器与太阳能供电的多元感知终端

(2)无源化

在某些场景下,电池的电量受限导致传感器使用寿命受限,部分传感器需要保持足够长的使用寿命,如果只采用电池供电,往往只能维持 2～3 年的工作时间。无源传感器技术是基于自供能的设计,以检测量或环境能量为能量来源并将其转换为电能,利用以反向散射为核心的通信模式,实现无布线、无电源的环境下自取能、自供能,同时完成通信和数据传输的技术解决方案。无源传感器主要的能量采集技术包括:环境光能采集、振动能量采集、热能采集、射频能量采集等。对于偏远地区的桥梁,采用无源传感器可以极大延长设备的使用时间,降低维护成本。

3)自处理与自诊断

(1)自处理

在传统桥梁结构健康监测系统架构中,传感器的主要工作是采集桥梁数据并以电信号的形式传输到上位机。轻量化监测对上位机的使用大大减少,使得传感器本身需要拥有一定的数据传输功能;此外,如果数据不进行初步分析而直接上传,会极大地影响设备功耗。同时,轻量化监测系统的服务对象是量大面广的普通中小跨径桥梁,如果都在后端对每座桥梁的数据进行分析,需要投入大量的人力,且从得到数据到获取结论的时间也不可控。所以新式轻量化传感器技术在前端,也就是传感器处,对已采集数据进行自处理。数据经过处理后会极大减小文本量、提升传输效率,维护人员也可以获得清晰明确的维护意见。

(2)自诊断

自诊断技术是对传感器在长期使用条件下自身精度的变化情况进行诊断。与自处理技术相类似，自诊断技术需要在传感器端对数据进行分析处理。除了本身对桥梁结构的分析处理之外，还会使用监测数据，结合设备内部的标准件或外部传输的标准信号，进行对比计算。这种方法可以让设备在运作的同时完成自校准，在桥梁健康监测系统中，可以极好地维持系统的数据稳定性，也减少了大量设备维护与更换的成本。

桥梁自处理与自诊断的技术主要基于设备微型化、人工智能算法与 FPGA(可编程硬件电路技术)在近些年的快速发展。这种技术让传统上位机才能进行的数据处理与分析功能在设备前端即可以极小的功耗完成，同时也可以帮助人工智能算法较好地植入设备本体当中，使得桥梁监测设备更加便于使用、易于维护，以及更加适配监测场景需求。

4)分布传感与一专多能

桥梁损伤出现位置具有一定的不确定性，比如我们只能确定在梁的跨中位置较容易出现受弯裂缝，但这个范围可能会有几米，无法确定第一条受弯裂缝必定会出现在某一位置。传统的应变传感器等点式传感器的测量区域覆盖范围通常只有几厘米到十几厘米，要覆盖易于产生损伤的区域需要很多传感器，代价非常高昂；而振动、位移等全局性指标理论上固然可以反映较大范围的损伤所带来的结构刚度变化，但实践证明，其对裂缝等局部损伤的探测敏感度不足，难以发现早期微小损伤(图 3.1-5)。为实现对局部损伤的低成本覆盖监测能力，近年来分布式光纤、机敏网格、柔性导电涂料、长标距光纤光栅传感等分布式传感技术被提出和发展。

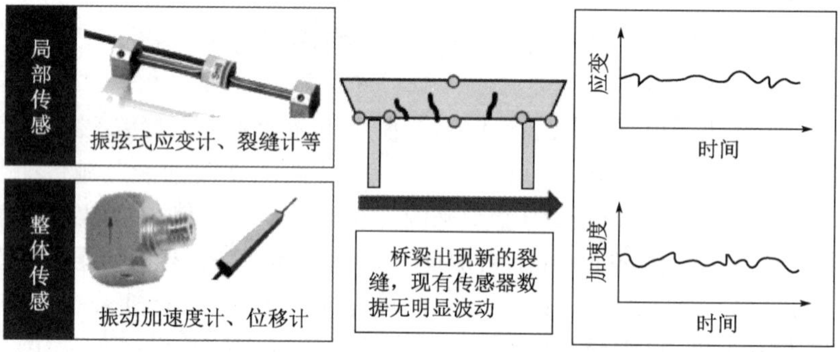

图 3.1-5　传统传感技术在损伤发现上存在的局限

分布传感技术改变了传统桥梁监测传感器点状布设的缺点，可以一次性获取大面积范围内桥梁变化的数据，更好地感知桥梁状况。同时，线/面状分布可以监测到点状分布所不能监测到的数据，例如新裂缝的产生、整桥的挠度曲线、整片梁体的应力变化等。这些数据可以在监测的同时通过算法来预测桥梁未来病害情况。

长标距光纤光栅传感器等高频高精度分布式传感技术还具有“一专多能”的特点，即用单一传感器可以同时实现应变、变形、模态等指标监测，从而达到简化系统、降低系统建设成本的目的。如：基于共轭梁法，通过长标距光纤光栅传感器测得的关键位置区域应变，可以计算得到结构变形；基于结构区域分布应变包含的结构宏微观信息特性，通过建立结构区域分布应变与位移转角、速度和加速度频率响应函数之间的映射关系，能够得到频率、振型、相位等结构动力特性指标。

3.2 桥梁轻量化监测智能装备

桥梁轻量化监测智能装备作为现代科技与工程实践的完美结合，集传感器技术、通信技术、数据处理与分析技术等多种先进技术于一体。它的核心特点是轻量化与智能化，旨在通过精简的设备结构与智能化的监测手段，实现对桥梁结构状态的实时监测与精准评估。这种装备采用高集成度的设计理念，将多种传感器、数据采集与处理模块及通信模块等集成于小型化、便携化的设备之中，不仅减少了设备体积和重量，便于安装与维护，还大大提高了监测的效率和准确性。它内置智能算法，能实时分析处理监测数据，一旦发现异常即刻发出预警信号，为桥梁维护与管理提供及时、准确的决策支持。此外，其低功耗设计确保了设备在长时间运行中的稳定性，有效降低了施工运营成本。

3.2.1 总体技术特点及需求

桥梁轻量化监测智能装备总体技术特点：少指标、小成本、高集成、低功耗、易安装、轻维护、自组网、多联动。这一系列技术优势使得轻量化监测装备特别适用于量大面广的常规桥梁，能够在保证监测效果的同时，大幅降低系统复杂度与运维成本，实现桥梁安全监测的全面覆盖与高效管理。

桥梁轻量化监测智能装备的技术需求：聚焦实现高效、经济与智能的监测解决方案。首先，系统架构需要精简优化，将传统四层架构简化为三层甚至两层，实现传感、采集、A/D 转换及通信功能的高度集成，以提升系统整体效能。其次，传感技术需具备小成本、低功耗、高集成、分布式及一专多能的特点，以适应桥梁轻量化监测的各种需求。在数据采集方面，要求采用超低功耗且具备边缘计算能力的采集传输一体化设备，以提高数据处理效率；数据传输则采用有线无线混合自组网技术，确保数据传输的稳定性和灵活性；报警评估系统应基于时间序列的故障自诊断技术，结合低冗余验证下的报警/预警技术，以实现精准及时的监测预警。最后，软件平台需支持多端互动，确保设备即装即用，无须烦琐调试，从而进一步提升系统的易用性和实用性。

3.2.2 监测方法及常用装备

桥梁轻量化监测与传统长大跨径桥梁监测在目标和方法上存在显著差异。传统监测更注重全面、系统地覆盖桥梁的各个部位和参数，以确保桥梁整体的安全性和耐久性，通常依赖有线传感器、采集调理仪及工控机等设备，通过系统集成实现数据获取。而轻量化监测则更聚焦特定风险场景下的结构响应与状态变化，旨在通过针对性的监测和分析为桥梁管养部门提供及时、准确的养护维修和应急处置建议，倾向于采用一体化或汇聚化传感装备作为监测设备。

针对 2.3 节提出的 12 种不同桥梁轻量化监测应用场景，分监测项目类型整理了各种应用场景下常用的轻量化监测装备，如表 3.2-1 所示。其中，车/船撞击感知元是针对车/船撞击桥梁风险的专门设计，能够实时捕获撞击信号并及时报警；梁体移位感知终端针对独柱墩桥、弯桥、斜桥、坡桥等重点桥梁，以及梁体更换及纠偏、支座更换桥梁等加固改造桥梁，在梁体移位超限时产生触发报警；机器视觉挠度仪则用于监测桥梁的大变形问题，通过图像分析算法实时计算桥梁挠度变化，确保桥梁安全；长标距光纤光栅传感器可同时监测应变、裂缝宽度、结构动力特性和结构变形，具有区域分布式传感和一专多能的优势；多元感知终端则进一步拓展了监测范围，可用于桥梁碰撞、梁体偏位等多个场景的监测；综合采集站作为集成型智能网关，具有多传感器信号无缝兼容、超低功耗待机等特点，显著降低了系统建设成本。

桥梁轻量化监测场景监测方法及典型装备 表 3.2-1

序号	监测项目	监测对象	监测指标	常用装备
1	竖向/横向位移监测	特殊结构等重点桥梁	挠度、横向位移	GNSS 监测仪 机器视觉挠度仪 毫米波雷达挠度仪 5G-A 微变形监测装置 长标距光纤光栅传感器
		重载/饱和交通桥梁		
		安全状况差、运营风险高的桥梁		
		加固改造桥梁		
		地质灾害易发山区桥梁		
		长期性能跟踪观测桥梁		
2	裂缝监测	特殊结构等重点桥梁	开裂报警	柔性导电薄膜传感器 长标距光纤光栅传感器
		重载交通桥梁		
		安全状况差、运营风险高的桥梁		
		加固改造桥梁		
		特殊结构等重点桥梁	裂缝宽度	振弦式裂缝计 LVDT 裂缝计 长标距光纤光栅传感器 智能图像裂缝仪
		重载交通桥梁		
		安全状况差、运营风险高的桥梁		
		加固改造桥梁		
		长期性能跟踪观测桥梁		
3	应变监测	特殊结构等重点桥梁	应变	振弦式应变传感器 电阻应变传感器 光纤光栅传感器
		重载交通桥梁		
		安全状况差、运营风险高的桥梁		
		加固改造桥梁		
		长期性能观察桥梁		
4	振动监测	特殊结构等重点桥梁	加速度	加速度传感器 车/船撞击感知元 多元感知终端
		重载交通桥梁		
		车/船撞击高风险桥梁		
		地质灾害易发山区桥梁		
		高烈度地震区桥梁		
5	梁体移位监测	独柱墩桥、弯桥、坡桥等倾覆风险桥梁	位移(限值触发)	梁体移位感知终端
		梁体更换及纠偏、支座更换桥梁等加固改造桥梁		

续上表

序号	监测项目	监测对象	监测指标	常用装备
6	索力监测	单孔跨径 60m 以上的桥梁	索力	加速度计 磁通量传感器
		斜拉索或吊杆更换等加固改造桥梁		
7	拱脚位移监测	单孔跨径 60m 以上的拱桥	位移	倾角仪 振弦式位移传感器 激光位移传感器 长标距光纤光栅传感器
8	梁体倾角监测	独柱墩桥、弯桥、斜桥、坡桥等倾覆风险桥梁	倾角	倾角仪 多元感知终端
9	边坡位移监测	地质灾害易发山区桥梁	位移	测斜仪 GNSS 监测仪 激光位移传感器
10	冲刷监测	水毁多发区桥梁	冲刷	加速度传感器 高清摄像机
11	沉降监测	采空区等易沉降区桥梁	沉降	静力水准仪 GNSS 监测仪 机器视觉挠度仪
12	体外预应力监测	加固改造桥梁	体外预应力	加速度计 磁通量传感器
13	车辆荷载监测	重载交通桥梁	车辆荷载	动态称重系统 车牌抓拍设备
14	净空监测	车/船撞击高风险桥梁	净空	超声波水位传感器
15	雨量监测	水毁多发区桥梁	雨量	雨量传感器
16	氯离子浓度监测	沿海氯盐区桥梁	氯离子浓度	氯离子浓度监测仪
17	风速风向监测	恶劣环境区桥梁	风速风向	风速仪
18	结冰监测	极端气候桥面结冰地区桥梁	结冰	远红外路面温度传感器 高清摄像机
19	视频抓拍监测	特殊结构等重点桥梁	视频	高清摄像机
		重载/饱和交通桥梁		
		车/船撞击高风险桥梁		
		地质灾害易发山区桥梁		
		高烈度地震区桥梁		
		水毁多发区桥梁		
		采空区等易沉降区桥梁		

注:5G-A 指增强的 5G 网络,LVDT 指线性可变差动变压器。

3.2.3 指标要求

针对表3.2-1详细列举的监测方法及其对应的常用装备，表3.2-2进一步明确了各轻量化监测装备须达到的一系列基本技术要求。这些要求不仅涵盖了测量精度、动态响应范围、广泛的环境适应性等核心性能指标，还强调了装备的稳定性、智能化水平和用户友好性，从而确保这些轻量化监测装备在实际应用中能够发挥出最佳效能，为监测工作提供准确、及时、可靠的数据支持。

桥梁轻量化监测常用装备技术指标　　表3.2-2

序号	监测指标	常用装备	技术指标
1	挠度	机器视觉挠度仪	测量距离：≥400m 测量精度：0.2mm(50m测距) 采样频率：≥10Hz
		毫米波雷达挠度仪	测量距离：≥300m 测量精度：0.1mm(50m测距) 采样频率：≥200Hz
		5G-A微变形监测装置	测量距离：≥500m 测量精度：0.1mm(50m测距) 采样频率：≥200Hz
2	开裂报警	柔性导电薄膜传感器	测量范围：0.5～2m 测量精度：0.05mm
		长标距光纤光栅传感器	测量范围：0.5～2m 测量精度：0.01mm
3	裂缝宽度	振弦式裂缝计	测量范围：10～200mm 分辨率：0.025% FS 测量精度：0.1% FS
		LVDT裂缝计	测量范围：0～500mm 分辨率：≤0.1μm 测量精度：0.1% FS
		智能图像裂缝仪	测量精度：0.02mm 扫描宽幅：30mm 分辨率：1200dpi 焦点距离：9mm

续上表

序号	监测指标	常用装备	技术指标
4	应变	振弦式应变传感器	量程：±1500με 分辨率：1με 测量精度：0.1% FS
		电阻应变传感器	量程：±3000με 分辨率：1με 测量精度：0.02% FS
		光纤光栅传感器	量程：±2000με 分辨率：1με 测量精度：0.3% FS
5	加速度	车/船撞击感知元	量程：±8*g* 测量精度：0.01*g* 灵敏度：256counts/*g*
		磁电式加速度计	量程：±5*g* 横向灵敏度：<5% 频率响应：0.2～1kHz
		多元感知终端	量程：±8*g* 分辨率：1m*g* 测量精度：±0.2% FS
6	位移（限值触发）	梁体移位感知终端	量程：≤200mm 触发时测量精度：1mm
7	索力	低频压电式加速度计	灵敏度：2500mV/*g* 分辨率：2.5μ*g* 频率响应：0.2～1kHz
8	倾角	倾角仪	量程：≥ ±5° 最大允许误差：0.02°
		多元感知终端	量程：±45° 分辨率：0.001° 测量精度：±0.2% FS
9	车辆荷载	动态称重系统	荷载能力(单轴)：≥30t 最大过载能力：≥150% 称重误差：≤ ±10% 轴数检测精度：≥99% 速度量程：10～120km/h 速度误差：≤ ±2km/h 轴距误差：≤ ±20cm 输出信息：时间、速度、车型、车轴数、轴距、轴重、所在车道

续上表

序号	监测指标	常用装备	技术指标
10	雨量	雨量传感器	分辨率≤0.1mm 最大允许误差 ±4% FS
11	风速风向	风速风向仪	测量参数:风速、风向 最大允许误差0.3m/s
12	视频	高清摄像机 (事件抓拍用)	像素:≥400万 支持补光 支持变焦 支持定时抓图与事件抓图功能
		高清摄像机 (船撞预警用)	像素:≥400万 镜头规格:8mm 支持变焦、光学透雾 支持定时抓图与事件抓图功能
		高清摄像机 (车牌抓拍用)	像素:900万 镜头规格:25mm 车牌、车身颜色、车型识别 支持定时抓图与事件抓图功能

3.2.4 典型装备

在桥梁轻量化监测领域,采用的监测设备种类繁多,包括一系列已在传统长大桥梁监测系统中得到广泛应用的监测装备,例如动态称重系统、加速度计、振弦类传感器、电阻式应变传感器以及网络摄像机等。这些设备经过长期的应用实践,已证明其在监测工作中的重要性和实用性。同时,随着科技的进步,一些具有智能化特性的新型监测设备也逐渐崭露头角并在实际应用中展现出了独特的优势。本小节将对这些智能化监测装备进行详细介绍,展现其在桥梁轻量化监测中的创新应用。

3.2.4.1 竖向位移监测

当前我国交通运输繁忙,车流量大且重型载货车辆多,加之桥梁建设不断迈向更大跨度,对桥梁的健康状况提出了更高要求。桥梁挠度变形作为评估桥梁健康状态的关键指标,重要性日益凸显。长久以来,挠度测量主要依赖人工方法,如百分表、精密水准仪及全站仪等测量工具。这些方法存在效率低、费时费力、测量结果受人为主观影响大的问题。随着监测技术的飞速发展,一系列自动化测量方法应运而生,包括连通管测量法、倾角仪法、GNSS测量法及长标距光纤光栅传感法等。这些新技术为桥梁挠度监测提供了更为高效、精确的解决方案,现已广泛应用于传统桥梁监测领域,但在轻量化监测领域的应用有一定的局限性。目前出现了一些新型监测方法:机器视觉法、毫米波雷达法、通感一体微变形法。这些测量方法在桥梁轻量化监测领域展现出了独特的优势，如可实现非接触式测量和高精度、实时监测以及具有良好的环境适应性等，能够更好地满足现代桥梁监测对于高效、精准、轻便及智能化的需求。常见挠度监测方法如表3.2-3所示。

常见挠度监测方法　　表3.2-3

方法	原理	优点	缺点
连通管测量法	通过测量连通管内液面高度变化获得桥梁挠度变化	方法原理简单、可靠稳定、受环境干扰小	安装复杂、各测点间不能有太大高程差，难以满足高频动态采集要求
倾角仪法	通过测量各测点倾角变化推导桥梁挠度变化	精度较高、安装方便	间接测量、存在累计误差
GNSS测量法	测量卫星信号传播时间差来解算出挠度变化	安装方便、受大气环境影响小	测量精度低，一般只能达到厘米级
长标距光纤光栅传感法	通过测得的各区段应变采用共轭梁法计算得到挠度变化情况	测量精度高、灵敏度高、抗干扰能力强	安装布设较为复杂，采集设备费用较高
机器视觉法	通过对图像特征点进行逐帧跟踪解算变形	非接触、精度高、可靠性高	受测试环境光线和测量距离影响较大
毫米波雷达法	通过收发信号的相位差来获取变形信息	非接触、精度高、距离远	造价高、受周围环境影响较大
通感一体微变形法	通过5G基站微波信号收发信号相位差来获取挠度数据	非接触、精度较高、距离远、区域监测	对基站设备有要求，受风、雨环境影响较大

1）机器视觉挠度仪

机器视觉挠度仪（光电挠度仪）是一种新型非接触式位移监测设备，它融合了机器视觉技术、边缘计算技术、物联网通信等技术，目前已被广泛应用于桥梁、隧道、边坡、建筑物及轨道等各类结构物的位移监测。机器视觉挠度仪通常由传感设备（内含嵌入式微处理器、高性能图像传感器、工业镜头等）及红外靶标两部分组成，如图3.2-1所示。它基于光学成像原理，通过安装在桥梁合适位置的传感设备中的高清摄像头，捕捉红外靶标目标图像，并成像于传感设备内置的高性能图像传感器CCD（电耦合器件）接收面阵上。当桥梁挠度发生变化时，红外靶标的位置也会随之变动，测量靶标成像位置的变化值，经由专用图像处理系统将其转化为数字信号，再经过精密运算提取目标特征，通过对不同时刻特征点的空间位置比较分析，确定特征点的二维位移变化情况，进而获得被测结构体相应位置的挠度、位移等变形参数。机器视觉挠度仪主要技术难点在于低功耗、高稳定性的图像位移传感器硬件设计，户外成像不稳定及目标定位偏差，测量图像数据集构建，图像位移内部成像温致漂移补偿及自适应曝光对焦，极端光照条件下目标成像质量评价等。

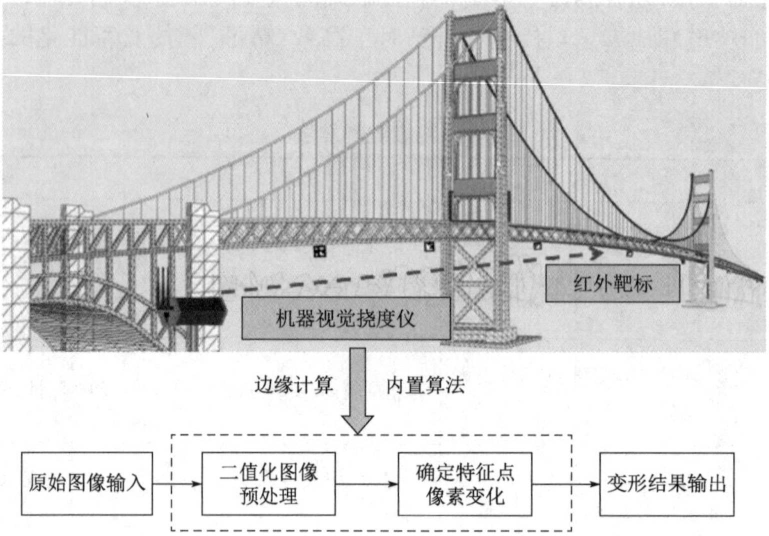

图 3.2-1　机器视觉挠度仪构成及测量原理图

(1)产品特性

采用远距离成像、图像处理等新型技术,具有测量精度高、响应快、抗干扰强等优点,能够实现远距离非接触式测量。

(2)技术参数

作为结构物位移监测的重要工具,近年来市场上涌现出多款高性能、高精度的机器视觉挠度仪产品。这些产品凭借非接触式测量、实时数据处理能力以及广泛的适用性,对桥梁、隧道、边坡、建筑物及轨道等结构物的位移监测发挥着关键作用。表 3.2-4 列举了 3 款市面上常见的机器视觉挠度仪型号及其关键技术指标。

几种常见机器视觉挠度仪技术指标　　表 3.2-4

技术参数	联创兴科 LCXK-DIDS	细柳科技 RMC-01	科运智慧 KY-S110
测量距离	5～400m(不同焦距镜头)	1～600m(不同焦距镜头)	5～500m(不同焦距镜头)
测量点数	视场范围内,最多 20 个目标测点同时测量	视场范围内,最多 10 个目标测点同时测量	视场范围内,最多 30 个目标测点同时测量
测量精度	≤±0.1mm(25m) ≤±0.4mm(200m) ≤±1mm(400m)	≤±0.1mm(20m) ≤±0.5mm(200m) ≤±2mm(600m)	≤±0.1mm(20m) ≤±0.4mm(200m) ≤±2mm(500m)
测量方向	二维变形(竖向、横向)	二维变形(竖向、横向)	二维变形(竖向、横向)
测量频率	≤25Hz	≤10Hz	≤20Hz
通信方式	4G/以太网	以太网	4G/以太网
工作电压	DC 12～36V	AC 220V	DC 12～36V

续上表

技术参数	联创兴科 LCXK-DIDS	细柳科技 RMC-01	科运智慧 KY-S110
防护等级	IP65	IP65	IP67
设备外观			

注:4G 指第 4 代移动通信技术,DC 指直流电,AC 指交流电。

(3)工程应用

江苏省南京市的秦淮河大桥位于 G104 国道北平线上,其中心桩号为 K1158 + 118。桥梁全长 216.02m,设计荷载为公路—Ⅰ级,伸缩缝类型为型钢伸缩缝,支座形式为板式支座,桥面铺装为沥青混凝土。上部结构形式为预应力钢筋混凝土 T 梁、普通钢筋混凝土 T 梁和钢箱梁,跨径组合为($4 \times 20 + 3 \times 30 + 2 \times 20$)m;下部结构为钢筋混凝土桩柱式墩、钻孔灌注桩基础,桥台为钢筋混凝土埋置式桥台。为确保桥梁在重载交通下的安全,该桥采用了机器视觉挠度仪来监测桥梁挠度变化情况。机器视觉挠度仪安装示意和现场安装照片分别如图 3.2-2 和图 3.2-3所示。当出现挠度超限的情况时,及时抓拍在桥梁上通行的超重车辆,如图 3.2-4 所示。

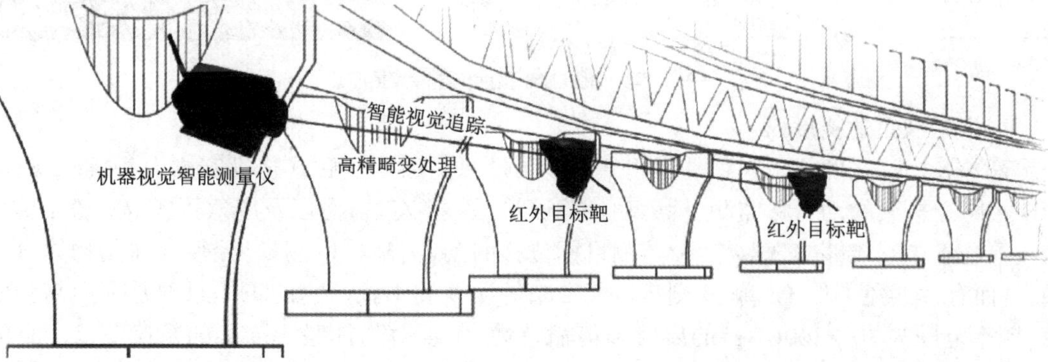

图 3.2-2　机器视觉挠度仪安装示意

图 3.2-3　机器视觉挠度仪现场安装照片

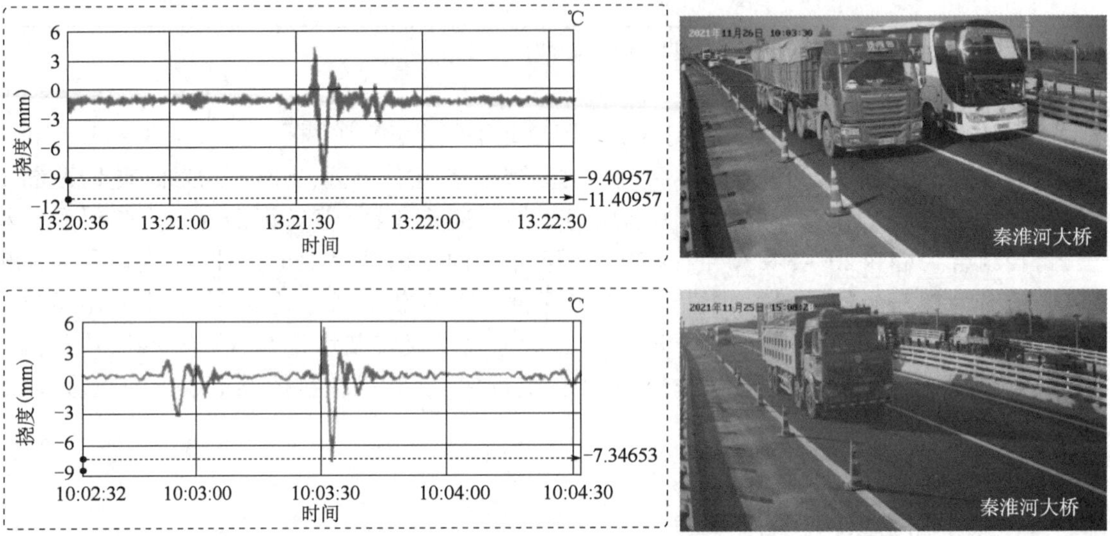

图 3.2-4　机器视觉挠度仪超限抓拍照片

2）毫米波雷达挠度仪

毫米波雷达挠度仪是一种基于差分干涉测量原理的非接触式挠度监测设备，被广泛应用于中小跨径桥梁的动位移监测、桥梁动静载试验、隧道收敛监测以及应急救援中对微小位移的监测等场景。它能够实现对检测/监测目标位移的动态、高精度测量，无须与被测物体直接接触，从而有效避免了传统接触式测量可能带来的误差和干扰。它的工作原理是利用高频电磁波（频率范围为 30 ~ 300GHz）的反射和传输特性，实现对物体微小变形的精确测量。具体来说，毫米波雷达发射器会向被测物体表面发射高频电磁波，部分电磁波会被物体表面反射回来。这些反射信号随后被雷达接收机接收，并经过信号转换过程，将反射信号转换成数字信号。在信号转换过程中，雷达系统会精确记录反射信号的相位信息，因为相位的变化与被测物体在雷达视线方向上的位移量有着直接的关系。通过对比发射信号与接收信号之间的相位差,能够计算出物体在雷达视线方向上的精确位移量。毫米波雷达挠度仪主要技术难点在于雷达角反射器的材料、外形和尺寸等参数的最优组合设计,收发天线间的电磁泄漏干扰导致的信号互扰,低功率高分辨率波形设计及高增益低副瓣高效天馈系统设计等。

毫米波雷达挠度仪安装位置及测量原理如图 3.2-5 所示。

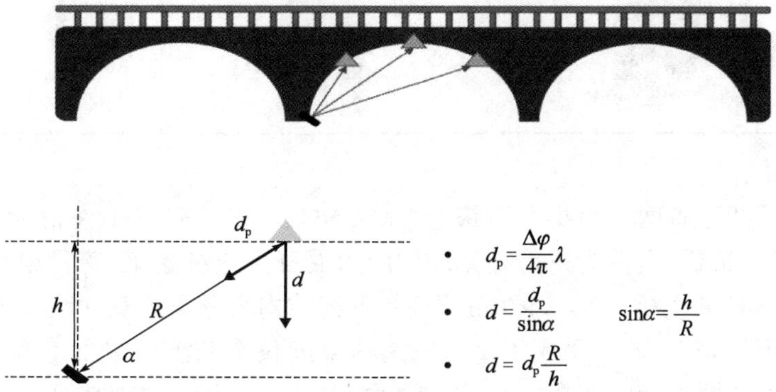

图 3.2-5 毫米波雷达挠度仪安装位置及测量原理

h-雷达距离测点的竖向距离;R-雷达距离测点的径向距离;α-雷达相对于水平面的俯仰角;d_p-测点沿雷达径向位移;d-测点真实竖向位移;$\Delta\varphi$-两个接收信号之间的相位差;λ-电磁波波长;π-数字常数,约等于 3.14159

(1)产品特性

全天候,非接触式测量,高精度,采样频率高,多目标同步测量,安装维护方便等。

(2)技术参数

毫米波雷达挠度仪作为新兴的挠度监测技术,正逐渐从试验室测试过渡到实际应用中。目前,市场上已经推出了多款商用的毫米波雷达挠度仪,它们凭借各自的关键技术指标,如精确的测量范围、高采样频率及适应多种工作环境的能力,满足了桥梁监测领域的多样化需求。几种常见毫米波雷达挠度仪技术指标如表 3.2-5 所示。

几种常见毫米波雷达挠度仪技术指标 表 3.2-5

技术参数	中公智联 IICC-NDM	雷博合创 LBHC-MDR-M/S	隼眼科技 BD100
测量距离	≤200m	≤200m	≤100m
测量点数	同步测量≤8 个测点	同步测量≤5 个测点	同步测量≤16 个测点
测量精度	≤ ±0.08mm(30m) ≤ ±0.35mm(200m)	≤ ±0.01mm(室内试验)	≤ ±0.1mm
测量频率	≤100Hz(多目标同步测量)	≤100Hz(多目标同步测量)	≤20Hz(多目标同步测量)
通信方式	4G/以太网	4G/以太网	4G/以太网
单机功耗	≤3.6W,可太阳能供电	≤10W	≤15W
工作电压	DC 9 ~ 24V	AC 220V	DC 16 ~ 32V
防护等级	IP67	IP65	IP67

续上表

技术参数	中公智联 IICC-NDM	雷博合创 LBHC-MDR-M/S	隼眼科技 BD100
设备外观			

(3)工程应用

小龙湾桥位于江苏省南京市小龙湾路上，总长 544m，桥宽 34.5m；主桥为三跨自锚式悬索桥结构，双塔双索面布置；引桥为三跨等截面预应力混凝土连续箱梁；跨径组合为：2×3×30m 引桥+(44+96+44)m 主桥+2×3×30m 引桥；下部结构为分离式双柱墩，U 形桥台。为确保桥梁在重载交通下的安全，该桥采用了毫米波雷达挠度仪来监测桥梁挠度变化情况。毫米波雷达挠度仪现场安装照片如图 3.2-6 所示。同时，在桥上布设与毫米波雷达挠度仪联动的高清摄像头，当出现挠度超限的情况时，及时抓拍在桥梁上通行的超重车辆。

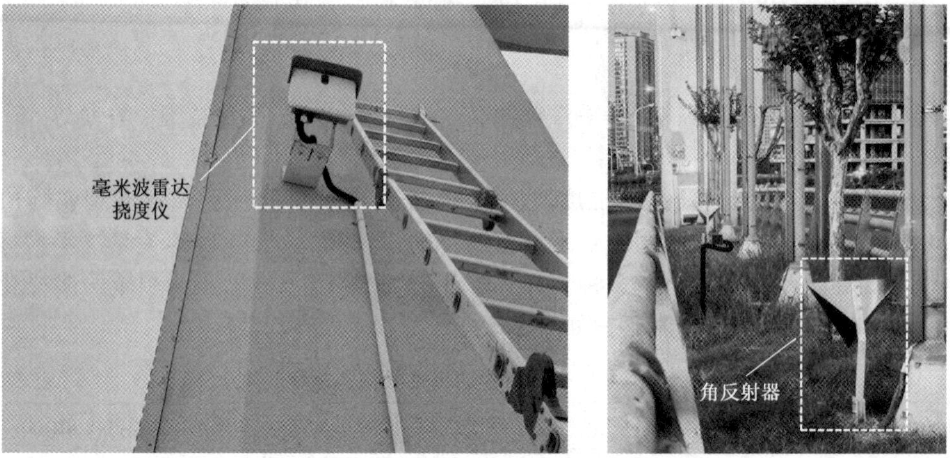

图 3.2-6　毫米波雷达挠度仪现场安装照片

毫米波雷达挠度仪与机器视觉挠度仪数据对比如图 3.2-7 所示。

3)5G-A 微变形监测装置

传统的通信与感知系统具备不同的功能，两个系统都是向空间发射并接收电磁波，但二者通常独立存在。其中，通信系统主要是实现数据的传输，而感知系统主要功能是获取周围环境或物体信息并实现定位及追踪。传统的感知系统主要依赖电磁波、雷达、红外线、摄像头等，其中以雷达应用较为广泛和典型。以雷达为例，其原理是发射电磁波对目标进行照射并接收其回波，从而获取距离、速度、方位、高度等信息。随着 5G 网络的不断演进，5G-A 正式纳入通感一体技术，移动通信网络系统将同时具备通信及探测感知的能力。5G-A 通信感知融合基于软硬件资源以及频谱资源共存/共享，实现在一张网络上同时支持无线感知与无线通信功能。一方面，利用公共移动通信基础设施使能感知服务，借助通信系统的泛在部署实现感知维度的无缝覆盖和感知硬件部署成本的降低，实现一网多能，充分发挥移动网络优势并满足不同场景下的感知需求；另一方面，借助感知服务为通信性能带来提升，基于对无线通信信道环境的感知、识别与预测，进一步创新无线通信资源管理，提升无线通信系统的性能和效率。

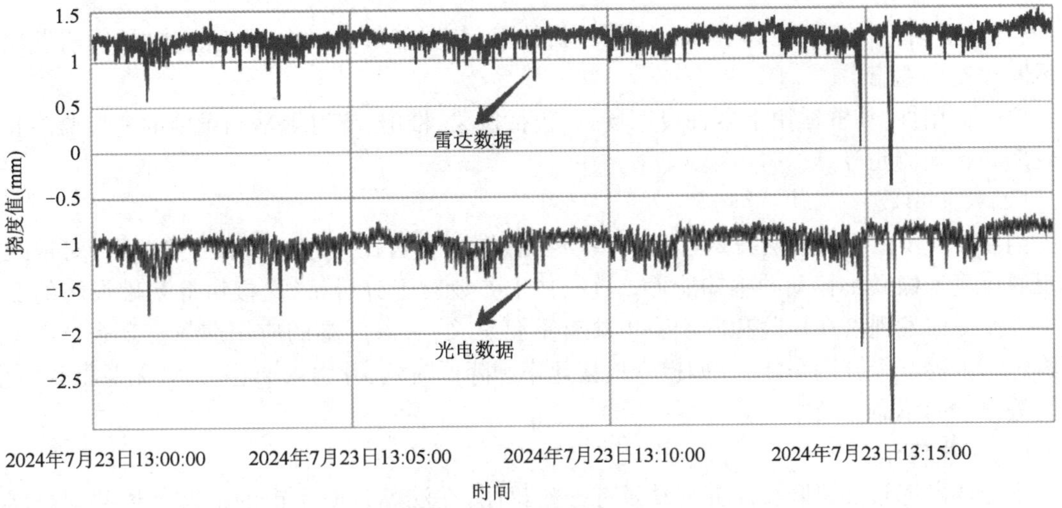

图 3.2-7　毫米波雷达挠度仪与机器视觉挠度仪数据对比

5G-A 微变形监测装置是一种创新型监测设备，融合了通信与感知一体化技术，旨在通过无线信号对目标对象进行高精度的微变形监测，如图 3.2-8 所示。这种装置不仅提升了监测的精度和实时性，还扩展了监测的应用场景，如桥梁、楼房、隧道等基础设施的变形监测和海洋轮船的感知监测等。其工作原理的核心在于通信感知一体化技术，即在通信系统上融合感知能力，通过分析无线电波的直射、反射、散射信号，获得对目标对象或环境信息的感知，完成定位、测距、测速、成像等功能。5G-A 微变形监测装置主要技术难点在于：如何在复杂桥梁结构中实现高精度、高灵敏度的传感器优化布局与数据采集，以精准捕捉微小形变；如何充分利用 5G 技术的高速传输优势，确保海量监测数据能够实时、无损地传输；如何在强风、暴雨、高温等极端天气条件下，克服环境干扰，处理复杂数据，并保证系统的长期稳定运行，从而确保监测结果的精确无误和高度可靠。

图 3.2-8　5G-A 微变形监测装置

（1）产品特性

高精度：能够实现对目标对象微小形变的精准监测，监测精度可达毫米级甚至更高。

实时性：装置通过无线通信网络实时传输监测数据，确保监测结果的实时性和有效性。

智能化：结合人工智能算法和大数据分析技术，装置能够自动分析监测数据，提前发现潜在风险和安全隐患。

广泛适用性：装置适用于多种应用场景，包括桥梁、楼房、隧道等基础设施的变形监测和海洋轮船的感知监测等。

（2）技术参数

当前，5G-A 微变形监测技术已经具备了在感知资源占比不超过 3% 的情况下，对视距金属反射体毫米级微小移动的感知能力。这一技术参数对于分辨桥梁、楼房等基础设施的变形状态以及提前发现潜在风险和安全隐患具有重要意义，有着广阔的应用前景。未来，5G-A 技术将进一步提升传统网络能力，如提升连接速率和降低时延，并引入通感一体、无源物联、内生智能等全新的革命性技术。

（3）工程应用

华为技术有限公司联合江苏移动及苏交科集团，在江苏省南京市的栖霞大桥共同开展了国内首次 5G-A 桥梁微变形监测试点应用。此次应用不仅成功验证了该技术的理论可行性，而且通过细致的对比分析——将 5G-A 微变形监测装置与大桥上已部署的机器视觉挠度仪的监测数据进行对比，进一步证实了 5G-A 微变形监测在测量精度与广泛实用性方面的显著优势。

5G-A 微变形监测装置现场安装照片和监测数据分析分别如图 3.2-9 和图 3.2-10 所示。

图 3.2-9　5G-A 微变形监测装置现场安装照片

3.2.4.2　梁体移位监测

随着桥梁使用年限的增长、自然环境的变化以及车辆荷载的不断增加，桥梁结构逐渐进入老化期。梁体位移成为桥梁常见的病害之一。特别是在曲线梁桥中，由于设计、施工及运营过程中的多种因素（如曲率半径、恒载、预应力、温度效应、混凝土收缩徐变等），梁体可能出现径向位移和翻转，严重影响桥梁的受力性能和通行安全。因此，对梁体位移进行实时监测，及时发现并处理偏位问题，对于保障桥梁的运营安全和延长使用寿命具有重要意义。常见梁体移位监测方法如表 3.2-6 所示。

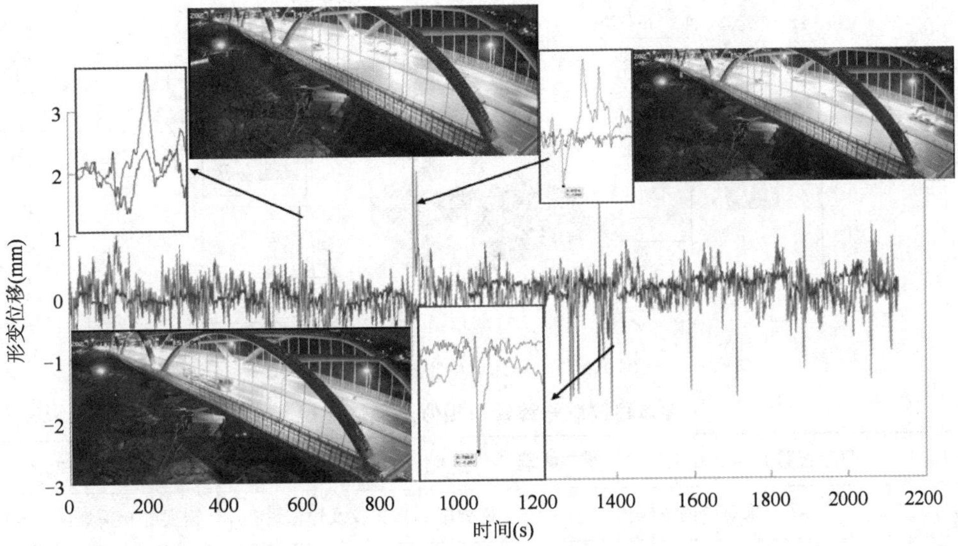

图 3.2-10 5G-A 微变形监测数据分析

常见梁体移位监测方法 表 3.2-6

方法	原理	优点	缺点
拉线位移计	利用拉线的位移变化来反映梁体移位情况	方法原理简单、测量精度高	价格偏高,在极端气候和环境恶劣的情况下,传感器易损坏
倾角仪	通过测量物体在水平和垂直方向上的倾斜角度,来确定其倾斜程度	安装方便、测量精度高	价格偏高,存在温漂,当仅有平移时无法发现
梁体移位感知终端	通过限位开关触发报警	价格低、安装方便、即装即用	只能定性测量

由表 3.2-6 可知,梁体移位感知终端在移位偏位监测中具有显著优势。其低成本、安装便捷、实时报警等特点,为桥梁安全运行提供有力保障。

梁体移位感知终端是一款专为桥梁支座设计的监测预警装备。它采用机械触发开关作为感知元器件,能精准感知梁体移位,一旦位移量超过阈值,触发开关便会闭合。此时,终端设备能迅速检测到开关信号并立即将报警信号发送至云平台,同时将报警数据同步推送至手机等移动端,及时提醒管养人员检查并处理,有效预防重大安全事故。梁体移位监测系统组成如图 3.2-11所示。

(1)产品特性

低功耗无线通信,成本低,即装即用,靶向感知与主动报警,安装维护方便等。梁体移位感知终端与相似产品性能对比如表 3.2-7 所示。

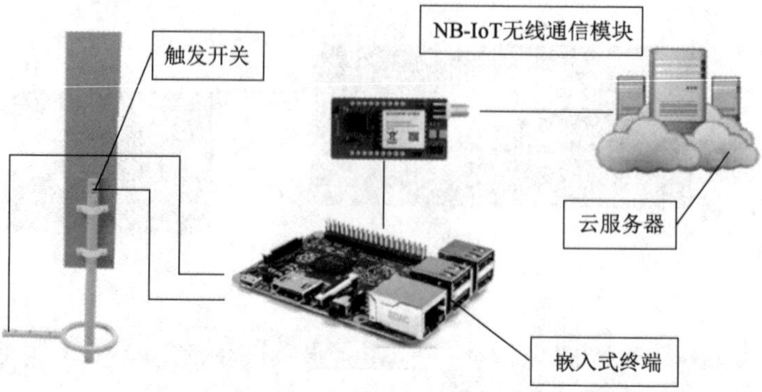

图 3.2-11　梁体移位监测系统组成

梁体移位感知终端与相似产品性能对比　　表 3.2-7

项目	科运智慧 KY-L200 梁体移位感知终端	米依 MK30 位移计	北微传感 BWS2500 倾角仪
采集方式	采集传输一体化	需要配套采集仪及通信设备	需要配套采集仪及通信设备
供电方式	内置锂电池	市电	市电
通信方式	NB-IoT 无线	有线	有线
是否可报警联动	是	否	否

(2)技术参数

梁体移位感知终端是一种高性价比的智能监测报警设备,相较于传统移位监测方式(通常由传感器、数据采集仪、通信设备及工控机组成),它实现了更为简便的监测。梁体移位感知终端技术指标如表 3.2-8 所示。

梁体移位感知终端技术指标　　表 3.2-8

量程	0～50cm(可自定义)
测量精度	1mm(与安装精度有关)
供电方式	内置 8000mAh 锂电池
存储容量	16Mbit
通信方式	NB-IoT
待机电流	0.18mA
数据传输最大电流	35mA
工作方式	休眠唤醒机制
待机时间	触发式采集 3 年以上
工作温度	-40～85℃

续上表

防护等级	IP67
设备外观	

(3)工程应用

广西壮族自治区桂林市沙河立交桥全长514.4m,于2009年建成并投入使用,是连接环城西一路与环城南三路的一座大型连续钢筋混凝土箱梁结构城市立交桥。2019年7月,桂林市桥梁管养部门在进行日常巡查时,发现该桥梁体有向外侧横向爬移迹象,且个别立柱出现环向裂缝。组织专家检测后发现,沙河立交桥已发生横向爬移现象,爬移量最大为16.8cm,桥梁技术状况总体评定为D级(不合格状态)。为保障人民群众通行安全,2020年10月,沙河立交桥启动维修加固施工。为确保施工期间桥梁的安全,通过在桥上布设梁体移位感知终端、裂缝传感器和抓拍联动摄像头来实时掌握桥梁状态(图3.2-12),一旦桥梁出现异常,监测系统将及时发送报警信息,确保及时响应和处理。

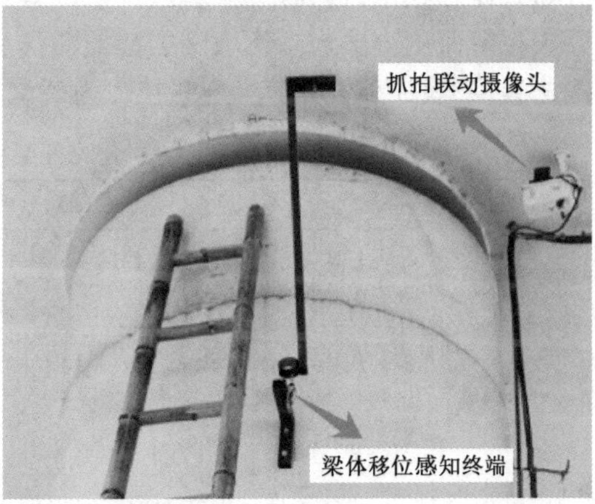

图3.2-12 梁体移位感知终端现场安装照片

应用成效:2020年10月15日,受开挖影响,桥墩下部桩柱接合部桩周土局部损失严重,导致空置土层向临空滑动,梁体横向位移超过阈值,触发了现场梁体移位感知终端报警,管养人员接到通知后迅速勘查现场并及时采取措施,有效避免了工程事故的发生。现场处置照片如图3.2-13所示。

a)现场查看　　b)裂缝计实测　　c)结果比对

图 3.2-13　现场处置照片

3.2.4.3　开裂报警监测

桥梁裂缝是桥梁结构损伤与破坏的直观体现，它的出现不仅意味着桥梁结构存在缺陷，影响桥梁的整体性能和稳定性，还可能导致桥梁承载能力下降，加速结构老化，缩短桥梁的使用寿命。裂缝出现的位置具有显著的不确定性，通常仅能预测其可能出现的大致区域，很难精确定位。传统点式局部传感技术（如振弦式裂缝传感器）在监测裂缝时，需要部署大量传感器才能覆盖潜在的裂缝区域，这在经济上显得极不实际。为此，国内外近年来积极探索并发展了多项分布式传感技术，旨在以更高效、经济的方式实现桥梁裂缝的监测与预警。目前，常见的桥梁开裂报警监测方法包括机敏网裂缝监测法、柔性导电涂料裂缝监测法、长标距光纤光栅裂缝监测法等，如表 3.2-9 所示。这些技术为桥梁安全监测提供了新的解决方案。

常见开裂报警监测方法　　表 3.2-9

方法	原理	优点	缺点
机敏网格	通过监测机敏网格导电性的变化，判断裂缝的形成与扩展	全过程监测、灵敏度高、成本较低	仅能做是否开裂的定性判断、安装复杂
柔性导电薄膜	利用导电涂料固化成导电膜，附着在结构物表面，通过检测电阻变化，实时感知裂缝出现	全过程监测、干扰小、成本低	仅能做是否开裂的定性判断、安装要求高
长标距光纤光栅	在光纤纤芯中引入周期性的折射率变化，形成布拉格反射，通过测量这种波长变化，可以监测结构裂缝变化	精度高、不受电磁干扰、抗腐蚀	采集设备成本较高

长标距光纤光栅传感器是测量结构在一定标距内的平均应变，而非一个点的局部应变，针对结构损伤可能发生的区域进行高精度分布式监测，所输出的区域分布应变与位移、转角、荷载等有直接关系。其工作原理为：在光纤纤芯中引入周期性的折射率变化，形成布拉格反射，反射特定波长的光；当光纤受到温度或应变的影响时，纤芯的折射率和光栅周期会发生变化，导致布拉格波长发生相应的变化，通过测量这种波长变化可以监测结构的变化。此外，长标距

光纤光栅也适用于动态测量，能够获取结构在交通荷载或其他动态影响下的响应。长标距光纤光栅传感器结构示意如图 3.2-14 所示。

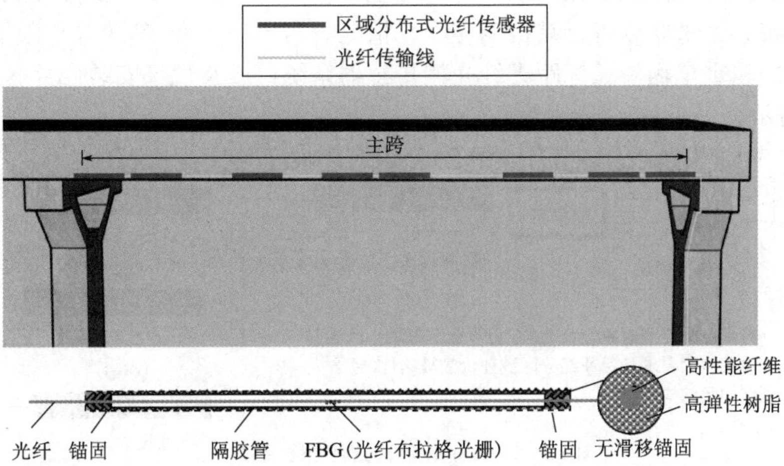

图 3.2-14　长标距光纤光栅传感器结构示意

(1)产品特性

具备同时测量加速度、应变、转角、变形、荷载及损伤等多种量的功能，且对温度与应变敏感，能够实时反映结构在动态影响下的变化，展现出卓越的一专多能特性和动态测量能力。

(2)技术参数

作为结构物响应监测的重要工具，近年来在市场上涌现出多款高性能、高精度的光纤光栅传感器产品。这些产品凭借其非实时数据处理能力和广泛的适用性，在桥梁、隧道及建筑物的应变、裂缝等监测中发挥着关键作用。表 3.2-10 列举了 3 款市面上常见的光纤光栅传感器型号及其关键技术指标。

常见光纤光栅传感器技术指标　　表 3.2-10

技术参数	长标距光纤光栅传感器(东南大学吴智深教授团队)	北京数泰 DTC-FDS100	珏光科技 JPFBGD-300
量程	500 ~ 2000mm	10/50/100mm	5/20/50mm
测量精度	1με	±0.5% FS	0.25% FS
光栅中心波长	—	1510 ~ 1590nm	1525 ~ 1565nm
光栅反射率	—	>75%	>85%
外观		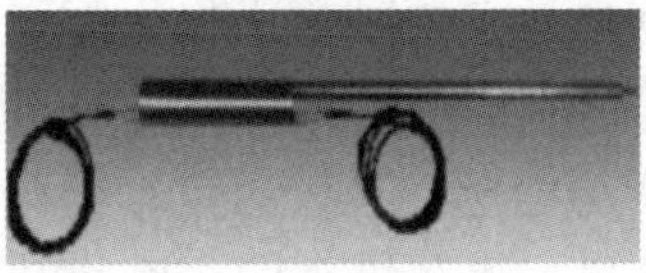	

(3)工程应用

杨家岭特大桥位于 G50 沪渝高速垫忠段，桥梁起点桩号为 K79 + 785，终点桩号为 K80 +

589，桥梁总长804m。主桥上部结构为三跨(112+200+112)m预应力混凝土连续刚构桥，主桥长424m，箱梁为三向预应力混凝土结构，全幅桥采用分离式单箱单室截面，主桥主墩为双肢薄壁墩身，边墩为空心薄壁墩，墩基础都为群桩基础。为确保桥梁在重载交通下的安全，该桥采用了长标距传感器来监测桥梁结构响应变化情况。当出现应变、裂缝等超限情况时，及时报警并抓拍通行的超重车辆。长标距光纤光栅传感器系统组成及现场安装照片分别如图3.2-15和图3.2-16所示。

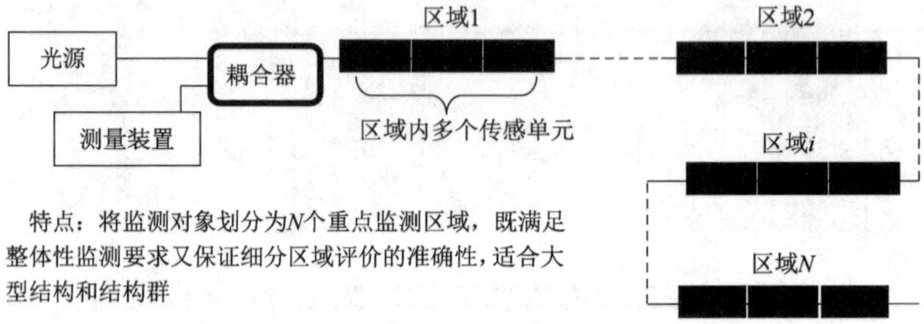

图3.2-15　长标距光纤光栅传感器系统组成

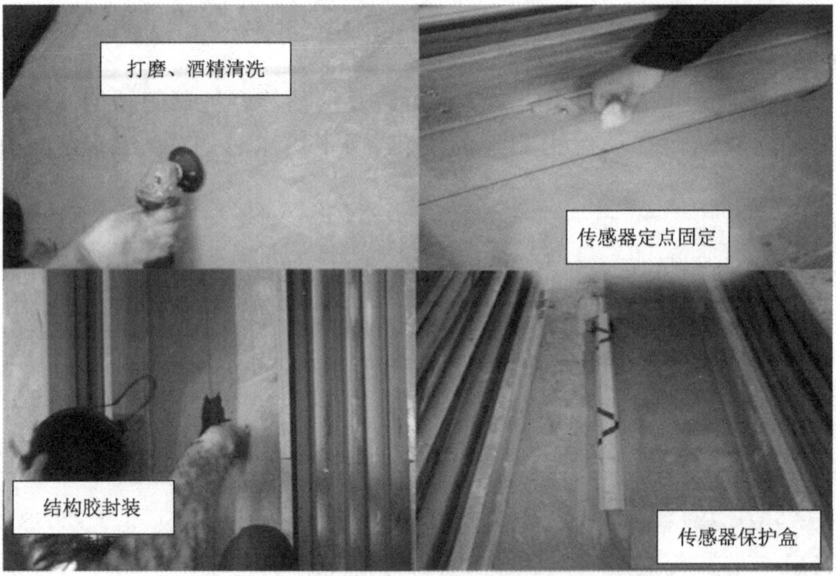

图3.2-16　长标距光纤光栅传感器现场安装照片

3.2.4.4　裂缝宽度监测

桥梁在长期服役过程中，由于受到环境侵蚀、重载交通、温度变化等多重因素的共同影响，不可避免地会出现裂缝等损伤。这些裂缝不仅影响了桥梁的美观性，更主要的是它们会显著降低桥梁的承载能力和使用寿命，极端情况下甚至可能引发严重的安全事故。然而，传统的桥梁裂缝监测方法主要依赖人工巡检和重型设备。这些方法不仅效率低下、成本高昂，而且难以实现对裂缝的实时、精确监测。随着技术的不断进步，一些智能化新型裂缝监测设备应运而生，其中基于机器视觉的智能裂缝监测仪便是其中的佼佼者，为桥梁裂缝监测提供了新的解决方案。常见裂缝监测方法如表3.2-11所示。

常见裂缝监测方法 表 3.2-11

方法	原理	优点	缺点
目视检查	基于人眼对裂缝图像进行识别	简单易行、成本低	效率低、存在主观性
超声波检测	通过收发超声信号的变化来判断结构裂缝情况	灵敏度高、可发现内在裂缝	复杂度高、操作不便，通常用于检测，不适合用作连续监测
振弦式裂缝计	通过监测弦的频率变化来识别裂缝变化数值	抗干扰强、受电参数影响小	钢弦蠕变残余应力影响稳定性，采样频率低
智能图像裂缝仪	基于智能图像算法来对裂缝特征进行识别	监测范围广、测量精度高、可高频采集	受雨水等环境因素干扰较大

智能图像裂缝仪是一种专为检测和测量结构裂缝而研发的监测设备，目前已广泛应用于桥梁、隧道、建筑物等结构的裂缝长期跟踪监测。这种设备采用了高分辨率相机和先进的图像处理技术，能够捕捉到裂缝的清晰图像，在前端进行边缘处理计算出裂缝值，并将这些数据和图像无线传输至后台，以更为直观的数图形式进行展示。其主要工作原理为：利用高清摄像头完成高分辨率图像拍摄，然后利用终端处理器对输入的图像进行预处理，旨在去除混凝土表面图像上的背景噪声，同时增强裂缝特征，如图 3.2-17 所示。预处理步骤为：利用图像减操作去除微小的变化，例如不均匀光照和阴影的干扰；然后利用线性增强处理，增强线性结构，消除块状结构等噪声；最后进行阈值分割，利用神经网络识别裂缝值。

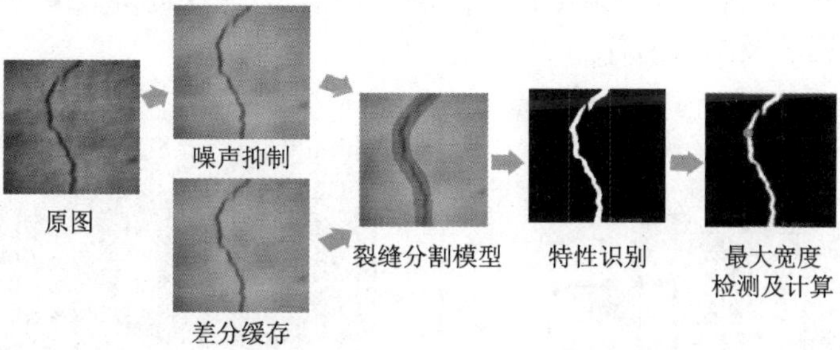

图 3.2-17 智能图像裂缝仪工作原理

(1)产品特性

非接触式，不破坏结构，高精度测量，安装方便，裂缝图片和裂缝宽度同步展示，显示更直观等。

(2)技术参数

作为桥梁裂缝监测的重要工具，市面上存在着多种型号的智能图像裂缝仪设备，以满足不同场景和需求下的裂缝检测与测量。这些设备通常采用高分辨率相机和先进的图像处理技术，能够实现对裂缝的精准识别和量化分析，为桥梁结构安全评估提供有力支持。表 3.2-12 列举了 3 款常见的智能图像裂缝仪及其关键技术指标。

常见智能图像裂缝仪技术指标　　表 3.2-12

技术参数	雷图科技 BJJC-LF2	路安交科 RS-DICS	科运智慧 KY-L600
量程	30mm	50mm	10mm
测量精度	0.02mm	0.01mm	0.01mm
镜头参数	9mm	9mm	10mm，可调、1/2.8cmos
供电方式	3V 电池供电	AC 220V	外置 12V 供电接口 + 内置 8000mAh 锂电池
通信方式	4G 或 NB-IoT	以太网	4G 或 NB-IoT
工作方式	定时采集	定时/连续采集	定时采集
待机时间	>3 年(标准状态下)	长期在线	>3 年(标准状态下)
设备外观			

(3)工程应用

廖家沟大桥位于江苏省扬州市广陵区 G328 国道。大桥为双幅桥，中心桩号为 K309 + 144，桥梁全长 787m，桥面总宽 21m。桥跨组合为 4 × 30m + 3 × 30m + (1 × 45m + 3 × 70m + 1 × 45m) + 6 × 30m + 3 × 30m。上部结构中主桥为变截面箱梁、引桥为 T 梁，支座类型为板式胶支座、盆式支座；下部结构中桥台类型为桩柱式桥台。该桥日常交通量较大，重车较多，同时存在不同程度的结构裂缝病害。为保障桥梁运行安全，采用裂缝图像仪进行裂缝跟踪观测。图 3.2-18 为智能图像裂缝仪安装及测量照片。

图 3.2-18　智能图像裂缝仪安装及测量照片

3.2.4.5　结构振动监测

结构振动监测对于评估桥梁的安全状态至关重要，它主要关注桥梁结构的动力特性，包括固有频率、振型、阻尼比、动力冲击系数及动力响应等关键参数。这些特性与桥梁的材料属性、结构刚度、质量分布等紧密相连，通过对它们进行监测，可以全面了解和掌握桥梁的整体运行状态。在振动监测中，加速度传感器因其对高频信号的敏感性而得到广泛应用。相较于速度与位移传感器，加速度传感器能更有效地捕捉高频振动信息。目前，市场上常见的加速度传感器有压电式、压阻式、电容式和伺服式等多种类型，它们各有优缺点，适用于不同的监测场景，如表 3.2-13 所示。

常见振动监测方法 表 3.2-13

方法	原理	优点	缺点
压电式加速度计	利用压电材料的压电效应，将机械振动转换为电信号	灵敏度高、响应速度快	输出信号较弱，易受干扰
压阻式加速度计	利用半导体材料的压阻效应，将机械振动转换为电阻变化	结构简单、成本较低	受温度影响较大，精度稍低
电容式加速度计	利用电容效应，通过测量电容变化来推算加速度	灵敏度高，频率范围广，环境适应性好	成本较高，量程有限，受电缆的电容影响，高阻抗
伺服式加速度计	利用伺服机构对振动进行反馈控制，实现高精度测量	精度高、稳定性好	结构复杂、成本较高
MEMS 加速度计	利用微机电系统技术，将机械振动转换为电信号	体积小、重量轻、功耗低、易于集成	精度和量程可能受到一定限制

近年来，MEMS 振动传感器凭借其高度集成化、小型化、低功耗等显著优点，在桥梁监测领域崭露头角。其中，车/船撞击感知元作为 MEMS 振动传感器的典型应用，能够高精度地捕捉撞击瞬间的振动响应，为评估桥梁结构损伤、及时制定紧急应对措施提供了关键数据支持，对于确保桥梁的安全运行具有重要意义。

车/船撞击感知元是专门针对桥梁结构被行驶车辆、行驶船只等外部荷载突发撞击的情况而研发的监测报警设备。它内置高度集成的振动感知元件，实时感知外部振动数据，一旦监测到振动数据超过阈值立即向平台发出报警信息，并将报警数据同步推送至手机等移动端；同时启动摄像头进行抓拍，回传事故现场视频录像，对肇事车/船进行拍照取证。

工作原理：当结构受到突发外力撞击时，会发生高频振动，传感测量单元实时监测结构振动数据并对振动数据进行分析，判断是否发生碰撞；设备内置碰撞识别算法，可过滤行人、正常车辆通行时出现的振动数据，避免误报警；平时设备处于休眠状态，每天向平台发送 1 次心跳包数据；当检测到有车船撞击时，立即触发摄像头拍照，同时将报警数据上传至平台，如图 3.2-19所示。

(1)产品特性

高集成，测量精度高，体积小，安装方便，功耗低，报警与数据同步推送等。

(2)技术参数

车/船撞击感知元是一种集监测与报警功能于一体的智能化监测装备，相较于传统振动监测方式(通常依赖加速度计、数据采集仪、通信设备及工控机的组合)，它实现了更为高效与精确的桥梁碰撞监测。车/船撞击感知元与行业同产品性能对比及其技术指标分别如表 3.2-14 和表 3.2-15 所示。

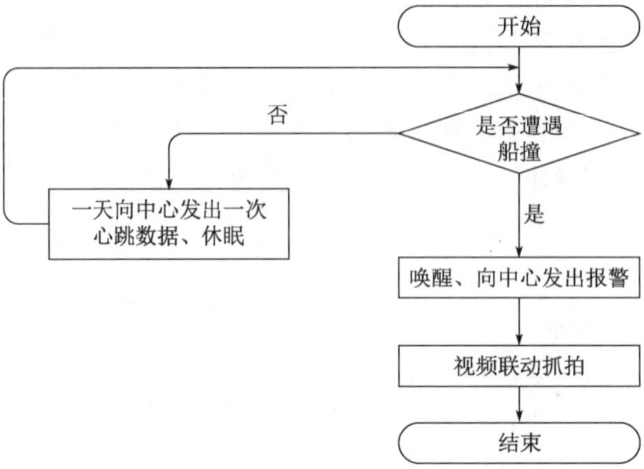

图 3.2-19　车/船撞击感知元工作原理

车/船撞击感知元与行业同产品性能对比　　表 3.2-14

项目	科运智慧 KY-L200 车船撞击感知元	东华测试 DH1A202E 加速度计	泰斯特 TST126 加速度计
传感器类型	MEMS 加速度	压电式加速度	伺服式加速度
采集方式	采集传输一体化	需要配套采集仪	需要配套采集仪
供电方式	内置锂电池	市电	市电
通信方式	NB-IoT 无线	有线	有线
数据处理方式	前端边缘计算	后端软件处理	后端软件处理
是否可报警联动	是	否	否

车/船撞击感知元技术指标　　表 3.2-15

量程	±8g
灵敏度	256counts/g
测量精度	0.01g
温度系数	0.01%/℃
零点补偿	±25mg
非线性度	0.6% FS
供电方式	内置 8000mAh 锂电池
待机时间	典型:1 次心跳/天,3 年 或 1 次心跳 + 图像/天,2 年
设备外观	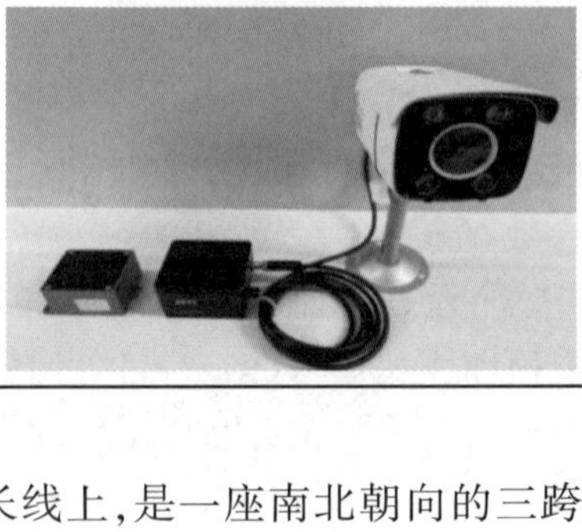

(3)工程应用

司马港桥位于江苏省南通市下辖如皋市大长线上,是一座南北朝向的三跨简支板梁桥。

该桥全长75m,桥宽24.6m,跨径布置为3×25m。作为农村公路桥梁,司马港桥日常承载着较多的重载交通,同时桥下还有船只通行,因此面临较高的车/船撞击风险。为了确保桥梁运营安全,采用车/船撞击感知元,并与抓拍摄像头、桥墩报警指示灯等设备进行联动,以便及时发现并预警潜在的船舶撞击风险。车/船撞击感知元现场安装照片、报警联动抓拍照片和系统捕捉到船舶撞击信号分别如图3.2-20~图3.2-22所示。

图3.2-20 车/船撞击感知元现场安装照片

图3.2-21 车/船撞击感知元报警联动抓拍照片

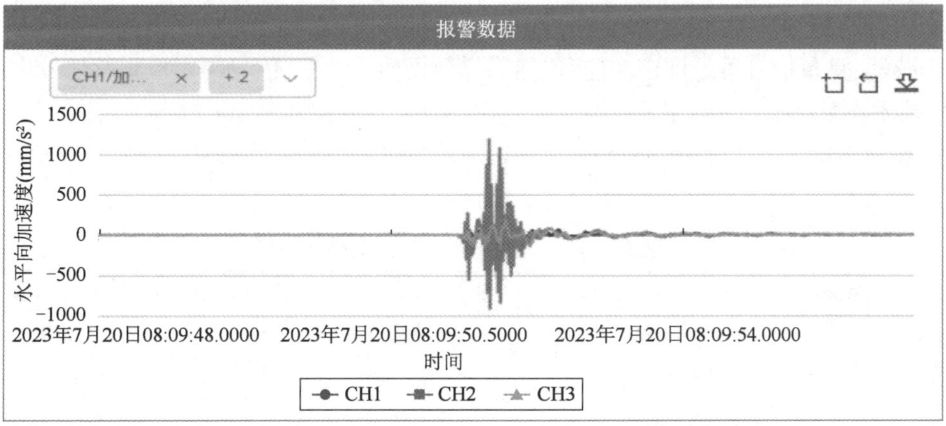

图3.2-22 车/船撞击感知元系统捕捉到的船舶撞击信号

CH_1~CH_3-三个不同的加速度传感器

3.2.4.6　应力应变监测

桥梁在长期的使用过程中会受到各种外部荷载和环境因素的影响,如车辆荷载、温度变化、风荷载、地震等。这些因素可能导致桥梁结构产生应力应变,进而影响其整体稳定性和承载能力。因此,对应力应变的实时监测成为桥梁监测的关键环节。通过安装先进的传感器,如电阻应变传感器、光纤光栅传感器、振弦式传感器等,可以实时获取桥梁结构的应力应变数据,并通过数据分析方法评估桥梁的健康状况。这些监测数据不仅有助于及时发现桥梁结构的潜在问题,还能为桥梁的维护、加固和改造提供科学依据,确保桥梁在复杂多变的环境中始终保持安全、稳定的运行状态。常见应力应变监测方法如表 3.2-16 所示。

常见应力应变监测方法　　表 3.2-16

方法	原理	优点	缺点
振弦式应变计	通过监测弦的频率变化来识别应力变化	抗干扰强、受电参数影响小	钢弦蠕变残余应力影响稳定性
电阻式应变计	通过测量电阻元件的电阻值来识别应变数值	精度高、测量范围广、频响特性好	存在温漂和零漂
光纤光栅应变计	基于光学干涉原理感知测点应力变化	体积小、抗干扰能力强、可进行区域监测	成本较高、安装条件要求高

传统应力应变监测系统依赖工控机系统集成,结构复杂且成本高、维护效率低。新一代无线振弦智能终端则克服了这些难题,被桥梁轻量化应力应变监测广泛应用。无线振弦智能终端专为振弦类传感器的数据采集而设计,精确采集传感器的频率和温度数据,同时具备传感器信号质量评定功能,可预测传感器使用寿命。其采集模块采用 NB-IoT 无线通信技术,现场无须组网即可实现数据实时上传至云端;设备采用低功耗设计,内置锂电池,可实现无供电情况下超长待机,极大地方便了现场组网;体积小巧,“傻瓜式”安装设计,即装即用,有效降低现场施工成本。该设备适用于桥梁、边坡、隧道、房屋建筑等大型基础设施结构安全监测场景,特别是野外不方便提供市电的场合。

(1)产品特性

具有广泛的测频范围,覆盖 30 ~ 12000Hz,兼容性强,能够测量国内外主流厂家的单线圈式振弦类传感器;具备信号质量评定功能,包括采样数据质量评估、信号幅值检测及信号质量评估。

(2)技术参数

无线振弦智能终端与行业同产品性能对比及其技术指标分别如表 3.2-17 和表 3.2-18 所示。

无线振弦智能终端与行业同产品性能对比　　表 3.2-17

项目	科运智慧 KY-L101 无线振弦智能终端	基康 BGK4200 振弦应变计	金码测控 JMZX-212HAT 振弦应变计
采集方式	采集传输一体化	需要配套采集仪	需要配套采集仪
供电方式	内置锂电池	市电	市电
通信方式	NB-IoT 无线	有线	有线
数据处理方式	前端边缘计算	后端软件处理	后端软件处理

无线振弦智能终端技术指标　　表3.2-18

接入数量	单通道或4通道
接入类型	振弦式
频率范围	30～12000Hz
采集精度	频率:0.1Hz;温度:0.5℃
供电方式	内置8000mAh锂电池
通信方式	NB-IoT无线通信
防护等级	IP67
工作温度	-40～80℃
设备外观	

(3)工程应用

如海河大桥位于江苏省南通市下辖如皋市G204国道,跨越如海河。该桥为装配式组合箱梁桥,桥长457.2m,桥宽25.2m,跨径布置为15×30m。根据往年定期检测报告,该桥病害主要为箱梁破损、支座剪切变形、桥墩碰擦破损等。为确保桥梁运营安全,对该桥进行了轻量化结构健康监测。其中,振弦式应变监测采用KY-L101无线振弦智能终端。该设备为一体化传感采集装置,内置锂电池供电,现场安装方便,数据直接对接云平台,现场安装照片如图3.2-23所示。

图3.2-23　无线振弦智能终端现场安装照片

3.2.4.7　垮塌报警监测

桥梁作为重要的交通基础设施,其安全性直接关系人民的生命财产安全。然而,桥梁时常面临山洪、泥石流、崩塌、滑坡等自然灾害的威胁,以及超载、撞击等人为因素的挑战,桥梁垮塌事件时有发生,造成了巨大的经济损失和不良的社会影响。为了防范桥梁垮塌事件,对桥梁结构进行监测预警尤为重要。通过对桥梁结构进行实时监测,可以及时发现潜在的结构损伤或坍塌风险,从而采取有效的维修和加固措施,保障桥梁的安全运行。传统桥梁垮塌监测系统主要依赖对位移、应变和倾角的测量，然而，这类系统通常需要配备复杂的采集仪和工控机，导致整体系统架构复杂且成本高昂。为了更有效地满足覆盖广泛且数量众多的桥梁垮塌监测需求，简易感知报警设备应运而生。常见垮塌报警监测方法如表3.2-19所示。其中，多元感知终端凭借其集成度高、功能全面的特点，已成为桥梁垮塌监测预警领域的一款重要设备，得到了广泛的应用。

常见垮塌报警监测方法 表3.2-19

方法	原理	优点	缺点
应力监测法	通过测量结构物应力变化，超过阈值触发报警	能够提供结构物内部的应力分布情况，有助于评估结构物的整体健康状况	传感器易受环境因素影响，报警及时性不够
高清摄像机	利用机器视觉技术，通过图像识别算法判断桥梁是否发生垮塌	能够直观显示桥梁垮塌过程，便于事故调查和分析	识别范围有限
多元感知终端	通过实时测量结构物加速度及倾角变化，超过阈值触发报警	多参量感知一体、高度集成、安装方便、即装即用	无法分析整体受力变化情况

多元感知终端是一款集“振动-倾角-温度”多参量感知为一体，“采集-供电-传输”多功能高度集成，能够在无电无网、严酷环境下实现长期稳定工作的智能监测报警装备。其内置边缘算法模块可实现阈值触发采样和秒级报警响应，在测量值超限时自动报警并上报事件前后数据便于后续分析，同时可联动报警装置或抓拍摄像头。该设备可广泛应用于桥梁碰撞、梁体偏转、道路滑坡、建筑物倾斜等安全监测领域。

工作原理：常规工作状态下，该设备能够连续采样，每隔1h（可根据要求自主设置时间间隔）上传一次特征数据至云平台；一旦检测到振动加速度或者倾角数值变化超过安全阈值，设备立即触发报警机制，同时将报警前后5s（可自主设置）的数据迅速回传至云平台进行实时展示。此外，多元感知终端能够依据报警数据的时间戳信息，远程下载对应时间点的监控视频数据，进而在平台上即时呈现事故监测数据及视频捕捉画面，确保信息的实时性与直观性。多元感知终端工作流程如图3.2-24所示。

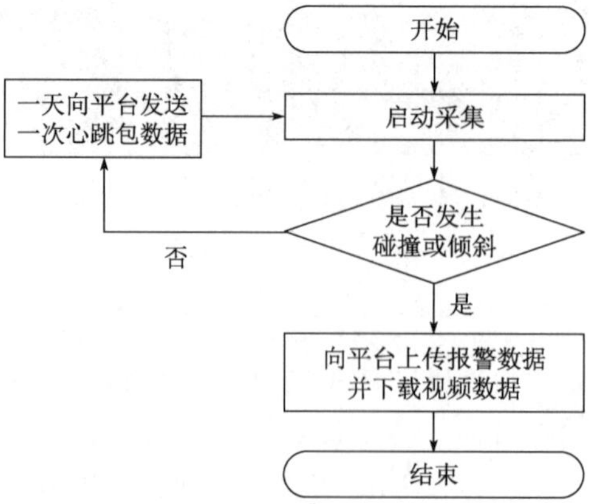

图3.2-24 多元感知终端工作流程

(1)产品特性

多元数据测量:内置三轴 MEMS 加速度传感器、双轴倾角传感器、温度传感器,可同时测量加速度、倾角、温度监测指标。

低功耗设计、现场自供电:内置 8000mA18650 锂电池,一体化的太阳能供电板可持续给锂电池充电,保障设备 24h 不间断工作。

集成一体化设计:"采集-传输-供电"一体化结构设计,安装方便,即装即用。

多种测量模式:自动连续测量、定时测量、触发报警。

内置边缘算法、报警触发:提供三级预警机制,阈值可调,触发报警后可将前后一段时间数据进行上传。

报警联动:触发报警后,可联动报警装置或抓拍摄像头。

(2)技术参数

多元感知终端应用场景广泛,可用于桥梁碰撞、倾覆风险监测,相比于传统监测模式(传感器、采集仪、网络通信设备及工控机的系统集成),该设备具有显著技术优势。多元感知终端与行业相似产品性能对比及其技术指标分别如表 3.2-20 和表 3.2-21 所示。

多元感知终端与行业相似产品性能对比 表 3.2-20

项目	科运智慧 KY-L700 多元感知终端	东华测试 DH610 加速度计	北微传感 BWS2500 倾角仪
测量类型	多参量同步测量(加速度、倾角、温度)	加速度(需要配套采集仪)	倾角(需要配套采集仪)
供电方式	太阳能 + 内置锂电池	市电	市电
通信方式	NB-IoT 或 LoRa 无线	有线	有线
是否可报警联动	是	否	否

多元感知终端技术指标 表 3.2-21

量程	加速度:±8g;倾角:±60°;温度:-40~80℃
分辨率	加速度:1mg;倾角:0.001°;温度:0.5℃
测量精度	±0.2% FS
供电方式	太阳能 + 内置锂电池
工作方式	连续或休眠唤醒 + 触发
通信方式	LoRa 或 NB-loT
存储容量	16Mbit
防护等级	IP67
工作温度	-40~80℃
设备外观	

(3)工程应用

羊河6号桥位于湖北省宜昌市沪蓉高速宜巴段,中心桩号K1197+400,上部结构采用17×30m预应力T梁,下部结构采用桩柱式桥台、双桩柱式桥墩。该桥跨越山谷河流,部分桥墩处于河道中央,且河流存在季节性洪水,墩柱基础冲刷严重。因此,桥梁面临山洪、泥石流、水毁等多重垮塌风险,为保障桥梁运营安全、提高灾毁监测预警能力,对该桥实施了垮塌报警监测。

在涉水桥墩盖梁处安装多元感知终端(图3.2-25),实时监测桥梁倾角及振动变化,并与桥梁前方设置的报警装置进行联动。当桥梁出现垮塌时,多元感知终端立即发出报警信息,通过现场网关研判后开启道路前方的报警联动装置,通知驾乘人员靠边停车。同时,监测预警平台还会即时向桥梁管养人员推送报警信息,使其能够迅速响应并采取有效处置措施,最大限度减少和避免群死群伤事故的发生。

图3.2-25　多元感知终端现场安装照片

3.2.4.8　综合采集站

传统桥梁监测采集系统通常在现场配置专用工控机,搭载各种扩展接口(如RS232、RS485等)来实现对传感器信号的数据采集;同时配备各种信号调理机箱、A/D采样卡、稳压开关电源等硬件设备;整个系统较为庞大,设备节点众多。这种以工控机为核心的采集系统安装费时费力,故障率较高,难以适应量大面广的中小跨径桥梁监测。为了实现监测系统轻量化同时提高系统稳定性,需要一款高度集成的采集设备来代替现场采集工控机。该设备应集智能设备接入、模拟量数据采集、电池供电管理、边缘计算、存储、上传等功能于一体,覆盖系统现场采集的所有功能,能根据各种应用场合的具体要求进行灵活配置。

综合采集站是一种将信号采集、系统自供电、无线传输等多个功能融为一体形成具备边缘计算能力的智能采集装置。它基于模块化设计,每台设备内置GPS(全球定位系统)、4G、RS485、RJ45(布线系统中信息插座连接器的一种)网络接口多合一通信主板与多通道采集板,构成8~40通道远程动静态数据监测系统。设备采用太阳能电板和高效4680锂电池供电,每通道可任意接入市面主流传感器,可对应变、应力、位移、电压、加速度、温度等进行精确测量;采用组态化系统配置,最大支持200Hz高速同步采集;可应用于桥梁电流、大坝、隧道、建筑物等结构物的安全监测。

(1)产品特性

混合输入:每通道可任意接入应力、应变、电压、电流、电阻、IEPE(集成电路型压电传感器)加速度传感器、磁电式速度位移传感器等,无须其他辅助设备,做到真正的万能输入。

模块化设计:设备模块化设计,客户可根据测试实际需要自定义通道数,"积木式"自由组合。每模块集成 8 通道,单台设备最大 40 通道,所有通道同步采样,每通道独立信号调理、独立 A/D 转换器、独立 MCU(微控制单元),采样频率在 0.1~200Hz 之间可调。

现场供电:超低功耗设计,设备内置 100Ah18650 锂电池,在无任何外接电源的情况下至少维持 15d 工作时长;选配太阳能电板给锂电池充电,解决测试现场无 220V 电源困扰。

多台组网:不同地点多台设备自行组网,系统最多可连接 255 台设备,构成千通道级远程动态监测系统。

设备定位:内置 GPS 模块,自动定位采集终端位置,方便定位和寻找设备位置。软件内置 GIS(地理信息系统)位置信息,以地图形式呈现多台设备位置。

高速同步:所有测点同步采样、显示、保存,最高采样频率达 200Hz。

独立并行:每通道都有独立高稳定信号放大调理电路和高性能 A/D 转换器,因此设备具有极高的精度和极强的抗干扰能力,保证长期的稳定性和一致性。

(2)技术参数

综合采集站与传统采集模式对比及其技术指标分别如表 3.2-22 和表 3.2-23 所示。

综合采集站与传统采集模式对比 表 3.2-22

项目	综合采集站模式	传统采集模式
功耗	低,太阳能+锂电池供电	高,需要 220V 市电
成本	低	高
施工调试	1d	2~3d
数据对接	平台直接推送	需要部署采集传输软件
系统维护	稳定性高,基本免维护	故障率高,定期维护

综合采集站技术指标 表 3.2-23

测点数量	8~40 通道可选
采样频率	0.1~200Hz
采集方式	动静态可选,所有通道同步采集
混合输入	每通道任意选择输入类型,内置各种传感器调理电路
测量精度	±0.2%
AD 分辨率	24 位
通信方式	RJ45 网络、4G、RS485
存储方式	64G TF 卡(本地)、云传输服务器,数据双备份
供电方式	太阳能板+内置锂电池
防护等级	IP65
工作温度	-40~80℃

续上表

设备外观	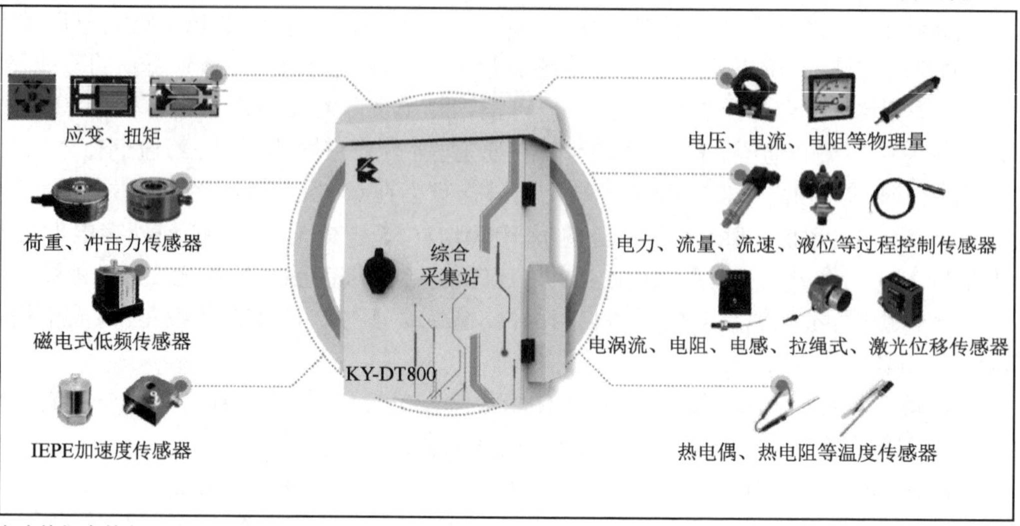

注:TF卡为快闪存储卡。

综合采集站与传统采集外站对比如图3.2-26所示。

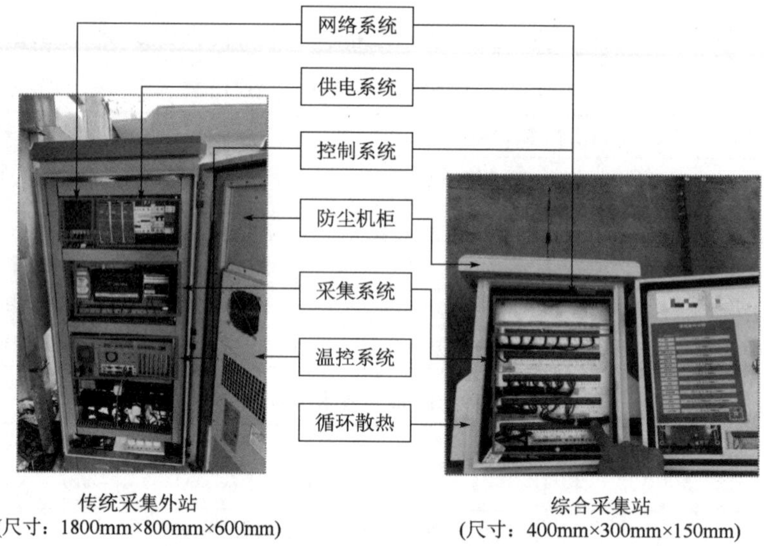

图3.2-26 综合采集站与传统采集外站对比

(3)工程应用

石臼湖特大桥是连接南京市溧水区和高淳区的跨湖通道,位于G235国道新海线上,全长12640.7m,桥面总宽25.5m,桥面净宽23.5m。石臼湖特大桥结构健康监测系统于2019年建成并投入使用,当时对大桥左幅主桥进行了重点监测。系统自建成以来获取了大桥结构温度、主梁挠度变化、梁端位移等一批关键指标,为大桥结构状态的评估及预防性养护工作提供了有力的数据支撑。为了进一步满足行业规范监测项要求,2022年对右幅主桥进行了健康监测系统设计及施工。石臼湖特大桥轻量化监测指标如表3.2-24所示。

石臼湖特大桥轻量化监测指标 表 3.2-24

监测类别	监测内容	监测手段	测点数量
结构温度	桥面铺装层温度	埋入式温度计	1
地震	桥墩加速度	加速度传感器	1
位移	主梁竖向位移	倾角仪	15
应变	主梁关键截面应变	振弦应变计	18
振动	主梁竖向振动加速度	加速度传感器	3
合计	38		

该桥采用2套KY-DT800综合采集站(含太阳能板)作为配套采集设备,其现场安装照片如图3.2-27所示。综合采集站具有系统架构简单,自供电,安装方便,数据直接上传云端等优点。相比于传统工控机模式的数据采集系统,综合采集站模式让工程整体造价降低了30%,提升了现场调试效率,省去供电敷设成本,有效缩短了项目工期。

图3.2-27 综合采集站现场安装照片

4 桥梁轻量化监测系统建设

桥梁轻量化监测系统建设包括系统设计、系统施工和系统运维。在长大桥梁结构监测系统建设经验基础上,本章探索针对不同场景的单桥和不同结构形式桥梁群的轻量化监测系统建设思路,通过集群式高效管理模式,提升桥梁结构监测和安全保障能力,推动实现由监测数据驱动的养护管理科学决策和精准治理。

本章系统介绍了单桥和桥群轻量化监测系统建设的全过程,具体阐述了系统设计、系统施工、系统运维和数据应用的主要内容,遵循"场景牵引、集群管理、轻量监测、稳定可靠、成果导向、长效运行"的原则,通过标准建设、数据共享、协同联动,辅助桥梁管养部门进行养护管理和应急处置。

4.1 系统设计

4.1.1 总体要求

新建桥梁的轻量化监测系统应与桥梁土建、机电工程同步设计,在役桥梁的轻量化监测系统应结合养护管理需求独立设计。设计过程中,应充分考虑与桥梁日常养护、巡检管理系统的良好衔接,并应充分考虑与桥梁施工监控、成桥荷载试验等的关联性。

轻量化监测系统设计应基于结构计算、风险评估、应用场景调研等结果进行。首先基于风险评估完成监测对象选择,然后开展详细施工图设计。施工图设计图纸中应包括设计说明、传感器布置总图、分类布置图、安装位置图、构造详图和工程量清单等。系统设计总体流程如图 4.1-1所示。

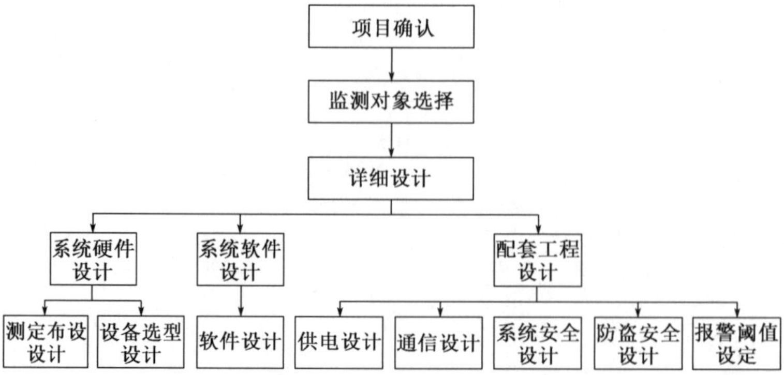

图 4.1-1　系统设计总体流程

4.1.2 监测对象选择

监测对象选择应基于桥梁安全风险评估开展，以系统、全面分析桥梁服役现状，在桥梁群数量众多的桥梁中选取需要进行实时监测的典型桥梁。通过风险评估，可以全面地了解桥梁的服役状况，识别桥梁结构的潜在风险，为桥梁监测系统建设的策划打下基础。从而有效预防事故的发生，提高桥梁运行的安全性和可靠性，保障广大人民的生命财产安全，促进交通的可持续发展和竞争力提升。桥梁安全风险评估的主要工作步骤包括：前期调研、初步筛查、可能性评估、后果评估和风险等级评定。

4.1.2.1 前期调研

在开展桥梁风险评估前，应充分结合既有的相关工作对桥梁基本信息、设计文件、施工资料、检测报告等内容开展调研。通过与有关主管部门、管养单位等充分交流，收集整理桥梁交通情况、周边人口密度、工厂分布等有关资料。在每次调研过程中，均应有详细记录，对资料相对缺乏的桥梁，可根据需求布置适当的现场调查工作。

4.1.2.2 初步筛查

在开展正式桥梁安全风险评估工作前，应基于桥龄、技术状况、交通量大小、服役环境、等桥梁群实际情况对评估区域内桥梁进行初步筛查。对于处于以下典型场景的桥梁应优先开展评估，其余桥梁可根据实际需要开展评估：①重载交通，饱和交通；②存在车/船撞击风险，地质灾害风险，地震风险（高烈度地震区），水毁风险，沉降风险（采空区），耐久与桥面结冰风险（恶劣环境区），潜在风险（安全状况差、运营风险高）；③需要加固改造后评估和长期性能观测等。

4.1.2.3 可能性评估

可能性评估采用半定量评估方法。半定量风险评估是基于与典型监测应用场景相关的影响桥梁运行状态的各类因素，采用量化的方法，计算出桥梁运行状态的总评估分值。可能性评估指标层次结构如图 4.1-2 所示。

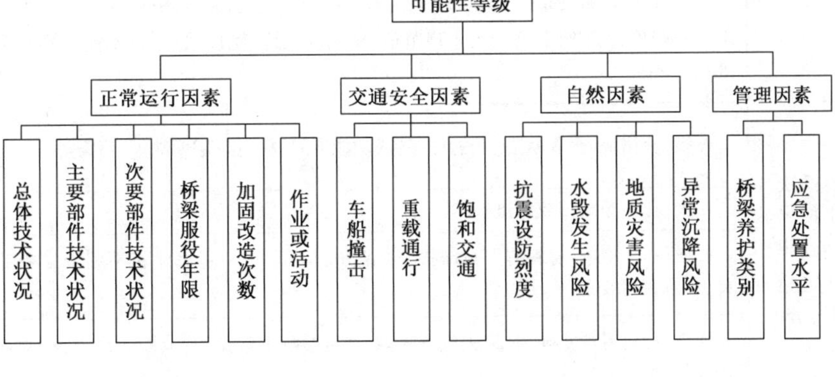

图 4.1-2 可能性评估指标层次结构

影响桥梁运行期安全的因素可以分为4大类:正常服役因素、交通安全因素、自然因素、管理因素。按照式(4.1-1)与式(4.1-2)进行可能性得分计算。

$$P=\sum_{i=1}^{4}P_i \tag{4.1-1}$$

$$P_i=\sum_{j=1}^{n}\alpha_{ij}P_{ij} \tag{4.1-2}$$

式中:P——可能性得分;

P_i——第i类评估指标的分值,$i=1,2,3,4$;

P_{ij}——单项评估指标分值(采用十分制,可参考表4.1-1进行计算),$j=1,2,\cdots,n$;

n——对应评估指标的分级总数(如对于P_1,$n=6$;对于P_2,$n=3$);

α_{ij}——单项评估指标的权重,可参考表4.1-2的方法确定。

可能性评估指标体系 表4.1-1

分类	评估指标	分级标准	分值
正常运行因素 P_1	桥梁总体技术状况 P_{11}(根据桥梁定检报告进行分级)	A级/合格级:全新状态、功能完好	0
		B级:有轻微损伤,对桥梁使用功能无影响	2
		C级/不合格级:有中等缺损,尚能维持正常使用功能	6
		D级:主要构件有大的缺损、严重影响桥梁使用功能;或影响承载能力,不能保证正常使用	8
		E级:主要构件存在严重缺失,不能正常使用,危及桥梁安全,桥梁处于危险状态	10
	桥梁主要部件技术状况 P_{12}(根据桥梁定检报告进行分级)	A级/合格级:全新状态、功能完好	0
		B级:功能良好,材料有局部轻度缺损或污染	2
		C级/不合格级:材料有中等缺损;或出现轻度功能性病害,但发展缓慢,尚能维持正常使用功能	6
		D级:材料有严重缺损;或出现中等功能性病害且发展较快;结构变形小于或等于规范值,功能明显降低	8
		E级:材料严重缺损,出现严重的功能性病害且有继续扩展现象,关键部分的部分材料强度达到极限,变形大于规范值,结构的强度、刚度、稳定性不能达到安全通行的要求	10
	桥梁次要部件技术状况 P_{13}(根据桥梁定检报告进行分级)	A级/合格级:全新状态,功能完好;或功能良好,材料有轻度缺失、污染等	0
		B级:有中等缺损或污染	3
		C级/不合格级:材料有严重缺损,出现功能降低,进一步恶化将不利于主要部件,影响正常交通	7
		D级:材料有严重缺损,失去应有功能,严重影响正常交通;或原无设置,经调查需要补设	10

续上表

分类	评估指标	分级标准	分值
正常运行因素 P_1	桥梁服役年限 P_{14}	5 年及以下	0
		6 ~ 10 年	2
		11 ~ 20 年	6
		21 ~ 30 年	8
		30 年以上	10
	加固改造情况 P_{15}	加固改造 0 次	0
		加固改造 1 ~ 2 次	3
		加固改造 3 ~ 4 次	7
		加固改造 4 次以上	10
	作业或活动 P_{16}	周围 100m 范围以外出现基坑施工、大量堆土易燃易爆物品储存等作业或活动	0
		周围 50 ~ 100m 范围内出现基坑施工、大量堆土易燃易爆物品储存等作业或活动	5
		周围 50m 范围内出现基坑施工、大量堆土易燃易爆物品储存等作业或活动	10
交通安全因素 P_2	车船撞击 P_{21}	已设置防撞措施	0
		未设置防撞措施但不存在车/船剐蹭痕迹	5
		未设置防撞措施且存在车/船剐蹭痕迹	10
	重载通行 P_{22}	不允许超过 20t 的重车通行	0
		允许超过 20t 的重车通行	10
	饱和交通 P_{23}	道路不拥堵且满足设计通行能力	0
		道路拥堵	5
		实际最大交通量超过设计通行能力	10
自然因素 P_3	地震 P_{31}	区域抗震设防烈度为 6 级及以下	0
		区域抗震设防烈度为 7 级	5
		区域抗震设防烈度为 8 级及以上	10
	水毁 P_{32}	不存在水毁风险	0
		存在历史水毁记录、河道变迁风险或处于山洪易发地区	10
	地质灾害 P_{33}	非地质灾害发生区域	0
		沿线存在边坡崩塌等历史记录/桥梁两侧护坡技术状况等级低/桥梁两侧边坡存在崩塌等风险	10
	沉降 P_{34}	不存在异常沉降风险	0
		采煤挖矿等采空区/桥梁沉降异常地区	10

续上表

分类	评估指标	分级标准	分值
管理因素 P_4	养护类别 P_{41}	Ⅴ类养护的城市桥梁/乡道及以下级别道路上的公路桥梁	0
		Ⅳ类养护的城市桥梁/县道上的公路桥梁	2
		Ⅲ类养护的城市桥梁/省道上的公路桥梁	6
		Ⅱ类养护的城市桥梁/国道上的公路桥梁	8
		Ⅰ类养护的城市桥梁/高速公路上的公路桥梁	10
	应急处置水平 P_{42}	高:制定了完善的综合预案和各类专项预案及现场处置方案,并定期开展相关培训工作及演练	0
		中:制定了完善的综合预案和各类专项预案及现场处置方案,但未定期开展相关培训工作及演练	5
		低:未制定综合预案和各类专项预案及现场处置方案	10

注:桥梁主要部件技术状况等级参考上部结构和下部结构 BCI(桥梁状况指数)分值综合评定,桥梁次要部件技术状况等级参考桥面系 BCI 分值评定。

可能性指标的权重系数 表 4.1-2

分类		评估指标	权重系数
可能性指标 P	正常运行因素	桥梁总体技术状况	0.14
		桥梁主要部件技术状况	0.10
		桥梁次要部件技术状况	0.04
		桥梁服役年限	0.10
		加固改造次数	0.08
		作业或活动	0.04
	交通安全因素	车/船撞击	0.08
		重载通行	0.06
		饱和交通	0.04
	自然因素	抗震设防烈度	0.03
		水毁发生风险	0.03
		地质灾害风险	0.03
		异常沉降风险	0.03
	管理因素	桥梁养护类别	0.12
		应急处置水平	0.08

4.1.2.4 后果评估

基于典型监测应用场景,建立包括结构损伤、通行延误、人员安全、环境与社会影响 4 个方面的后果评估指标体系(图 4.1-3)。采用半定量风险评估,将桥梁发生倒塌所造成的影响因素量化,根据式(4.1-3)和式(4.1-4)计算出产生的后果得分。

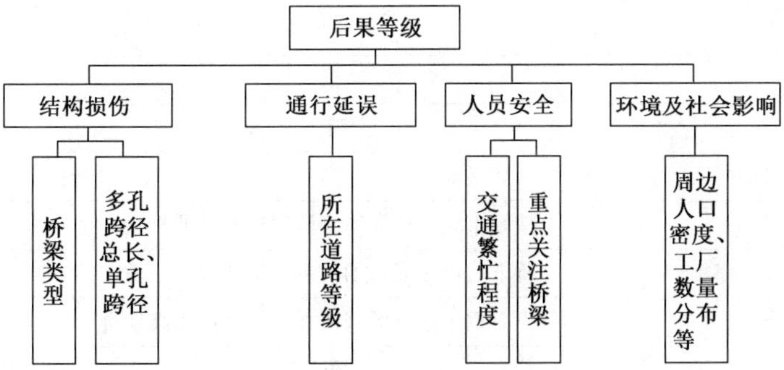

图 4.1-3 后果评估指标层次结构

$$C = \sum_{m=1}^{4} C_m \tag{4.1-3}$$

$$C_m = \sum_{s=1}^{r} \beta_{ms} C_{ms} \tag{4.1-4}$$

式中：C——后果得分；

C_m——第 m 类评估指标的分值，$m=1,2,3,4$；

C_{ms}——单项评估指标分值（可参考表 4.1-3 进行计算），$s=1,2,\cdots,r$；

r——对应第 s 类评估指标的包括的指标数量；

β_{ms}——单项评估指标的权重，可采用表 4.1-4 的方法确定。

后果评估指标体系 表 4.1-3

分类	评估指标	分级标准	分值
结构损伤 C_1	桥梁类型 C_{11}	常规梁桥、拱桥	0
		有较大修复难度的梁桥、拱桥；斜拉桥、悬索桥、异型桥梁	5
		重要地标性桥梁、有重大历史意义的桥梁	10
	多孔跨径总长、单孔跨径 C_{12}	多孔跨径总长 $L<8$m，或单孔跨径 $l<5$m	0
		多孔跨径总长 30m $\geqslant L \geqslant$ 8m，或单孔跨径 20m $> l \geqslant$ 5m	2
		多孔跨径总长 100m $> L >$ 30m，或单孔跨径 40m $> l \geqslant$ 20m	6
		多孔跨径总长 500m $> L \geqslant$ 100m，或单孔跨径 100m $> l \geqslant$ 40m	8
		多孔跨径总长 $L \geqslant$ 500m，或单孔跨径 $l \geqslant$ 100m	10
通行延误 C_2	所在道路等级 C_{21}	支路	0
		次干路	3
		主干路	7
		快速路	10

续上表

分类	评估指标	分级标准	分值
人员安全 C_3	交通繁忙程度 C_{31}	低	0
		中	5
		高	10
	重点关注桥梁 C_{32}	除城市立交桥和高架桥以外的普通桥梁	0
		桥下无重车通行的城市立交桥或高架桥	5
		桥下有重车通行的城市立交桥和城市高架桥	10
环境及社会影响 C_4	周边人口密度、工厂数量、分布等 C_{41}	低	0
		中	5
		高	10

后果指标的权重系数 表 4.1-4

分类		评估指标	权重系数
后果指标 C	结构损伤	桥梁类型	0.20
		桥梁总长	0.15
		单孔最大跨径	
	交通延误	所在道路等级	0.20
	人员安全	交通繁忙程度	0.15
		重点关注桥梁	0.10
	环境与社会影响	周边人口密度、工厂数量、分布等	0.20

4.1.2.5 风险等级

综合考虑可能性等级和后果等级，将风险等级划分为Ⅰ(低)、Ⅱ(一般)、Ⅲ(较大)、Ⅳ(重大)4个等级，通过风险矩阵判定，如表4.1-5所示。

应用风险矩阵法的风险等级判定准则 表 4.1-5

可能性等级	后果等级				
	1	2	3	4	5
1	Ⅰ	Ⅰ	Ⅰ	Ⅱ	Ⅱ
2	Ⅰ	Ⅰ	Ⅱ	Ⅱ	Ⅲ
3	Ⅰ	Ⅱ	Ⅱ	Ⅲ	Ⅲ
4	Ⅱ	Ⅱ	Ⅲ	Ⅲ	Ⅳ
5	Ⅱ	Ⅲ	Ⅲ	Ⅳ	Ⅳ

4.1.2.6 评估成果

风险评估报告应符合内容全面、数据准确、结论客观的原则，管控措施应具有针对性、可操作性，并能够为后续风险管控工作提供依据。

桥梁安全风险评估工作完成后，宜参考安全风险评估结果与《城市桥梁养护技术标准》

(CJJ 99—2017)、《公路桥涵养护规范》(JTG 5120—2021)开展相应桥梁养护工作。按照风险等级对桥梁采取不同程度的管控措施,应符合表 4.1-6 所示管控原则的要求。桥梁安全风险评估结果应支撑桥梁群智慧监测方案制定工作。

桥梁群安全风险管控原则 表 4.1-6

风险等级	管控原则
Ⅳ(重大)	参考安全风险评估结果,确定桥梁主要风险源,应开展标准化监测工作
Ⅲ(较大)	参考安全风险评估结果,确定导致桥梁风险值高的主要风险源,宜开展标准化监测工作
Ⅱ(一般)	参考安全风险评估结果,针对桥梁出现的典型病害与损伤,宜开展轻量化监测工作
Ⅰ(低)	原则上无须开展智慧监测工作,若存在特殊情况,例如位于城市主要交通要道、省级及以上文物保护单位的桥梁等,可开展轻量化监测工作

4.1.2.7 实际案例

根据前述的桥梁安全风险评估方法,以南通市桥梁安全风险评估过程为例进行介绍。

本次评估工作从 2023 年 10 月开始到 2023 年 12 月结束,历时 3 个月。评估工作小组(包括行业主管部门及评估技术专家)首先根据《江苏省城市桥梁安全风险评估指南》(以下简称《指南》),基于桥龄、养护等级、养护类别、结构类型等信息对评估区域内城市桥梁进行筛查,同时结合主管部门意见确定了本次评估对象为市管 37 座"三特"桥梁❶。

接下来,为科学开展南通市城市生命线桥梁安全风险评估工作,评估工作小组全面调研了市管桥梁的基本情况、管理现状;行业监管部门的基本业务、工作内容及流程、综合监管手段、智慧监测手段、信息化平台建设情况。评估工作小组采取现场走访、召开座谈会、查阅资料、函件征询等方式,深入南通市市政设施管理处开展调研。此外,评估工作小组在桥梁现场对桥梁限重、桥梁周边堆土作业、桥梁交通通行情况、周边人口密度、工厂分布等进行实地调研。

评估过程中,评估工作小组将本次评估的每座桥梁划分为一个评估单元,参照《指南》开展可能性评估和后果评估,并基于风险矩阵得出各桥梁风险等级。根据评估过程和评估结果,系统、全面分析各桥梁的风险来源,根据风险分布特点和薄弱环节,形成了有针对性的评估结论。最终根据评估结论编制了《南通市市政桥梁安全风险评估报告》及风险清单、风险分布图等附图、附表,将风险评估成果整理为标准化清单和数据,为后续结构监测桥梁的选取和轻量化监测项目的建设打下了坚实基础。

1)项目概况

本次桥梁风险场景的试点范围为南通市主城区(崇川区、开发区、苏锡通园区,即南通市城市生命线安全工程建设一期试点范围)由市政设施管理处管养的市政桥梁。这些桥梁总计 834 座,其中高架单向桥梁总长 117km、"三特"桥梁 37 座。

通过筛查及与主管部门沟通,结合主管部门意见,选择 37 座市管"三特"桥梁作为评估对象。这 37 座桥梁的基本信息如表 4.1-7 所示。

❶ "三特"桥梁:特大桥(桥长大于 1000m 或单跨跨度大于 150m 的桥梁)、特殊结构桥梁(斜拉桥、悬索桥、系杆拱桥)、特别重要桥梁(位于城市主要交通要道、省级及以上文物保护单位的桥梁)。

评估桥梁基本信息 表 4.1-7

序号	评估单元桥梁名称	所在路名	道路等级	跨径分类
1	新小石桥	人民中路	主干路	小桥
2	友谊桥(东吊桥)	人民中路	主干路	小桥
3	木行桥	孩儿巷南路	次干路	小桥
4	峰铃桥	城山路	次干路	小桥
5	铁星桥	北朱家园路	次干路	小桥
6	青年西路 1 号桥	青年西路	主干路	小桥
7	海港引河 1 号桥(狼山港 1 桥)	德兴路	次干路	大桥
8	中远路倪虹桥	中远路	次干路	小桥
9	无名桥 1	河东路	次干路	小桥
10	渔市港桥	河东路	次干路	小桥
11	闸港桥	河东路	次干路	小桥
12	热电厂桥	河东路	次干路	小桥
13	城港路中心港桥	城港路	主干路	中桥
14	跃龙南桥	跃龙路	主干路	小桥
15	井栏庙桥(中间老桥)	钟秀中路	主干路	小桥
16	大生路 1 +189 桥	大生路	次干路	小桥
17	大生路 1 +453 大生桥	大生路	次干路	小桥
18	高墩圩桥(城港路)	城港路	主干路	中桥
19	三好圩桥(城港路)	城港路	主干路	小桥
20	芦泾港桥(城港路)	城港路	主干路	小桥
21	永兴河桥(城港路)	城港路	主干路	小桥
22	任港桥(大庆桥)	外环西路	主干路	小桥
23	通京大桥(通吕 3 号桥)	通京大道	快速路	大桥
24	汊河桥	钟秀西路	主干路	中桥
25	公墓桥	钟秀中路	主干路	小桥
26	前进桥	钟秀中路	主干路	小桥
27	崇川大桥(通吕 2 号桥)	工农路	主干路	大桥
28	龙王桥	工农路	主干路	小桥
29	工农路 1 号桥	工农路	主干路	小桥
30	工农路 2 号桥	工农路	主干路	小桥
31	工农路 3 号桥	工农路	主干路	小桥
32	南川河桥	工农路	主干路	中桥
33	工农路海港引河桥(海港 4 号桥)	工农南路	主干路	大桥
34	工农南路 K4 +662.4 小桥	工农南路	主干路	小桥
35	工农南路 K3 +823 小桥	工农南路	主干路	小桥
36	工农南路 K3 +264.5 小桥	工农南路	主干路	小桥
37	丰收河桥	人民中路	主干路	小桥

2)风险计算

评估人员在对获取到的各项资料数据收集、分析及整合的基础上,从可能性、后果两个维度对危害城市桥梁的潜在风险因素进行识别分析,建立了南通市城市桥梁安全风险评估指标体系。

以人民路新小石桥为例,进行风险计算过程说明。

人民路新小石桥是位于人民东路上的钢筋混凝土简支梁桥,建于1958年,于1990年东侧拓宽。桥梁全长8.0m,共计1跨,桥跨布置为1×8.0m;桥梁全宽36.4~40.4m,桥面横向布置为:4.1m变为3.9m(护栏+人行道)+3.6m变为4.8m(机动车道)+12.0m(机动车道)+12.3m变为15.8m(行车道)+4.4m变为3.9m(人行道);两侧栏杆布局为22.6m+22.6m;桥面铺装类型为沥青混凝土;下部结构为砌石桥台。新小石桥技术状况指标如表4.1-8所示。

新小石桥技术状况指标 表4.1-8

桥梁部位	桥梁部位技术状况指标		桥梁部位权重
桥面系	BCIm	98.50	0.15
上部结构	BCIs	79.00	0.40
下部结构	BCIx	94.00	0.1
全桥技术状况指标 BCI	BCIm×0.15+BCIs×0.4+BCIx×0.1=88.7		
桥梁状态评估等级	B级		

注:BCIm为桥面系状况指数,BCIs为上部结构状况指数,BCIx下部结构状况指数。

新小石桥可能性得分和后果性得分,分别如表4.1-9和表4.1-10所示。

新小石桥可能性得分 表4.1-9

指标层		参数层	调研结果	单项评分	权重	可能性得分
可能性指标 P	正常运行因素	桥梁总体技术状况	B级	2	0.14	4.12
		桥梁主要部件技术状况	B级	2	0.10	
		桥梁次要部件技术状况	A级	0	0.04	
		桥梁服役年限	30年以上	10	0.10	
		加固改造情况	0次	0	0.08	
		作业或活动	周围100m范围以外无基坑施工和大量堆土易燃易爆物品储存等作业或活动	0	0.04	
	交通安全因素	车/船撞击	否	0	0.08	
		重载通行	允许超过20t的重车通行	10	0.06	
		饱和交通	存在道路拥堵	5	0.04	
	自然因素	水毁发生风险	区域抗震设防烈度为6级	0	0.01	
		地质灾害风险	无地质灾害风险	0	0.01	
		异常沉降风险	无异常沉降风险	0	0.01	
		水毁发生风险	无水毁发生风险	0	0.01	
	管理因素	桥梁养护类别	Ⅲ类	6	0.20	
		应急处置水平	中	5	0.08	

新小石桥后果性得分 表 4.1-10

指标层		参数层	调研结果	单项评分	权重	后果性得分
后果指标 C	结构损伤	桥梁类型	梁式桥	0	0.20	3.45
		桥梁总长	8	8	0.15	
		单孔最大跨径	8			
	通行延误	所在道路等级	主干路	7	0.20	
	人员安全	交通繁忙程度	中	5	0.15	
		重点关注桥梁	除城市立交桥和高架桥以外的普通桥梁	0	0.10	
	环境与社会影响	周边人口密度、工厂数量、分布等	中	5	0.20	

综合考虑可能性和后果性得分，根据风险矩阵判定 37 座“三特”桥梁风险等级，具体每个评估单元风险计算结果如表 4.1-11 所示。

南通市“三特”桥梁评估单元风险结果 表 4.1-11

桥梁名称	可能性得分	可能性等级	后果性得分	后果性等级	风险等级	等级
新小石桥	4.12	3	3.45	2	2	一般风险
友谊桥(东吊桥)	3.8	2	3.45	2	1	低风险
木行桥	2.92	2	1.9	1	1	低风险
峰铃桥	2	2	1.3	1	1	低风险
铁星桥	3.32	2	1.9	1	1	低风险
青年西路 1 号桥	3.32	2	3.45	2	1	低风险
海港引河 1 号桥(狼山港 1 桥)	2.08	2	1.9	1	1	低风险
中远路倪虹桥	1.76	1	0.9	1	1	低风险
无名桥 1	1.44	1	0.9	1	1	低风险
渔市港桥	0.8	1	0.9	1	1	低风险
闸港桥	1.44	1	1.9	1	1	低风险
热电厂桥	1.44	1	0.9	1	1	低风险
城港路中心港桥	3.6	2	3.05	2	1	低风险
跃龙南桥	4.24	3	4.45	3	2	一般风险
井栏庙桥(中间老桥)	3.44	2	2.45	2	1	低风险
大生路 1 +189 桥	1.52	1	0.9	1	1	低风险
大生路 1 +453 大生桥	1.52	1	0.9	1	1	低风险
高墩圩桥(城港路)	3.36	2	3.05	2	1	低风险
三好圩桥(城港路)	3.08	2	2.45	2	1	低风险
芦泾港桥(城港路)	3.2	2	2.45	2	1	低风险
永兴河桥(城港路)	3.2	2	2.45	2	1	低风险

续上表

桥梁名称	可能性得分	可能性等级	后果性得分	后果性等级	风险等级	等级
任港桥(大庆桥)	2.8	2	3.45	2	1	低风险
通京大桥(通吕3号桥)	4.04	3	4.95	3	2	一般风险
汉河桥	3.64	2	4.05	3	2	一般风险
公墓桥	3.48	2	3.45	2	1	低风险
前进桥	2.52	2	2.45	2	1	低风险
崇川大桥(通吕2号桥)	2.68	2	3.35	2	1	低风险
龙王桥	2.32	2	3.45	2	1	低风险
工农路1号桥	3.12	2	4.45	3	2	一般风险
工农路2号桥	3.92	2	4.45	3	2	一般风险
工农路3号桥	3.4	2	4.45	3	2	一般风险
南川河桥	4.16	3	5.05	3	2	一般风险
工农路海港引河桥(海港4号桥)	2.56	2	3.35	2	1	低风险
工农南路K4+662.4小桥	2.88	2	3.45	2	1	低风险
工农南路K3+823小桥	3.08	2	3.45	2	1	低风险
工农南路K3+264.5小桥	3.48	2	3.45	2	1	低风险
丰收河桥	3.2	2	3.45	2	1	低风险

3)评估结论

评估结果显示,市管“三特”桥梁37座,其中一般风险桥梁9座、低风险桥梁28座。

对公墓桥、前进桥、工农南路K3+264.5小桥等3座主要部件技术状况为C级的桥梁,以及城港路中心港桥、高墩圩桥(城港路)、通京大桥(通吕3号桥)、工农路2号桥、工农路3号桥、南川河桥等6座次要部件技术状况为C级的桥梁,确定建设轻量化监测系统。通过对桥塔、桥面、主梁、支座、桥墩、车道等重点部位进行车/船撞击、支座偏位、大交通流、裂缝等指标监测,及时预测预警极端气象及地质灾害、地震灾害、车/船异常撞击等突发事件对桥梁安全产生的威胁,并对突发事件做出影响分析,提供科学的应急辅助决策。

4.1.3 详细设计

4.1.3.1 总体要求

轻量化监测系统详细设计主要包括系统硬件设计、系统软件设计和配套工程设计。其中,系统硬件设计包含测点布设设计和设备选型设计;配套工程设计包含供电设计、通信设计、系统安全设计、防盗安全设计和报警阈值设定等。

4.1.3.2 测点布设与设备选型设计

轻量化监测系统测点布设与设备选型设计,应能实现桥梁环境参数及结构各类响应的数据获取功能。设计时应根据不同的监测场景,明确传感器的布设位置、产品类型及性能指标。本小节结合典型监测场景,介绍主要监测指标的测点布设与设备选型设计要求。

1)竖向/横向位移监测

竖向/横向位移监测主要应用于重点关注结构体系桥梁,重载交通(车辆荷载大于49t)桥梁,安全状况差、运营风险高的桥梁,以及加固改造桥梁的轻量化监测场景中。

通过桥梁竖向/横向位移监测,可对桥梁整体性能进行评估。通过监测数据,对桥梁变形的显著性进行分析,从而总体评估大桥的承载能力、营运状态和耐久能力,以及在特殊气候、交通条件下或桥梁运营情况严重异常时发出预警信号,为桥梁的维修、养护与管理决策提供依据和指导。

针对不同轻量化监测场景,竖向/横向位移监测的测点布设和设备选型原则如表4.1-12所示。

竖向/横向位移监测的测点布置和设备选型原则 表4.1-12

<table>
<tr><th>监测方法</th><th colspan="2">轻量化监测场景</th><th>测点布设</th><th>设备选型</th></tr>
<tr><td rowspan="13">竖向/横向位移监测</td><td rowspan="3">特殊结构等重要桥梁</td><td>单孔跨径60m以上的桥梁</td><td rowspan="2">跨中或跨中附近位置</td><td rowspan="13">宜采用非接触式多点挠度测量技术,具备应用条件的鼓励采用动态测试方法;可采用机器视觉挠度仪、毫米波雷达挠度仪、5G-A微变形监测装置等设备</td></tr>
<tr><td>结构存在缺陷或病害的桥梁</td></tr>
<tr><td>装配式梁桥</td><td>主梁跨中位置的多片相邻梁体</td></tr>
<tr><td rowspan="2">重载交通桥梁</td><td>规划大件运输通行的桥梁</td><td rowspan="4">跨中或跨中附近位置</td></tr>
<tr><td>重载交通通行量大的桥梁</td></tr>
<tr><td rowspan="2">饱和交通桥梁</td><td>实际最大交通量超过设计通行能力的桥梁</td></tr>
<tr><td>道路拥堵或严重拥堵的桥梁</td></tr>
<tr><td rowspan="3">安全状况差、运营风险高的桥梁</td><td>服役25年以上的桥梁</td><td rowspan="4">跨中位置,或根据主梁在交通荷载作用下的竖向位移情况选择测点位置</td></tr>
<tr><td>设计荷载低于实际通行荷载的桥梁</td></tr>
<tr><td>整体技术状况或主要受力构件的技术状况评定等级三类及以上的桥梁</td></tr>
<tr><td rowspan="3">加固改造桥梁</td><td>预应力加固的桥梁</td></tr>
<tr><td>梁体更换及纠偏、支座更换的桥梁</td><td>加固改造梁体跨中或支点处</td></tr>
<tr><td>斜拉索或吊杆更换的桥梁</td><td>更换索体附近、挠度易受索力影响的主梁位置</td></tr>
</table>

2)视频抓拍监测

视频抓拍监测主要应用于特殊结构等重要桥梁、重载交通桥梁、饱和交通桥梁、车/船撞击高风险桥梁、地质灾害易发山区桥梁、高烈度地震区桥梁、水毁多发区桥梁、采空区等易沉降区桥梁的轻量化监测场景中。

通过对桥面通行及桥下通航状况进行视频抓拍监测,一方面可以实时监测桥面通行及桥下通航状况;另一方面当其他监测数据出现报警时,自动抓拍报警前后的视频,用于后期取证与评估。

针对不同轻量化监测场景,视频抓拍监测的测点布置和技术要求如表4.1-13所示。

视频抓拍监测的测点布置和技术要求 表 4.1-13

监测方法	轻量化监测场景		测点布设	设备选型
视频抓拍监测	特殊结构等重要桥梁	独柱墩桥、弯桥、坡桥等有倾覆风险桥梁	墩顶梁端支座和两侧桥面处	可采用 IP(互联网协议)网络摄像机;像素应大于等于 200 万,具备事件智能识别功能
		多孔跨径总长为大桥及以上、服役年限长的桥梁	桥面和桥下各 2 处	
	重载交通桥梁	规划大件运输通行的桥梁	主梁竖向位移监测测点附近,能够清晰拍摄到桥面交通通行状况的位置	
	饱和交通桥梁	实际最大交通量超过设计通行能力的桥梁	两侧桥头	可采用 IP 网络摄像机,像素应大于等于 200 万,具备拥堵、事故、重车聚集、危化品车辆识别等智能识别功能
		道路拥堵或严重拥堵的桥梁		
	车/船撞击高风险桥梁	净空尺度不满足航道规划尺度或抗撞性能不满足相关要求的桥梁	振动监测测点附近,能够清晰拍摄到车/船撞击的位置	可采用 IP 网络摄像机;像素应大于等于 200 万,具备车型、船型、碰撞、偏航等智能识别功能
	地质灾害易发山区桥梁	沿线存在边坡崩塌等记录的桥梁	两侧桥头	可采用 IP 网络摄像机;像素应大于等于 200 万,具备事件智能识别功能
		桥梁两侧护坡技术状况等级低的桥梁		
		桥梁两侧边坡存在崩塌等风险的桥梁		
	高烈度地震区桥梁	抗震设防烈度大于等于 7 度地区的桥梁	两侧桥头	
		沿线存在地震带或断层地区的桥梁		
		历史最大地震大于 7 级地震地区的桥梁		
	水毁多发区桥梁	存在历史水毁记录的桥梁	单侧桥下	
		存在河道变迁风险的桥梁		
		山洪易发地区的桥梁		
	采空区等易沉降区桥梁	采煤挖矿等采空区的桥梁	桥墩处	
		桥梁沉降异常地区的桥梁		

3)裂缝监测

裂缝监测主要应用于特殊结构等重要桥梁,重载交通桥梁,安全状况差、运营风险高的桥梁,加固改造桥梁的轻量化监测场景中。

(1)开裂报警监测

开裂报警监测主要应用于特殊结构等重要桥梁,重载交通桥梁,安全状况差、运营风险高的桥梁的轻量化监测场景中。

针对不同轻量化监测场景,开裂报警监测的测点布置和技术要求如表 4.1-14 所示。

开裂报警监测的测点布置和技术要求 表 4.1-14

<table>
<tr><th>监测方法</th><th colspan="2">轻量化监测场景</th><th>测点布设</th><th>设备选型</th></tr>
<tr><td rowspan="10">裂缝监测</td><td rowspan="3">特殊结构等重要桥梁</td><td>单孔跨径 60m 以上的桥梁</td><td rowspan="10">根据检查(测)、技术状况评定、养护维修结果确定测点位置</td><td rowspan="10">可采用长标距光纤光栅传感器、柔性导电涂料等设备</td></tr>
<tr><td>结构存在缺陷或病害的桥梁</td></tr>
<tr><td>装配式梁桥</td></tr>
<tr><td>重载交通桥梁</td><td>重载交通通行量大的桥梁</td></tr>
<tr><td rowspan="3">安全状况差、运营风险高的桥梁</td><td>服役 25 年以上的桥梁</td></tr>
<tr><td>设计荷载低于实际通行荷载的桥梁</td></tr>
<tr><td>整体技术状况或主要受力构件的技术状况评定等级三类及以上的桥梁</td></tr>
<tr><td rowspan="2">加固改造桥梁</td><td>预应力加固的桥梁</td></tr>
<tr><td>斜拉索或吊杆更换的桥梁</td></tr>
</table>

(2)裂缝宽度监测

裂缝宽度监测主要应用于特殊结构等重要桥梁,重载交通桥梁,安全状况差、运营风险高的桥梁,加固改造桥梁的轻量化监测场景中。

针对不同轻量化监测场景,裂缝宽度监测的测点布置和技术要求如表 4.1-15 所示。

裂缝宽度监测的测点布置和技术要求 表 4.1-15

<table>
<tr><th>监测方法</th><th colspan="2">轻量化监测场景</th><th>测点布设</th><th>设备选型</th></tr>
<tr><td rowspan="9">裂缝监测</td><td rowspan="3">特殊结构等重要桥梁</td><td>单孔跨径 60m 以上的桥梁</td><td rowspan="9">根据检查(测)、技术状况评定、养护维修结果确定测点位置</td><td rowspan="9">可采用振弦裂缝传感器、LVDT 传感器、图像裂缝传感器等设备</td></tr>
<tr><td>结构存在缺陷或病害的桥梁</td></tr>
<tr><td>装配式梁桥</td></tr>
<tr><td>重载交通桥梁</td><td>重载交通通行量大的桥梁</td></tr>
<tr><td rowspan="3">安全状况差、运营风险高的桥梁</td><td>服役 25 年以上的桥梁</td></tr>
<tr><td>设计荷载低于实际通行荷载的桥梁</td></tr>
<tr><td>整体技术状况或主要受力构件的技术状况评定等级三类及以上的桥梁</td></tr>
<tr><td rowspan="2">加固改造桥梁</td><td>预应力加固的桥梁</td></tr>
<tr><td>斜拉索或吊杆更换的桥梁</td></tr>
</table>

4)应变监测

应变监测主要应用于特殊结构等重要桥梁,重载交通桥梁,安全状况差、运营风险高的桥梁,加固改造桥梁的轻量化监测场景中。

结构应变是反映桥梁结构力学性能的重要物理量,通过对应力应变进行监测可以为结构的疲劳分析和损伤监测提供资料,同时为结构正常运营阶段的安全性指标提供依据。

针对不同轻量化监测场景,应变监测测点布置和技术要求如表 4.1-16 所示。

应变监测的测点布置和技术要求 表 4.1-16

<table>
<tr><th>监测方法</th><th colspan="2">轻量化监测场景</th><th>测点布设</th><th>设备选型</th></tr>
<tr><td rowspan="11">应变监测</td><td rowspan="2">特殊结构等重要桥梁</td><td>单孔跨径 60m 以上的桥梁</td><td rowspan="11">宜选择受力较大的关键截面或部位</td><td rowspan="11">静应变监测可采用振弦式应变传感器，动应变监测可采用电阻应变传感器</td></tr>
<tr><td>结构存在缺陷或病害的桥梁</td></tr>
<tr><td>重载交通桥梁</td><td>重载交通通行量大的桥梁</td></tr>
<tr><td rowspan="3">安全状况差、运营风险高的桥梁</td><td>服役 25 年以上的桥梁</td></tr>
<tr><td>设计荷载低于实际通行荷载的桥梁</td></tr>
<tr><td>整体技术状况或主要受力构件的技术状况评定等级三类及以上的桥梁</td></tr>
<tr><td rowspan="3">加固改造桥梁</td><td>预应力加固的桥梁</td></tr>
<tr><td>梁体更换及纠偏、支座更换的桥梁</td></tr>
<tr><td>斜拉索或吊杆更换的桥梁</td></tr>
</table>

5)振动监测

振动监测主要应用于特殊结构等重要桥梁、重载交通桥梁、车/船撞击高风险桥梁、高烈度地震区桥梁的轻量化监测场景中。其中，特殊结构等重要桥梁、重载交通桥梁更多关注结构动力特性监测，宜采用加速度传感器进行实时监测；而车/船撞击高风险桥梁、高烈度地震区桥梁则更多是关注外来因素作用下结构的振动幅值，宜采用车/船撞击感知元、多元感知终端等触发时采集的方式。一般情况下也可以采用两者相结合的方式进行监测。

桥梁振动特性是表征桥梁结构动力特性(如固有频率、振型、阻尼比、动力冲击系数及动力响应大小等)的重要参量，与桥梁结构本身的材料特性及结构的刚度、质量及其分布规律直接相关，定期对桥梁结构的振动特性进行测量能从整体上把握桥梁结构的运行状态。同时，通过对桥址处地面运动情况和车/船撞击情况的监测，可以为桥梁进行受震作用的响应分析积累资料，为分析桥梁的工作环境、评价行车安全状况提供依据。

针对不同轻量化监测场景，振动监测的测点布置和技术要求如表 4.1-17 所示。

振动监测的测点布置和技术要求 表 4.1-17

<table>
<tr><th>监测方法</th><th colspan="2">轻量化监测场景</th><th>测点布设</th><th>设备选型</th></tr>
<tr><td rowspan="8">振动监测</td><td rowspan="2">特殊结构等重要桥梁</td><td>单孔跨径 60m 以上的桥梁</td><td rowspan="3">跨中、1/4 跨、3/4 跨处</td><td rowspan="3">可采用加速度传感器等设备</td></tr>
<tr><td>结构存在缺陷或病害的桥梁</td></tr>
<tr><td>重载交通桥梁</td><td>重载交通通行量大的桥梁</td></tr>
<tr><td rowspan="2">车/船撞击高风险桥梁</td><td>存在车辆撞击记录的桥梁</td><td rowspan="2">车道/航道附近易于感知撞击信号位置处</td><td rowspan="5">可采用车/船撞击感知元、多元感知终端等设备</td></tr>
<tr><td>存在下穿通道的桥梁</td></tr>
<tr><td rowspan="3">高烈度地震区桥梁</td><td>抗震设防烈度大于等于 7 度地区的桥梁</td><td rowspan="3">桥台或承台位置处</td></tr>
<tr><td>沿线存在地震带或断层地区的桥梁</td></tr>
<tr><td>历史最大地震大于 7 级地震地区的桥梁</td></tr>
</table>

6)梁体移位监测

梁体移位监测主要应用于特殊结构等重要桥梁和加固改造桥梁的轻量化监测场景中。

桥梁在车辆冲击等外界因素作用下，梁体可能会出现横向移位，进而影响桥梁的安全运营。若较为严重的梁体移位不被及时发现，则当重载车辆过桥时将造成严重安全隐患。对独柱墩桥、弯桥、斜桥、坡桥及支座更换桥梁的梁体移位进行定性测量，当梁体移位量超过允许值时及时发出预警信号，为桥梁的维修、养护与管理决策提供依据和指导。

针对不同轻量化监测场景，支座偏位监测测点布置和技术要求如表4.1-18所示。

支座偏位监测的测点布置和技术要求 表4.1-18

监测方法	轻量化监测场景		测点布设	设备选型
梁体移位监测	特殊结构等重要桥梁	独柱墩桥、弯桥、坡桥等倾覆风险高的桥梁	墩顶梁端支座处	可采用梁体移位感知终端等设备
	加固改造桥梁	梁体更换及纠偏、支座更换的桥梁	墩顶梁端支座处，根据不同支座的功能和类型选择梁体移位测量方向	

7）索力监测

索力监测主要应用于特殊结构等重要桥梁和加固改造桥梁的轻量化监测场景中。

拉索是斜拉桥等结构的关键承力构件，其受力状况和承载能力将直接影响整桥的安全性能。索力是衡量拉索安全状态的重要参数。对拉索索力进行精确的监测，不仅能为斜拉桥系统的维护、保养提供可靠依据，还能及时处理可能出现的故障，避免事故的发生。

针对不同轻量化监测场景，支座偏位监测测点布置和技术要求如表4.1-19所示。

索力监测的测点布置和技术要求 表4.1-19

监测方法	轻量化监测场景		测点布设	设备选型
索力监测	特殊结构等重要桥梁	单孔跨径60m以上的桥梁	根据索/系杆的布置、规格、长短等确定	间接法测索力可采用索力加速度传感器，直接法测索力可采用磁通量传感器、压力环等设备
	加固改造桥梁	斜拉索或吊杆更换的桥梁	墩顶梁端支座处，根据不同支座的功能和类型选择支座位移测量方向	

8）其他响应监测

其他结构响应监测包括：拱脚位移监测、梁体倾角监测、边坡位移监测、冲刷监测、沉降监测、体外预应力监测等。

拱脚位移监测主要应用于单孔跨径60m以上桥梁的轻量化监测场景中。通过拱脚位移的定期监测，可对柔性系杆拱桥的整体性能进行评估。考虑拱脚位移变化较为缓慢，宜采用永久观测点进行定期观测。

梁体倾角监测主要应用于独柱墩桥、弯桥、坡桥等倾覆风险高的桥梁的轻量化监测场景中。通过梁体倾角监测，判断该类桥梁的运行状态，且在出现异常倾斜时发出预警信号，为桥梁的维修、养护与管理决策提供依据和指导。

边坡位移监测主要应用于地质灾害易发山区桥梁的轻量化监测场景中。通过边坡位移监测，评估桥梁两侧边坡运营状态，避免出现边坡崩塌影响桥梁运营安全。

冲刷监测主要应用于水毁多发区桥梁的轻量化监测场景中。通过对桥梁进行冲刷监测，评估桥梁在水流冲刷作用下的运营状态。

沉降监测主要应用于采空区等易沉降区桥梁的轻量化监测场景中。通过沉降监测，评估桥梁运营状态。

体外预应力监测主要应用于预应力加固后桥梁的轻量化监测场景中。通过对加固体外预应力的监测，评估桥梁加固改造效果。考虑监测手段的适用性，可在体外预应力构件预装基于电磁原理的测力仪器。

针对不同轻量化监测场景，其他响应监测的测点布置和技术要求如表 4.1-20 所示。

其他响应监测的测点布置和技术要求 表 4.1-20

监测方法	轻量化监测场景		测点布设	设备选型
拱脚位移监测	特殊结构等重要桥梁	单孔跨径 60m 以上的桥梁	拱座上、下游两侧	可与桥梁永久观测点定期观测结合
梁体倾角监测	特殊结构等重要桥梁	独柱墩桥、弯桥、斜桥、坡桥等倾覆风险高的桥梁	主梁跨中	可采用倾角传感器等设备
边坡位移监测	地质灾害易发山区桥梁	沿线存在边坡崩塌等记录的桥梁	桥梁两侧边坡垮塌风险点	可采用非接触式多点挠度测量的监测设备
		桥梁两侧护坡技术状况等级低的桥梁		
		桥梁两侧边坡存在崩塌等风险的桥梁		
冲刷监测	水毁多发区桥梁	存在历史水毁记录的桥梁	桥墩处	采用加速度监测传感器等设备
		存在河道变迁风险的桥梁		
		山洪易发地区的桥梁		
沉降监测	采空区等易沉降区桥梁	采煤挖矿等采空区的桥梁	桥梁墩台处	采用非接触式测量的监测设备
		桥梁沉降异常地区的桥梁		
体外预应力监测	加固改造桥梁	预应力加固的桥梁	根据梁体结构构造特点和预应力布设形式、位置确定	可采用磁通量传感器等监测设备

9）服役环境监测

服役环境监测包括：车辆荷载监测、净空监测（水位监测）、雨量监测、氯离子浓度、风速风向监测、结冰监测。

车辆荷载监测主要应用于重载交通通行量大的桥梁的轻量化监测场景中。通过动态称重系统，获取过往桥梁的车辆荷载信息，尤其是重载交通通行信息，为评估桥梁在重载交通影响下的服役状态提供依据和指导。

净空监测主要应用于车/船撞击高风险桥梁的轻量化监测场景中。通过实时监测当前水位高度，结合桥梁的设计高度计算出桥梁实际通航净空，判断通行船舶桥梁是否具备通航条件，避免出现船舶撞击事件。

雨量监测主要应用于水毁多发区桥梁的轻量化监测场景中。通过对桥址处的雨量监测，评估桥梁的运营环境；当雨量超出阈值时，及时采取限载限行措施，避免造成人员伤亡。

氯离子浓度监测、风速风向监测、结冰监测主要应用于自然灾害频发桥梁的轻量化监测场景中。通过对桥址环境实时监测，当出现台风、暴雪、冰冻等极端天气时发出预警信号，为桥梁的养护与管理决策提供依据和指导。

针对不同轻量化监测场景，服役环境监测的测点布置和技术要求如表 4.1-21 所示。

服役环境监测的测点布置和技术要求　　表 4.1-21

监测方法	轻量化监测场景		测点布设	设备选型
车辆荷载监测	重载交通桥梁	重载交通通行量大的桥梁	路基或有稳定墩柱支撑的混凝土结构铺装层内，结合桥梁、动态称重系统、交通量调查站点等的分布综合确定	可采用动态称重系统等设备
净空监测	车/船撞击高风险桥梁	存在非通航孔撞击风险的桥梁	通航净空上方梁底的高程最低位置处	可采用超声波水位传感器的设备
雨量监测	水毁多发区桥梁	存在历史水毁记录的桥梁	桥台处	可采用雨量传感器等设备
		存在河道变迁风险的桥梁		
		山洪易发地区的桥梁		
氯离子浓度	恶劣环境区桥梁	沿海氯盐区的桥梁	桥墩或主梁处	—
风速风向监测		北方冻融地区的桥梁	主跨跨中	可采用三向超声风速仪等监测设备
结冰监测		极端气候桥面结冰地区的桥梁	宜与车辆荷载视频监测测点同位置	可采用高清摄像头等监测设备

4.1.3.3 供电设计

轻量化监测系统供电设计首先需要确定供电方式，即采用市电供电还是太阳能等其他方式供电。明确供电方式后，需根据系统规模确定系统总功率，并预留一定余量用于配置相应供电设备（包括线缆规格、太阳能板功率、蓄电池容量等）。此外还需对系统供电的可靠性与安全性进行评估。

1）供电要求

稳定可靠的供电电源是桥梁健康监测系统长期有效运行的基础。对于桥梁轻量化监测系统供电，设计时主要需要考虑以下几个方面。

（1）供电稳定性

由于健康监测系统中包含各类精密的电子传感器和数据处理单元，这些设备通常对电压波动较为敏感，所以供电电压应保持高度稳定。

（2）供电可靠性

健康监测系统可能需要长时间连续运行，因此供电系统必须具备高可靠性。

（3）供电安全性

①过压保护。为了防止外部电源电压过高对健康监测系统造成损坏，供电系统应具备过压保护功能。当输入电压超过设定的安全阈值（如超过额定电压的 120%）时，保护电路应能迅速切断电源，保护系统设备。

②过流保护。由于系统内部可能出现短路或者负载异常增大的情况，供电设计中需要加入过流保护机制。例如，使用熔断器或者可恢复式过流保护器，当电流超过设定值（如正常工作电流的 1.5 ~2 倍）时，及时切断电路，防止设备因过流而烧毁。

（4）电源适应性

考虑到健康监测系统可能在不同的环境中使用，供电设计应具备适应多种电源输入的能力。

例如,既可以使用市电(220V/50Hz)供电,也可以使用移动电源[如常见的5V/2A的USB(通用串行总线)移动电源]或者电池组(如可充电的锂电池组)供电,以满足不同场景下的使用需求。

2)供电方式

桥梁轻量化监测系统的供电设备主要包括稳压电源、电源防雷设备、电力电缆、直流电源等。对于具备条件的地区,电源可直接从指定供电点的电源配电箱取出,通过自己铺设的电缆为各设备供电。目前,主要供电点电源包括桥梁管理单位既有供电系统,路灯或交通信号灯供电系统,桥址附近工厂或居民供电系统,向国家电网申请开户等。此外,对于不具备稳定供电电源的桥梁轻量化监测系统,则可采用太阳能与电池结合的方式进行系统供电。

现阶段,桥梁轻量化监测系统主要供电方式如表4.1-22所示。

桥梁轻量化监测系统主要供电方式 表4.1-22

供电方式	选择原则	说明
市电供电	如果监测系统位于有稳定市电(AC 220V或其他标准市电电压)供应的环境中,可以直接使用市电作为主要电源	主要供电点电源包括桥梁管理单位既有供电系统,路灯或交通信号灯供电系统,桥址附近工厂或居民供电系统,向国家电网申请开户等
电池供电	在市电不可靠的环境中,电池是主要的电源选择	常见的电池类型包括铅酸电池、锂离子电池、镍氢电池等。锂离子电池具有能量密度高、自放电率低等优点,但成本相对较高;铅酸电池成本较低,但体积和重量较大。根据监测系统的功耗和预计的使用时间,计算所需电池的容量
太阳能供电	在户外或无市电接入且阳光充足的环境中	可优先考虑使用太阳能电池板与电池结合的供电方式。根据监测系统的功耗、当地的日照时间和强度等因素,选择合适功率的太阳能电池板和相应容量的电池
其他能源	在一些特殊情况下,还可以考虑其他能源,如风能、热能等	需要根据具体环境和应用场景进行可行性分析

4.1.3.4 通信设计

1)通信方式选择

现阶段,桥梁轻量化监测系统主要通信方式如表4.1-23所示。

桥梁轻量化监测系统主要通信方式 表4.1-23

通信方式		适用范围	优缺点分析
有线通信	以太网	以太网是一种广泛使用的有线通信技术,具有高带宽、稳定性好的特点;主要用于数据量较大且需要快速传输的系统,如存在视频监控的系统	优点:传输速度快、技术成熟、网络构建方便、支持远距离传输; 缺点:布线成本较高,在一些复杂环境中布线可能会遇到困难
	RS485	RS485是一种差分信号传输的串行通信标准,适合多设备的长距离通信;主要用于桥址处传感器与采集传输设备间局部有线通信	优点:传输距离远、抗干扰能力强、布线相对简单、成本较低; 缺点:数据传输速率相对较低,半双工通信方式

续上表

通信方式		适用范围	优缺点分析
无线通信	5G	5G 指第五代移动通信技术，是具有高速率、大连接、低功耗和低时延等特点的蜂窝移动通信技术	优点：高速率，低延迟，大容量连接，定制化的网络服务； 缺点：建设成本高，设备成本高，信号穿透能力较弱
	LoRa	LoRa 是一种远距离、低功耗的无线通信技术，特别适合广域范围内的监测系统，适用于需要在较大的区域内传输少量数据的情况	优点：传输距离远，功耗低，可构建大规模的物联网网络； 缺点：数据传输速率较低
	NB-IoT	NB-IoT 是基于蜂窝网络的低功耗广域物联网技术；它利用现有的蜂窝网络基础设施，适用于大规模部署的监测设备，如智能抄表、环境监测等领域	优点：覆盖范围广（依赖运营商的蜂窝网络覆盖），功耗低，可直接接入互联网； 缺点：数据传输速率较低（一般在几十 kbps 以下），需要支付运营商的网络使用费用

2）通信协议设计

现阶段，桥梁轻量化监测系统主要通信协议如表 4.1-24 所示。

桥梁轻量化监测系统主要通信协议 表 4.1-24

通信协议		协议介绍	优缺点分析
自定义协议		根据监测系统的具体需求，可以设计自定义的通信协议。例如，如果监测系统是一个特定行业的专用设备，现有的通用协议不能满足其特殊要求时，可以设计专门的协议	优点：完全根据系统需求定制，可实现高效的数据传输和控制，最大限度地优化系统性能； 缺点：开发成本较高，需要对协议进行详细的设计、测试和维护，而且与其他设备的兼容性较差
通用协议	TCP/IP（传输控制协议/互联网协议）协议族	TCP/IP 是互联网的基础协议，在基于以太网或 Wi-Fi（移动热点）的监测系统中被广泛使用。对于需要与互联网或其他基于 TCP/IP 的网络设备进行通信的监测系统，TCP/IP 提供了可靠的、面向连接的通信服务（TCP）和简单快速的数据报服务（UDP）	优点：通用性强，可与几乎所有基于互联网的设备和服务进行通信，有大量的开发工具和库支持； 缺点：协议栈复杂，对于资源有限的小型监测设备，实现 TCP/IP 协议可能会占用较多的系统资源
	Modbus	Modbus 是一种广泛用于工业自动化领域的通信协议，它支持 RS485、以太网等多种物理层。在监测系统中，如果需要与工业设备［如 PLC（可编程逻辑控制器）、传感器等］进行通信，Modbus 是一个很好的选择	优点：简单、成熟、应用广泛，有很好的工业设备兼容性； 缺点：功能相对简单，不太适合复杂的数据传输和处理需求
	MQTT	MQTT 是一种轻量级的发布/订阅消息传输协议，适用于低带宽、不稳定网络环境下的物联网应用。在监测系统中，当设备分布在不同区域且需要实时发布和接收数据时，MQTT 可以提供高效的消息传递机制	优点：轻量级，协议简单，低功耗，适合大规模物联网设备的连接，支持发布/订阅模式，方便数据的分发和接收； 缺点：不太适合传输大量的连续数据，对于复杂的业务逻辑处理能力有限

3)数据传输设计

(1)数据格式

①二进制格式:对于资源有限、对数据传输效率要求高的监测系统,可以采用二进制格式进行数据传输。例如,在一些嵌入式监测设备中,将监测数据编码为二进制格式,可以减少数据的传输量,提高传输效率。

②文本格式:在一些需要与其他系统进行数据交互、易于人类阅读和理解的数据传输场景中,可以使用文本格式。其中,JSON(对象表示法)是一种轻量级的数据交换格式,它具有简洁、易于解析的特点,在网络应用中广泛使用;XML(标准通用标记语言)是一种更复杂但功能强大的标记语言,适合表示结构化的数据。

(2)数据校验

①校验和:简单地计算数据的校验和,接收方根据校验和来验证数据的完整性。例如,在RS485 通信中,可以对传输的数据计算一个简单的 8 位或 16 位校验和,接收方在收到数据后重新计算校验和并与发送方的校验和进行比较。

②CRC(循环冗余校验):CRC 是一种更强大的错误检测方法,它通过对数据进行多项式除法运算生成校验码。在以太网等通信中,CRC32 被广泛用于检测数据传输过程中的错误。

4)通信安全设计

(1)加密

①对称加密:对称加密算法中,加密和解密使用相同的密钥。AES(高级加密标准)是一种广泛使用的对称加密算法,它具有高效、安全的特点。在监测系统中,如果需要对传输的数据进行加密以保护数据的机密性,可以使用 AES 算法对数据进行加密后再传输。

②非对称加密:非对称加密算法使用一对公钥和私钥,公钥用于加密,私钥用于解密。RSA(Rivest、Shamir、Adleman 三人姓氏首字母缩写)是一种常见的非对称加密算法,在身份验证、数字签名等方面有广泛应用。在监测系统中,可以使用 RSA 算法进行设备的身份验证和安全通信的建立。

(2)身份验证

①用户名和密码:最简单的身份验证方式是使用用户名和密码。在监测系统中,每个设备或用户可以分配一个唯一的用户名和密码,在建立通信连接之前,需要进行身份验证。

②数字证书:数字证书是一种基于 PKI(公钥基础设施)的身份验证方法。设备或用户持有由权威机构颁发的数字证书,在通信过程中,通过验证数字证书来确认对方的身份。

4.1.3.5 系统安全设计

桥梁轻量化监测系统因其自身特点,计算资源有限,设备上通常不会部署完整的操作系统,因此轻量化监测设备上极少使用目前在个人电脑和智能手机上常见的二进制安全加固措施。这使得轻量化监测设备上的软件漏洞更易被攻击者利用,以获得对设备的控制权。同理,轻量化设备上通常不存在防火墙等复杂安全机制,其安全严重依赖周边网络环境的安全性。此外,轻量化设备长时间在线的特性,使其更容易遭到扫描和攻击。尤其一些长期暴露在公网上的设备,如路由器等,是黑客重点研究、扫描和攻击的对象。一旦轻量化设备遭受攻击并进入僵尸网络,将很有可能对同网络上的其他设备造成长期的、持久的损害,且难以被设备的主人发现。

桥梁轻量化监测系统架构可分为感知层和应用层,各层面临的主要安全威胁也有所不同。桥梁轻量化监测系统主要安全威胁如图 4.1-4 所示。

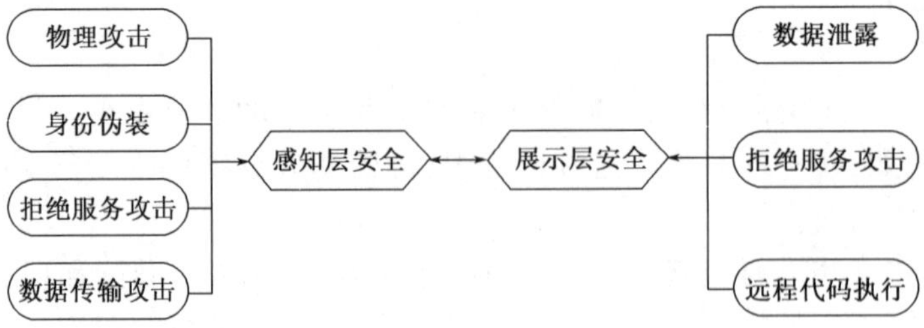

图 4.1-4　桥梁轻量化监测系统主要安全威胁

(1)感知层安全

从感知层安全来看,其面临主要威胁包括物理攻击、身份伪装、拒绝服务攻击(DoS)和数据传输攻击等。

①物理攻击。在取得对设备的物理接触之后,攻击者将能够直接提取设备上的敏感数据,或是修改设备上的程序,在其中加入恶意代码。此类攻击需要与设备进行物理接触,因此相对来说较容易防范;但设备厂商也有必要考虑设备本身在物理层面的安全性问题,例如需要避免在设备的电路板上留下调试接口等。

②身份伪装。在缺乏有效的身份验证措施的物联网网络中,容易发生身份冒充的问题,恶意设备可以通过这种方式窃取敏感数据。另外,不安全的设备初始化和配对过程也是重要的安全威胁来源。例如一名攻击者可以利用路由器首次开机、尚未设置密码的时机,向其中植入恶意程序或配置。若要防止此类攻击,设备厂商应仔细考虑身份验证过程中可能存在的安全问题,并加入有效的身份验证机制。

③拒绝服务攻击(DoS)。攻击者可以通过长时间使设备处于高功耗状态,来耗竭设备的计算能力。完全防范此类攻击非常困难,但设备厂商可以通过合理的安全设计,将此类攻击所造成的损失尽可能降低。例如,对于需要消耗大量算力的操作,应当加入有效的客户端身份验证机制,或是限制客户端执行操作的频率等。

④数据传输攻击。例如,攻击者可以对设备所传输的数据进行抓包,或实施中间人(Man in the Middle,简称 MitM)攻击。对此类攻击的通用防范措施是在数据传输过程中增加加密与安全校验机制,如 Wi-Fi 中的 WPA(Wi-Fi 保护接入),以及 LTE(长期演进)中的 EEA(EPS 加密算法,其中 EPS 指演进分组系统)算法等。

(2)应用层安全

从应用层安全来看,其面临的主要威胁包括数据泄密、拒绝服务攻击、远程代码执行等。

①数据泄露。程序中的设计疏漏可能导致用户的隐私数据泄露给第三方。若要尽可能避免此类漏洞,需要对设备上的程序代码进行充分的安全审计和评估。

②拒绝服务攻击。与感知层安全中的拒绝服务攻击类似,不再赘述。

③远程代码执行。利用设备程序中的安全漏洞,攻击者能够控制设备执行一些意料之外的动作,甚至执行攻击者所上传的任意代码。此类安全威胁的防范方法与传统漏洞的防范类似,主要包括:加强代码安全审计、对程序进行模糊测试、采用 ASLR(地址空间布局随机化)等二进制安全加固措施等。但在防范此类漏洞时,需要同时考虑设备本身的资源局限性。

综上所述,桥梁轻量化监测系统面临的系统安全风险可能来自硬件,也可能来自软件。在系统设计时应予以充分考虑,可采用以下方式加以防范。

1)网络安全措施

(1)防火墙设置

①边界防火墙:在监测系统与外部网络(如互联网)之间部署边界防火墙。防火墙可以根据预设的规则过滤网络流量,阻止非法的外部访问。例如阻止来自特定IP地址或网络段的攻击流量,禁止未经授权的外部网络服务访问监测系统内部资源等。

②内部防火墙:对于大型监测系统,内部可能包含多个子网或不同的安全区域。在这些区域之间也可以部署内部防火墙,以控制内部网络流量,防止内部攻击和数据泄露。

(2)网络访问控制

①访问策略:制定严格的网络访问策略,包括IP地址过滤、MAC(媒体访问控制)地址绑定、用户认证等。例如,只允许特定的IP地址或MAC地址访问监测系统的关键设备和服务,对于远程访问要求用户进行身份认证(如用户名和密码、数字证书等)。

②VLAN(虚拟局域网)划分:通过将监测系统中的不同设备或用户划分到不同的VLAN中,实现网络隔离。这样可以减少网络广播风暴的影响,同时也提高了网络的安全性,防止一个VLAN中的安全问题影响到其他VLAN。

(3)入侵检测与防御(IDS/IPS)

①IDS(入侵检测系统)部署:在监测系统的网络中部署IDS。IDS可以实时监测网络流量,分析流量中的数据包,检测是否存在入侵行为,如网络扫描、恶意软件攻击、SQL(结构化查询语言)注入等。当检测到入侵行为时,IDS可以发出警报,提醒管理员进行处理。

②IPS(入侵防御系统)防护:IPS不仅能够检测入侵行为,还能够主动采取措施进行防御,例如阻断攻击流量、修改防火墙规则等。IPS可以在攻击行为对监测系统造成损害之前进行防御,提高网络的安全性。

2)数据安全措施

(1)数据加密

①传输加密:对监测系统中传输的数据进行加密,以防止数据在传输过程中被窃取或篡改。例如,在网络通信中,可以使用SSL/TLS(安全套接字层/传输层安全)协议对数据进行加密传输;对于无线通信,可以使用加密算法(如AES、WPA/WPA2等)对无线信号进行加密。

②存储加密:对监测系统中存储的数据进行加密,确保即使存储设备被非法获取,数据也不会被轻易读取。可以使用磁盘加密技术[如BitLocker(微软操作系统自带的加密工具)、TrueCrypt(一款开源的加密软件)等]对整个磁盘或特定的存储分区进行加密,或者对敏感数据文件进行单独加密。

(2)数据备份与恢复

①定期备份:制定数据备份策略,定期对监测系统中的重要数据进行备份。备份可以存储在本地的备份服务器、外部存储设备(如硬盘、磁带等)或远程的云存储服务中。备份的频率可以根据数据的重要性和更新频率来确定,例如对于关键业务数据可以每天进行多次备份。

②恢复测试:定期进行数据恢复测试,确保备份的数据是可用的,并且能够在数据丢失或损坏的情况下快速恢复系统的正常运行。恢复测试可以模拟不同的故障场景(如硬盘故障、病毒攻击等),验证备份策略的有效性。

3)系统安全措施

(1)用户认证与授权

①多因素认证:采用多因素认证机制来确保用户的身份安全。除了传统的用户名和密码外,可以结合使用其他认证因素,如指纹识别、面部识别、动态口令(手机验证码、硬件令牌等)。多因素认证可以大大提高用户身份验证的安全性,减少因密码泄露导致的安全风险。

②授权管理:根据用户的角色和职责,对用户进行授权,确保用户只能访问其工作所需的系统资源和数据。可以通过 ACL(访问控制列表)、RBAC(角色-基于访问控制)等机制来实现授权管理。

(2)系统漏洞管理

①漏洞扫描:定期使用漏洞扫描工具对监测系统进行扫描,检测系统中是否存在已知的安全漏洞(如操作系统漏洞、应用程序漏洞、数据库漏洞等)。漏洞扫描工具可以生成详细的漏洞报告,指出漏洞的位置、严重程度等信息。

②补丁管理:根据漏洞扫描的结果,及时对系统中的漏洞进行修复。对于操作系统和应用程序,可以及时安装厂商发布的安全补丁;对于自研的软件,要及时进行代码修复和更新。同时,要建立补丁管理流程,确保补丁的安装过程是安全、可靠的,不会给系统带来新的问题。

(3)安全审计与监控

①审计日志:开启监测系统的审计功能,记录系统中的所有关键操作(如用户登录、数据访问、系统配置更改等)。审计日志可以帮助管理员跟踪系统的使用情况,发现潜在的安全问题。

②实时监控:对监测系统进行实时监控,包括系统的运行状态、网络流量、用户行为等。可以使用监控工具[如 Zabbix(一款企业级分布式开源监控方案)、Nagios(一款开源网络监视工具)等]来实现实时监控,并设置警报机制。当系统出现异常情况(如系统资源占用过高、网络流量异常等)时,及时发出警报通知管理员进行处理。

4.1.3.6 软件设计

针对桥梁轻量化监测的具体应用场景,需融合物联网、云计算、人工智能及大数据等前沿技术,构建一套高效的桥梁轻量化监测系统。该系统应依托其强大的计算处理能力、海量数据存储能力以及广泛的系统兼容性,实现桥梁监测管理的网络化与集约化。它需能够全方位、实时地监控桥梁结构的运营状况,并精确识别桥梁各关键部件的损伤状态。通过此系统,能够迅速且精确地捕捉桥梁的病害迹象,对潜在的安全风险进行及时预警,从而为养护人员提供有力的辅助,以便他们更准确地评估桥梁结构的安全性。

桥梁轻量化监测系统软件架构设计需遵循以下核心原则:

①可扩展性:平台设计应确保能够灵活扩展,以应对业务增长带来的需求变化。采用微服务架构和容器化技术,实现资源的按需分配和弹性伸缩,确保平台能够高效应对不同规模的业务场景。

②开放性:平台应支持多种行业标准和协议,并提供开放的 API(应用程序编程接口)。这一设计旨在促进与其他系统的无缝集成,同时便于第三方开发者接入,共同构建更加丰富的生态系统。

③安全性:平台设计需全面考虑安全策略,包括实施数据加密、身份认证等安全措施。确保数据在传输和存储过程中的安全性,防止数据泄露和未经授权的访问。

④实时性：设计高效的数据处理流程，确保平台能够实时响应数据变化。利用消息队列和事件驱动架构，实现数据的快速处理和分发。同时，优化数据存储和检索策略，提高数据访问速度，满足实时监测的需求。

⑤简洁性：平台设计应保持核心功能的简洁性，避免冗余和复杂的设计。采用模块化、组件化的设计思路，方便快速部署和管理，降低系统的维护成本。

⑥可靠性：平台应设计为高可靠性的系统架构，确保在各种情况下都能稳定运行。引入容错和冗余设计，提高系统的抗故障能力。同时，提供监控和日志记录功能，便于及时发现和解决问题。

⑦易用性：平台设计应注重用户体验，设计友好的用户界面和操作流程。提供丰富的帮助文档和支持服务，确保用户能够轻松上手并高效使用平台。持续优化用户体验，提升用户的满意度和忠诚度。

这些核心原则将作为桥梁轻量化监测系统软件架构设计的基石，确保系统不仅能够满足当前业务需求，还具备适应未来业务发展的灵活性与可扩展性，从而提供稳定、高效且安全的服务。桥梁轻量化监测系统软件主要由感知层、网络层、平台层和应用层组成，综合运用了传感器网络技术、无线通信技术、数据处理技术、数据可视化展示技术，并结合了数据推送和插件式设计等软件开发方法，如图 4.1-5 所示。

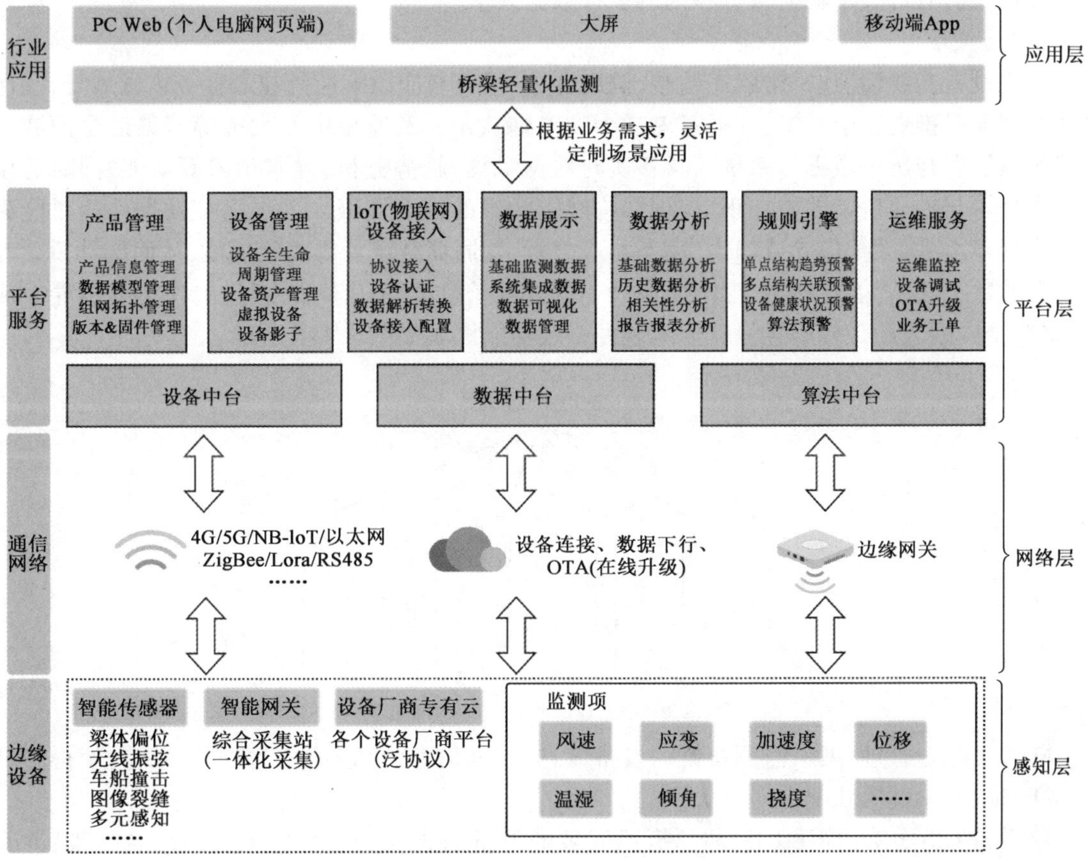

图 4.1-5　桥梁轻量化监测软件系统架构

(1)感知层

负责数据采集,包括各种传感器和采集器,如位移传感器、应变传感器、风速风向传感器等。这里面的数据主要来自3个方面:①一体化智能传感器,可直接对接平台;②汇聚化智能网关设备,可接入多类型传感器,通过数据整理融合后传入平台;③其他来自不同厂家平台的数据,通过平台对接平台。

(2)网络层

负责数据传输,通过各种网络协议将感知层采集的数据传输到云平台,分为有线通信和无线通信。有线通信网包括FTTx(光纤接入)、以太网等;无线通信网包括4G、5G、LoRa、NB-IoT等。此外,传感器网络也是接入网的一部分,负责将各种传感器的数据收集并传输到网络层。

(3)平台层

整个架构的核心,应能支持多云部署,并具备平台API和智能终端底层协议的接入能力,可实现“云-端-边”架构的高效协同与极简接入,确保设备一经上电即可迅速接入云端。平台需内置设备管理、数据计算、事务规则以及模型算法等多重智能引擎,为用户提供感知实时预警、数据汇聚分析及能力开放服务等卓越的连接体验。此外,平台还应支持第三方平台软件通过API获取高精度数据分析处理服务和结构动态健康状态诊断,并可实现包括结构响应数据、环境数据、视频数据、车辆荷载等在内的多种数据共享。

(4)应用层

围绕设备在线情况、桥梁状态监测、健康评估、报警与应急响应等核心业务需求展开,确保系统能够即时推送安全预警,并通过PC(个人电脑)、App及监控中心大屏等多渠道全面展示桥梁健康信息与历史数据。系统需具备实时数据采集、趋势分析、异常预警等功能,同时运用大数据技术与专业桥梁养护知识,实现结构健康状态的精准评级。为提高突发事件应对能力与安全保障水平,系统应支持静态/动态响应分析、交通荷载统计等高级功能,从而推动桥梁养护管理的数字化、智能化转型。此外,设计还应以延长桥梁使用寿命为目标,注重降低养护成本、提升结构耐久性。桥梁轻量化监测软件系统功能模块如图4.1-6所示。

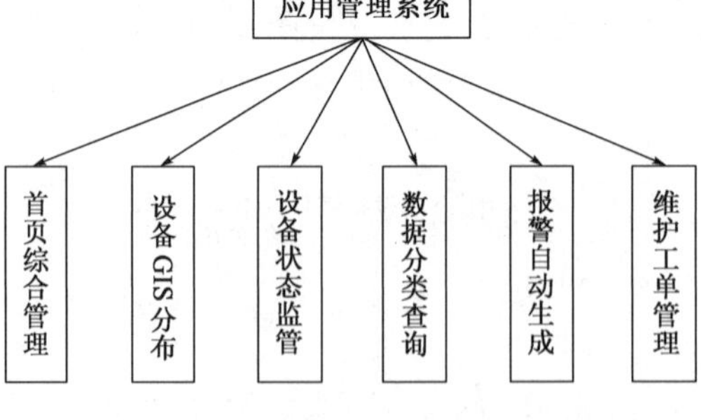

图4.1-6 桥梁轻量化监测系统功能模块

①首页综合管理:展示监测桥梁的设备信息、数据信息、报警信息、维护记录等,使得管理者对于目前桥梁健康状况有一个大致的了解。

②设备GIS分布:应用GIS,将所有已安装的设备信息在一张地图上进行综合呈现,并实现对各个设备采集状态的动态监管。

③设备状态监管：通过与桥梁设备对接，定时上传监测设备信号强弱、剩余电量、设备是否在线等设备信息。当发现桥梁某个设备不在线时，可通过系统后台重启设备，实现对桥梁设备的监管。为实现设备智能化监管的目的，需要前端硬件产品配合做出定制化模块。

④数据分类查询：传感器按照不同类型、不同频率采集数据，并通过相对应的数据接口定时上传。系统可以根据桥梁名称、桥梁结构形式、传感器类型、数据时间段等信息实现任意维度的监测数据分类查询功能。比如可以实现单桥多项指标同步展示，不同桥梁同一时刻相同指标的对比查看等。

⑤报警自动生成：系统报警主要分为两种——设备报警和数据报警。设备报警即当系统发现设备出现故障时，会生成设备报警记录，提醒工作人员对设备进行维护处理；数据报警即当传感器数据采集发生报警时，系统应立即自动搜集相关关键信息，并形成一条完整报警信息表通过报警接口上传系统平台。报警信息应该包含：报警 ID（身份标识号码）、报警所在监测点位置、报警级别、当前报警值、报警开始和结束时间、报警点前后一段时间数据、桥梁监控抓拍或者桥梁监控视频。

⑥维护工单管理：当工作人员进行一次设备维护工作后，需要在系统里填写相应维护信息，系统自动生成工单记录，供后续管理查阅。

4.1.3.7 防盗安全设计

（1）设备防护

①安装位置：将监测系统的设备放置在安全的物理位置，如人流较大的桥面或桥下。对于户外设备，采用坚固的防护外壳，并安装在高处或有防护栏的区域，以防止被人为破坏和盗窃。

②机箱锁：为设备机箱配备坚固的锁具，确保只有授权人员能够打开机箱进行维护和操作。

（2）线缆保护

对连接监测设备的线缆（如电源线、数据线等）进行保护。在室内，可以将线缆铺设在电缆桥架或线槽内；在户外，使用铠装电缆或埋地铺设，以防止线缆被剪断或损坏。

4.1.3.8 报警阈值设定

异常报警设定三级报警阈值，当监测数据达到或超过报警阈值时，同步报警；当监测数据提示异常报警时，深入分析监测数据，关注异常状态的影响程度和发展趋势。

报警阈值具体数值基于监测内容历史统计值、设计值和规范容许值确定，并宜考虑桥梁管养需求、车辆通行管控建议等监测应用需求，具体设定要求可详见第 4.4.4 节。

报警阈值由系统设计单位结合轻量化监测场景和桥梁管养需求提出，监测数据触发异常报警时，基于桥梁特点、报警频次、异常极值等采取养护措施。

4.2 系统施工

桥梁轻量化监测系统施工主要包括前期的施工准备工作、现场施工工作以及系统的验收和交付工作。

4.2.1 施工准备

桥梁轻量化监测系统建设项目施工前,需要充分了解项目建设要求,明确工程建设目标,做好项目施工前的准备工作。施工准备阶段主要工作流程如图4.2-1所示。

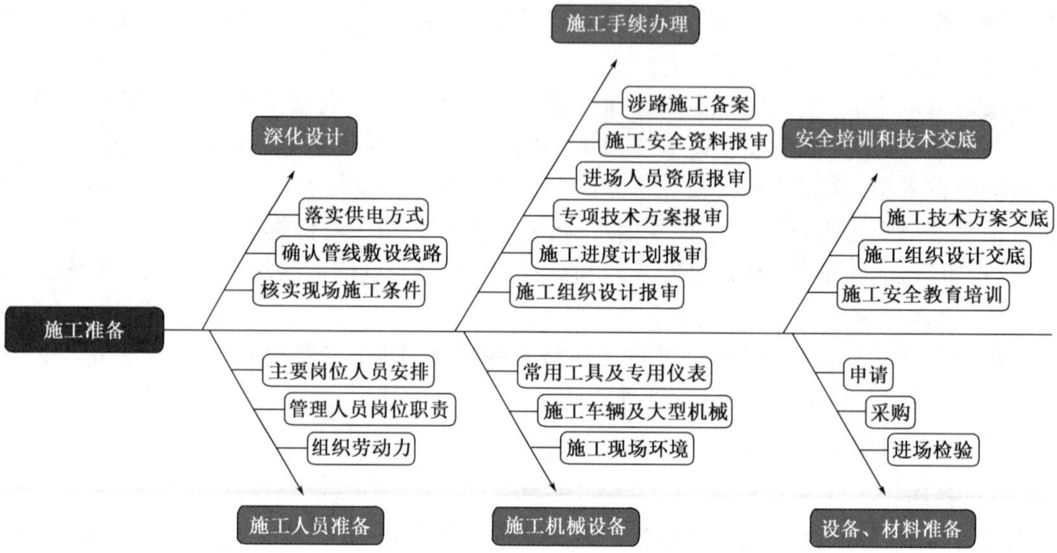

图4.2-1 桥梁轻量化监测系统建设项目施工准备阶段主要工作流程

工程开工前,需要做好人员、机械、材料的准备工作。首先,需要根据项目规模和施工内容进行合理的人员配备,明确各岗位人员职责,并确保进场人员能够胜任各自工作。其次,需要根据施工技术方案,配备必要的机械设备,准备施工用具,清理施工现场,为施工工作提供良好的条件;同时,还需要做好安全防护和监督检查工作,确保施工人员和设备的安全。最后,在施工前,需要根据工程建设需要,采购符合要求的材料和设备并开展进场检验工作,检查其规格、型号、数量、性能指标等是否满足设计要求;设备、材料进场检验合格后,方可进行下一步安装工作。同时,工程开工前需要开展深化设计、施工手续办理、安全培训和技术交底等相关工作。

①工程开工前,需开展深化设计工作。包括核实设计方案中测点位置的实际施工条件;确认管线敷设线路;落实供电方式和供电点位置、线路等。

②工程开工前,需要办理相关进场施工手续。包括施工组织设计报审、施工进度计划报审、专项技术方案报审、进场人员资质报审、安全资料审查和涉路施工备案等。

③工程开工前,必须对进场人员进行施工安全教育培训,并开展设计交底和施工技术交底工作,确保桥梁轻量化监测系统建设工程顺利开展。

4.2.2 现场施工

桥梁轻量化监测系统建设项目的施工应实现监测设备全寿命周期管理,即对监测设备从采购、部署、使用、维护到报废的全过程进行管理和控制。系统施工阶段的主要工作包括监测设备的安装、配置、调试和试运行,主要工作流程如图4.2-2所示。

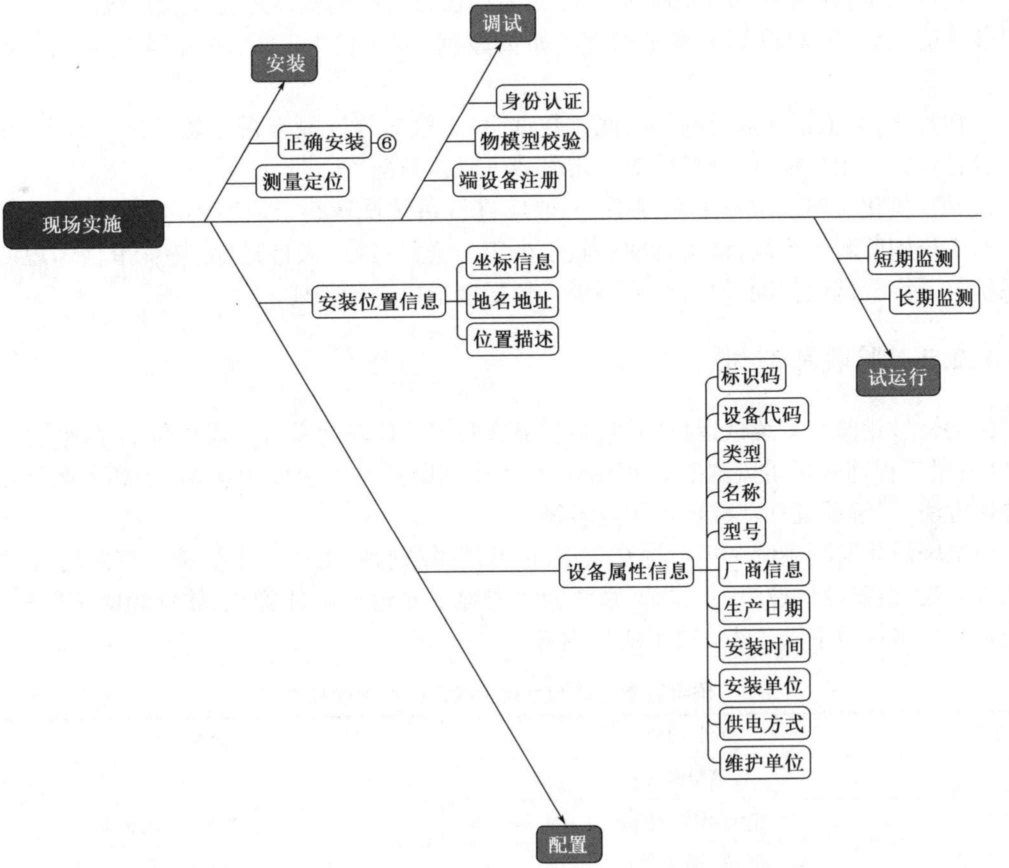

图4.2-2　桥梁轻量化监测系统建设项目施工阶段主要工作流程

桥梁轻量化监测设备安装前应测量放样,确定安装位置和安装条件。安装时应根据设备安装使用说明书中的安装工艺、电气连接方式、工作电压、工作环境、组网方式、通信协议、防护等级等要求正确安装,并采取匹配的防护措施予以保护,按照相关技术规定做好防水、防潮、防雷、防干扰等措施,确保系统硬件的正常运行。

桥梁轻量化监测设备安装完成后,须进行配置,采集感知设备安装位置信息和终端属性信息。安装位置信息一般采用坐标信息或地名地址描述信息来表达,其精细度应符合管理要求;终端属性信息一般包括感知终端的标识码、代码、类型、名称、型号、厂商信息、生产日期、安装时间、安装单位、供电方式、管理维护单位等。

桥梁轻量化监测设备应满足快速规模化接入要求,即装即用,其调试过程包括身份验证、物模型校验和端设备注册。调试内容一般包括:

①硬件检查:针对终端输入/输出端口、复位按键、上电状态、运行状态是否正常等进行检查。

②软件检查:针对终端软件的完整性、可靠性、可维护性等进行检查。

③功能调试:针对终端的通信、联机、数据采集、控制、任务自动上报、事件记录、数据处理等基本功能进行调试。

④接口测试:针对终端的设备与系统、设备与设备之间的接口进行互联互通测试。

⑤性能测试:针对终端的核心性能(如灵敏度、准确性等)、电磁兼容性能等指标进行测试。

⑥初始化:系统正式运行前须将测试数据、日志数据等恢复至最原始的出厂状态,并根据监测设备安装使用环境、使用目的对特定参数进行重新配置。

桥梁轻量化监测系统施工完成后,一般应进行系统试运行,以检验系统的可靠性和耐久性。对于长期监测的系统,试运行期一般不少于 3 个月;针对大件运输、特殊事件等短期监测的系统可不设置试运行期,但需对监测场景的报警指标进行验证。

4.2.3 验收和交付

桥梁轻量化监测系统试运行期间,系统部署施工单位应为系统建设单位的管理人员、技术人员(桥梁工程师或桥梁监测工程师)提供技术咨询服务和系统使用培训,使其掌握监测系统的操作方法,了解系统日常维护工作内容等。

桥梁轻量化监测系统试运行期结束后,应开展系统验收工作。系统验收宜采用交(竣)工一次性验收,由建设单位组织实施。系统验收内容主要包含硬件验收、软件验收和资料验收。验收标准应包括但不限于表 4.2-1 所列内容。

桥梁轻量化监测系统验收内容和验收标准 表 4.2-1

类型	验收内容	验收标准
硬件验收	传感器成活率	100%
	传感器安装质量	安装牢固、位置准确
	传感器保护措施	防雷、防水、防尘
	采集传输设备参数配置	符合设计要求
	采购、检验、安装及调试过程记录	资料完整、流程合规
软件验收	系统功能	符合设计要求
	性能参数	
资料验收	项目相关资料	齐全、规范、一致
	实施过程资料	
	技术成果资料	

(1)硬件验收的主要内容

①检查监测设备的品牌、型号、数量是否符合设计文件要求,进场设备的质量证明文件是否齐全,设备进场检验流程是否合规。

②检查监测设备的安装位置是否符合设计规定,传感器是否稳定可靠地与被测结构物牢固连接,并采取匹配的防护措施予以保护。

③检查监测设备的安装工艺是否符合设计规定,并在安装完成后应进行校验,包括电气连接正确性校验和数据采集完整性校验。

(2)软件验收的主要内容

①软件功能完整性和一致性检查:检查数据采集、存储、转发等各项功能指标是否满足设

计文件技术要求;用户界面软件功能是否满足设计文件要求,静态基础数据、实时监测数据、历史统计数据等各类数据显示是否准确、齐全。

②软件性能参数检查:检查软件整体请求响应速度、数据刷新率等性能指标是否满足设计文件技术要求,系统整体安全性是否满足设计文件中对于网络信息安全相关技术要求。

(3)资料验收的主要内容

资料验收主要包括项目相关资料、实施过程资料和技术成果资料。

①项目相关资料包括:合同协议书、合同谈判纪要等。

②实施过程资料包括:系统设计文件,系统变更资料,设备进场报验资料、监测设备设施安装记录、设备设施检验资料,监理资料(质量控制资料),有关会议纪要等。

③技术成果资料包括:系统竣工图、施工成果报告、系统试运行报告、硬件维护手册、软件操作手册等。

桥梁轻量化监测系统收合格后,系统部署施工单位应与建设单位完成系统交接工作,并由建设单位签发项目交(竣)工验收鉴定书,正式进入系统缺陷责任期。

桥梁轻量化监测系统缺陷责任期内,系统部署施工单位负责工程项目的质量缺陷修复,并向建设单位提供技术咨询服务;缺陷责任期满后,应选择具有相应能力的单位开展系统运营维护工作,确保桥梁轻量化监测系统长期稳定运行。

4.3 系统运维

桥梁轻量化监测系统运维工作主要包括日常检查、定期维护、故障维护和应急维护 4 种方式。

开展检查与维护工作时,应严格按照设备编号,记录相关维护及异常情况,以精确定位异常位置;在封闭空间内(如箱梁、桥塔内),进行检查及维护等工作,应确保至少 2 人同行;应对监测数据进行定期备份,并定期检查备份情况;应通过定期系统升级、建立并使用防火墙、安装杀毒软件及定期备份等措施,确保系统、网络与数据安全。

4.3.1 日常检查

桥梁轻量化监测系统日常检查以系统自检、自维护为主,人工检查为辅。

①监测系统日常检查工作应以 1 次/d 的频率开展,通过检查平台数据情况,以确定轻量化监测系统运转状态,及时发现异常。

②监测系统日常检查中发现数据异常时,应立刻上报建设单位并尝试故障远程维护,解决异常;对于远程维护不能解决的异常情况,应尝试通过远程调试初步判断故障发生原因,并开展相关维护工作。

4.3.2 定期维护

桥梁轻量化监测系统定期维护包括硬件设备定期维护和软件系统定期维护。

(1)硬件设备定期维护

①硬件设备定期维护宜不低于每季度1次,应对系统进行全面检测和保养,检查设备运行状态,核查系统故障记录,排除潜在隐患,以确保系统正常稳定地运行。

②硬件设备定期维护通常采用目视检查的方式,其内容和要求可参考表4.3-1执行;监测系统硬件设备日常保养主要包括刷保护漆、清理积灰、清理镜头等。

硬件设备定期维护内容和要求　　表4.3-1

外观检查内容	技术要求	检查方法
传感器安装情况	传感器安装牢固可靠,安装位置不应偏位	目视检查
传感器保护装置情况	保护装置密封情况完好,表面清洁无污,标记清晰完整,无腐蚀,满足防水、防高温、抗压要求	目视检查
传感器情况	传感器表面清洁无污、无破损、无锈蚀,内部无积水,接线良好	目视检查
传感器线缆保护情况	无破损、绝缘保护层完整	目视检查
机柜设备检查	机柜安装牢靠,表面清洁无污染,机柜内温度正常,供电正常	目视检查

③当在硬件设备定期维护中发现异常时,应立刻上报建设单位相关管理人员,开展故障维护工作。

(2)软件系统定期维护

①软件系统定期维护宜不低于每个月1次,主要包括软件系统时间同步检查、磁盘存储空间检查及清理、数据库异地备份及软件运行日志检查等。

②在软件系统定期维护时,对于有配置参数修改、更正的维护操作,应提前做好备份,并在维护完成后做好日志记录。

4.3.3 故障维护

对于出现故障的设备,应及时进行故障判断、维修、更换等,同时采取相应的措施避免同一故障再次出现,对维护发现的问题快速响应并及时处置。

故障维护主要包括远程维护和现场维护两种方式。发现故障时,维护单位应首先尝试进行远程维护,具体流程可参考图4.3-1。

远程无法排除的故障,应进行现场维护。维护人员应根据设备编号牌快速定位故障设备位置,开展维护工作。传感器在拆修前应拍照记录接线情况,数据采集模块拆修前应记录设备连接端口。维护结束后,维护人员应填写现场维护记录表,交由建设单位审核。宜通过对故障传感器及其同类相似位置传感器故障前、故障中、故障处置后的监测数据比对,判断故障维护效果。

4.3.4 应急维护

台风、高温、冰雪、节假日等可提前预测事件发生之前,地震、火灾、船撞、车流量突增等特殊事件发生之后,应开展桥梁轻量化监测系统应急维护。应急维护主要包括远程系统检查和现场设备检查两种方式。

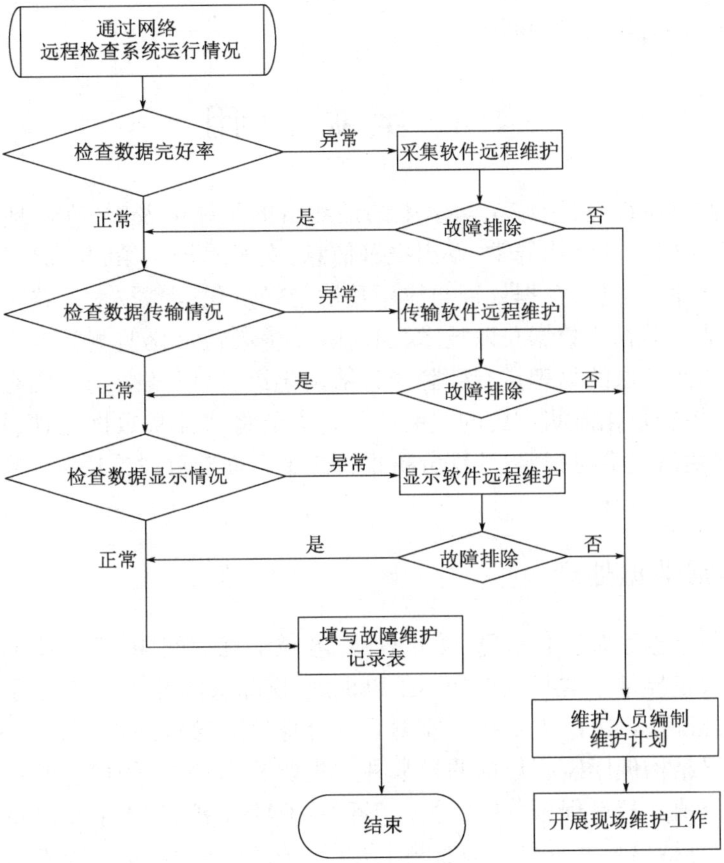

图 4.3-1 远程维护流程

(1)远程系统检查

①在台风、高温、冰雪、节假日等可提前预测事件发生之前,应开展桥梁轻量化监测系统的远程检查工作,并对检查结果进行记录,如发现故障应及时开展故障维护工作,确保特殊情况下系统正常运行。

②在地震、火灾、船撞、车流量突增等特殊事件发生之后,应在24h内对桥梁轻量化监测系统的数据进行全面分析检查,确认系统情况。如发现故障,应开展故障维护工作,降低特殊事件对系统影响。

(2)现场设备检查

①在特殊事件发生后,建设单位如判断传感器及其他硬件设备可能受到影响,宜提出现场应急检查维护需求,由维护单位组织执行。应急维护流程按图 4.3-2进行。

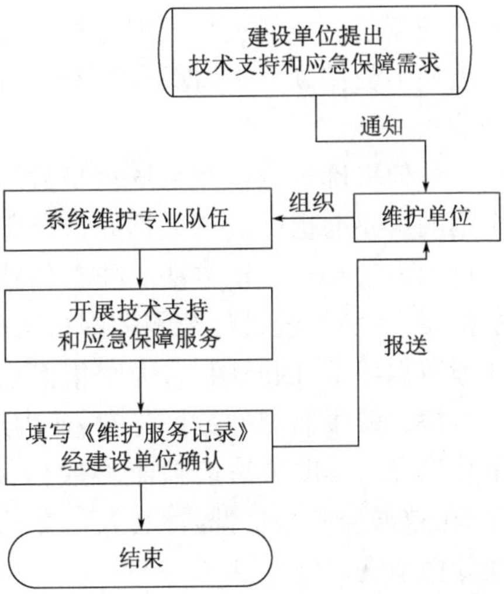

图 4.3-2 应急维护流程

②应急检查内容可参考硬件设备定期维护内容执行。如需特定的检查内容,应结合现场实际,编制合理可行的检查方案执行。

4.4 数据应用

桥梁轻量化监测系统设计、施工与运维的最终目的是能够及时、准确地获取结构状态数据,通过数据处理及时发现结构异常,发出报警信息,支撑养护决策,从而保障结构安全服役,延长桥梁的使用寿命。可见,数据处理与应用是桥梁轻量化监测技术链路中切实发挥养护指导作用的核心环节。但相比数据获取技术,当前阶段桥梁轻量化监测数据应用能力仍存在明显滞后。如何将监测获取的物理量有效翻译为结构化语言,以及准确挖掘有价值的结构信息与知识,是充分发挥轻量化监测作用的关键环节。本节将从异常数据处理、特征数据提取、数据分析方法、超限阈值设定与报警、数据分析报告5个方面着重讨论桥梁轻量化监测数据应用技术。

4.4.1 异常数据处理

由于传感器与传输系统设备故障、接触故障、电磁干扰等问题,常常造成健康监测系统所采集的数据存在大量异常。这些数据如不予以识别、剔除或修补而直接应用于后续分析,则必然对评估结果的准确性带来巨大干扰。监测系统自身故障导致的数据异常模式存在多样性,国内外学者将桥梁结构健康监测数据的异常种类主要分为缺失、噪声、增益、精度下降、漂移、趋势、次小值、离群值和超量程振荡等9类。工程界前期开展了10余年海量桥梁结构监测数据处理工作,归纳总结出长大桥梁结构监测主要存在的数据异常包括:数据缺失、数据跃迁、长周干扰、非一致异点(跳点)、弱噪声干扰、无法消除的强噪声、其他难以快速识别和消除的数据异常等7类,如图4.4-1所示。这些异常类别基本涵盖了目前结构监测数据异常的有所形式。根据已完成的大量数据分析工作,目前桥梁轻量化监测系统自身故障导致的数据异常主要表现为数据缺失、数据漂移、非一致异点(跳点)和强弱噪声干扰4种类型,约占总体异常比例的95%。

如何准确区分监测系统自身故障与结构损伤或特殊事件带来的数据异常是实现数据有效应用的重要前提。监测数据异常诊断与处理技术按照人工参与程度,可划分为人工诊断方法、半自动方法和全自动方法。随着传感技术的发展,监测系统涵盖的指标类型、测点数量也在不断扩展,特别是轻量化监测多以桥梁群的形式汇集数据,为数据密集型系统。依靠人工诊断与处理数据异常,因时间、人力密集而成本高昂,难以满足时效性、准确性和经济性需求。当前,针对桥梁健康监测的数据异常,业内还处于由半自动清洗向全自动清洗的发展阶段。通常采用数据异常诊断方法巡扫监测数据,确定异常数据段,对可修复或处理的异常进行自动化处置;在数据分析与挖掘阶段,人工专家介入对自动化诊断方法未检测到或无法处理的异常进行经验性清洗。

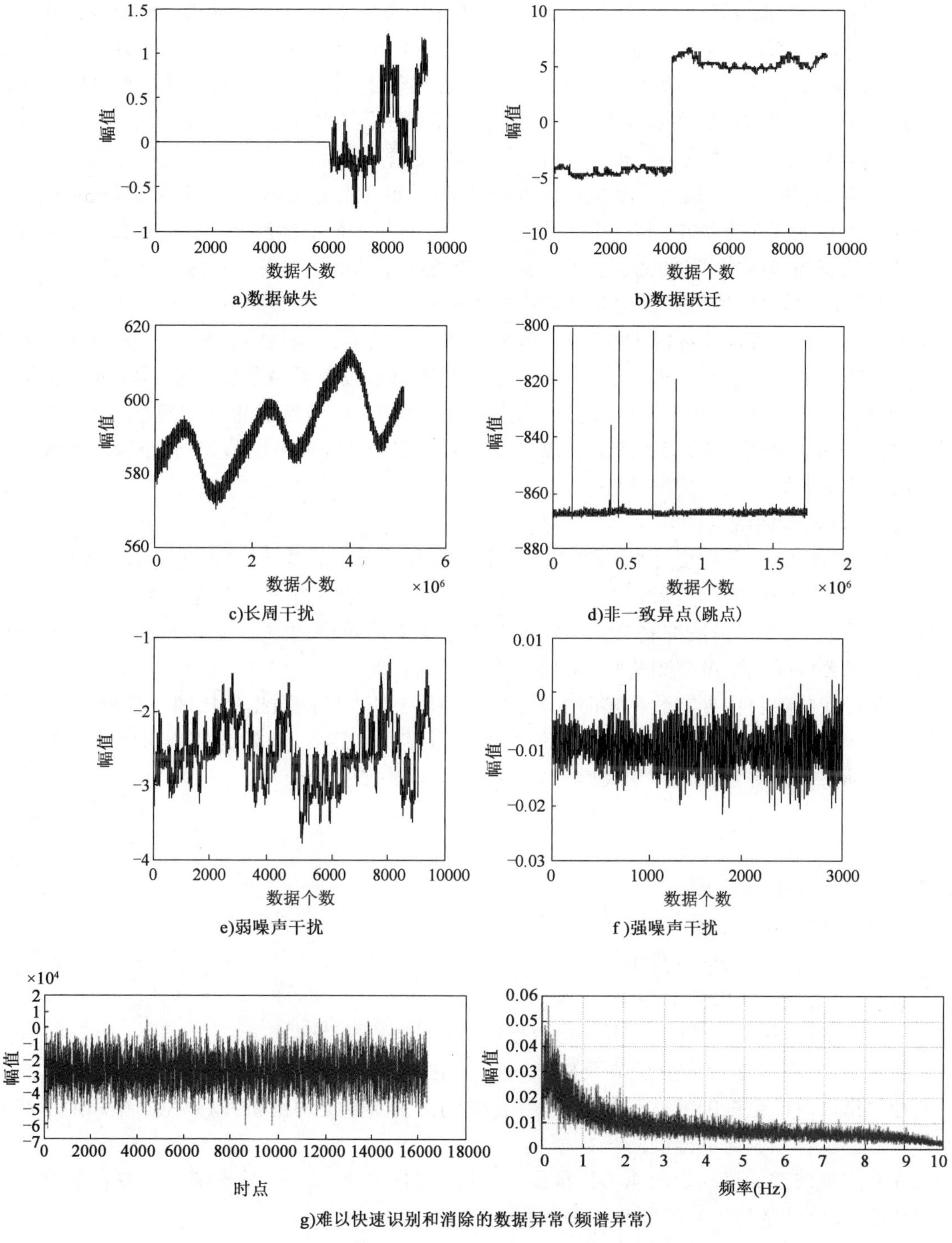

图4.4-1　各种数据异常典型示意图

数据异常自动化诊断与处理方法是统计学、信号处理和机器学习等领域重要研究方向。面向桥梁结构监测数据异常,学界与工程领域鲜见通用的数据诊断与处理算法。异常数据检测的方法可分为基于统计的方法、基于距离的方法、基于分类的方法、基于重构对比的方法以及基于领域知识的方法等。安全风险及时报警是桥梁轻量化监测的首要任务,系统在报警判断前对监测数据进行快速、高效地清洗是保障报警准确性的重要手段。因此,针对桥梁轻量化监测,宜采用数据初步清洗和精细清洗两阶段方式开展。其中,数据初步清洗力求高效、快速,旨在滤除对结构状态报警产生严重干扰的异常数据,在清洗效率满足需求的前提下,尽可能达到降低误报警的目的;数据精细清洗则对初步清洗中未能处置的异常进行全面诊断与处理后进行数据入库和归档,服务历史追溯、结构长期性能演变诊断、设计反馈、预防性养护科学决策等深入数据挖掘工作。

为了保证时效性,桥梁轻量化监测数据初步清洗往往在采集设备端完成。由于采集设备端配置的嵌入式系统计算资源十分有限,多采用统计清洗方法来尽量保障清洗时效性。而数据精细清洗由于对时效性要求较低,一般会在数据传输至服务器或数据中心后完成。这样可充分利用服务器等设备强大的计算能力,采用计算复杂度高、清洗效果好的算法,配合人工专家干预,来完成监测数据的彻底清洗。以下针对数据初步清洗和精细清洗,介绍监测系统中实际采用且效果良好的数据清洗方法。

(1)数据初步清洗方法

数据初步清洗多采用统计类方法。对于上文提到的数据缺失、数据漂移、非一致异点(跳点)和强弱噪声干扰等异常情况,现有研究提出了许多针对性的统计清洗方法。在监测系统现场采集环境下,异常极值抑制算法是降低误报警概率的重中之重。常采用的异常诊断方法包括 3σ 法、Z-Score 法、箱型图法和 Grubbs 假设检验法等。

为满足实际项目中异常数据实时处理的需求,基于长期监测数据的梳理与分析,编者团队开发了基于箱型图法的数据在线清洗功能模块。该模块以简单、有效为原则保障了计算的实时性。其动态阈值的计算公式如式(4.4-1)和式(4.4-2)所示。

$$x_1 = q_{5\%} - k(q_{95\%} - q_{5\%}) \tag{4.4-1}$$

$$x_2 = q_{95\%} + k(q_{95\%} - q_{5\%}) \tag{4.4-2}$$

式中:x_1——动态阈值上限;

x_2——动态阈值下限;

$q_{5\%}$——监测数据 5% 分位值;

$q_{95\%}$——监测数据 95% 分位值;

k——缩放系数,一般情况下动态数据取值略小于静态数据。

针对上述监测数据 5% 分位值及 95% 分位值的计算,清洗功能模块采用动态计算的方式,定期选取指定时间范围的数据计算其分位值,做到清洗阈值定期刷新,以避免刚性阈值下清洗掉部分因温度作用引起的温度趋势数据。

在线数据清洗的流程如图 4.4-2 所示。通过“接收-处理-发布”整套流程实现监测数据的实时清洗,并将清洗后的数据同步入库保存。

本方法已应用于江苏省普通国省道轻量化桥梁监测系统中。系统实时过滤原始数据并将清洗后的数据上传至云平台。本方法能够实现初步过滤约 60% 的异常跳点,对于数据实时报警具有良好的支撑作用。

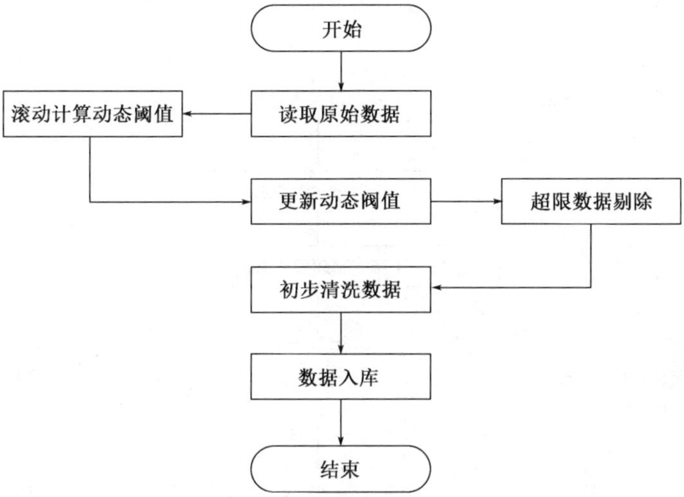

图 4.4-2 在线数据清洗流程

(2)数据精细清洗方法

数据精细清洗由于时效性要求较低,往往可采用一些计算复杂度较高的算法,以达到更好的数据清洗效果。如上文提到的基于距离的方法、基于分类的方法、基于重构对比的方法以及基于领域知识的方法等,针对不同的异常数据均能起到较好的清洗效果。典型的基于距离的方法有 K-近邻算法、局部异常因子法、基于连接的异常因子法、随机异常选择法等;基于分类的方法有基于密度的聚类噪点分析法、孤立森林法、支持向量机法、主成分分析法等;基于重构对比的方法包括自编码算法、移动平均模型法、自回归移动平均模型法等。此外,随着人工智能技术的发展,基于深度学习的桥梁结构监测数据清洗方法大量涌现,卷积神经网络、回归神经网络、transformor(一种基于自注意力机制的深度学习模型)等方法在数据异常诊断、修复工作中已初步表现出优势,也将成为后续桥梁轻量化监测数据异常处理领域的一个重要发展方向。

编者团队基于多年累积的数据处理与分析技术经验,归纳出一类针对桥梁结构监测领域知识的数据清洗方法——基于稳健局部回归分析的数据清洗算法。该算法充分利用稳健局部回归分析不受离群数据影响的特性,通过监测数据上下文异常信息,以监测数据单位时间内变化速率异常作为判断依据,实现异常数据的定位与处置。该算法的超参数包括回归分析时间窗大小、指标变化速率阈值、Z-Score 值、强噪声系数,具体算法流程如图 4.4-3 所示。

该算法对于环境作用指标、结构变形、应变等响应指标的数据漂移、非一致异点(跳点)和强弱噪声干扰等异常具有较好的清洗效果,算法识别率远高于基于阈值的异常数据清洗方法,完整保留了数据细节,避免误删真实结构异常数据。目前,该算法已被应用于超百座桥梁的数据分析与数据挖掘前的清洗工作中,总体数据清洗有效率达到 92%,为数据挖掘工作提供有效数据超 10 万亿条。该算法对于桥梁结构变形、结构应变监测的异常数据清洗效果分别如图 4.4-4、图 4.4-5所示。

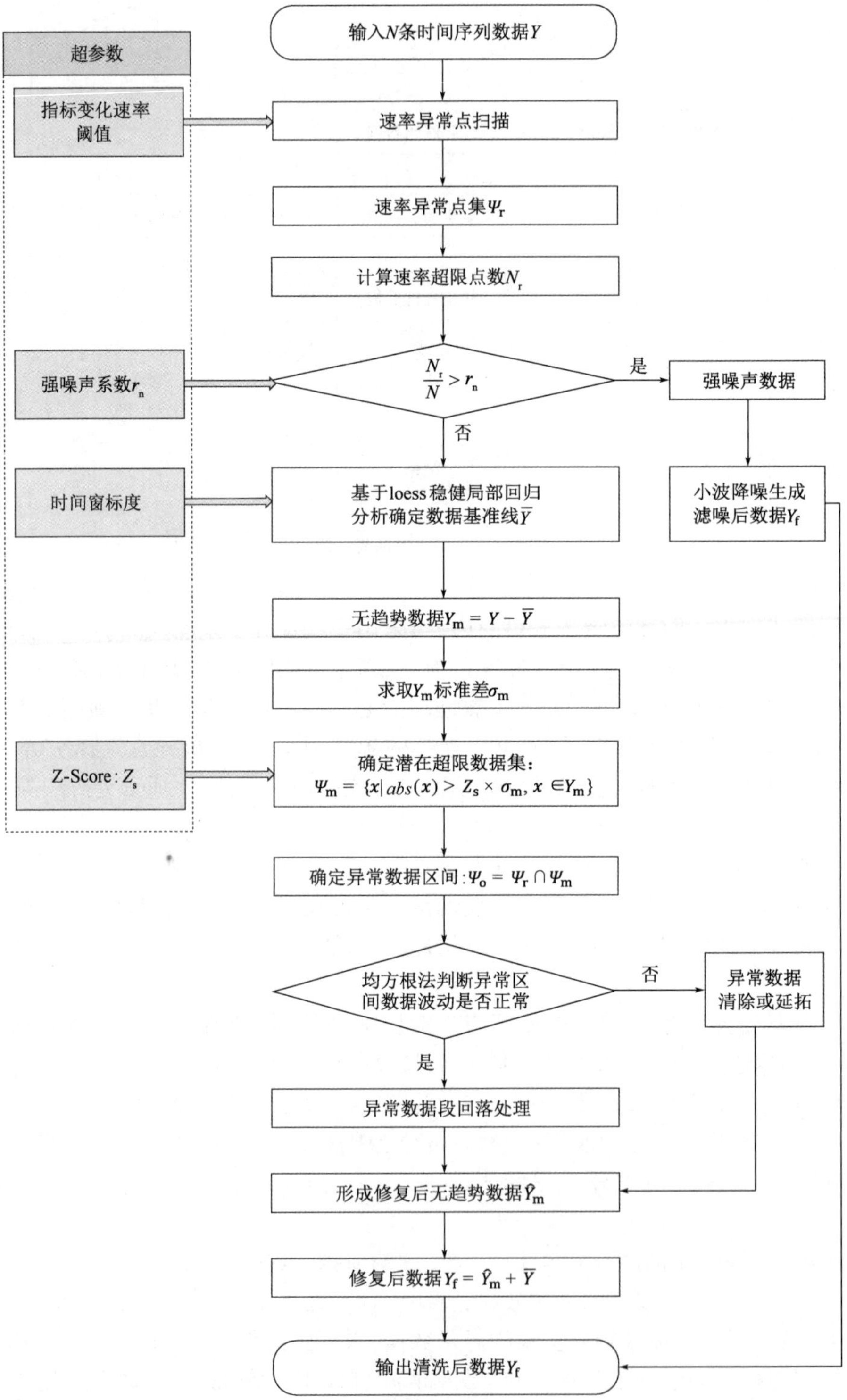

图 4.4-3　稳健局部回归分析数据清洗算法流程

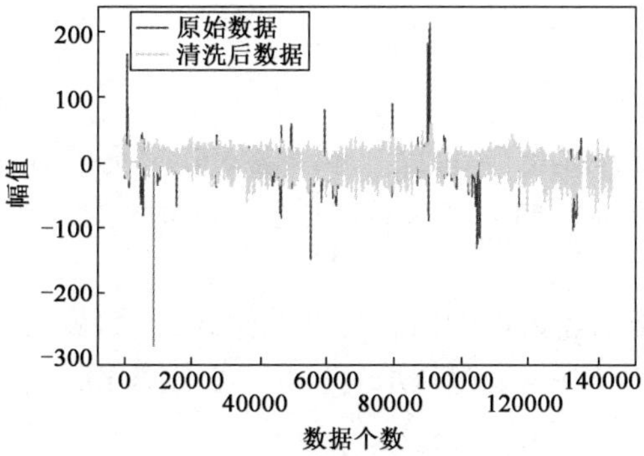

a)清洗总体效果

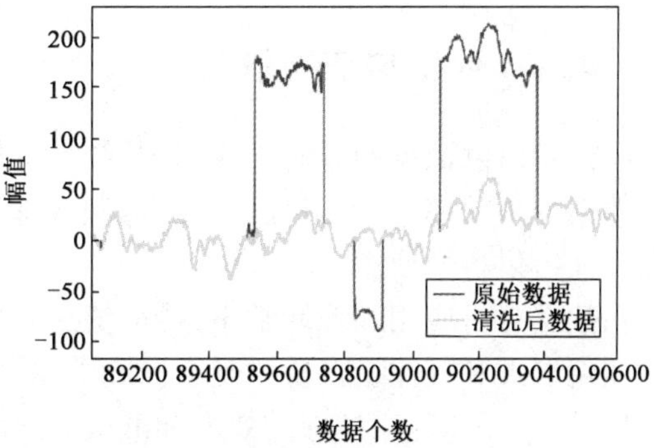

b)清洗细节

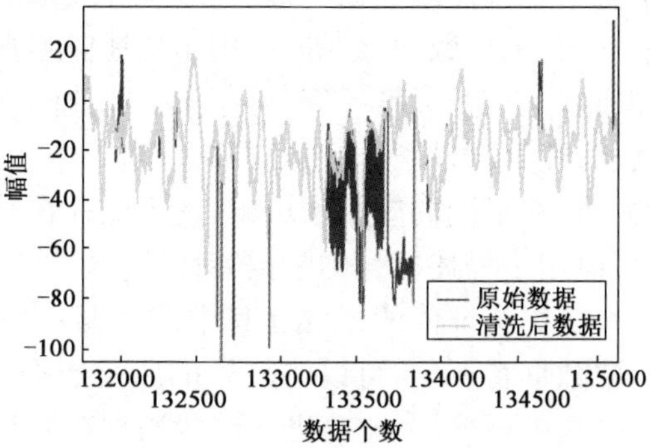

c)清洗细节

图 4.4-4　结构变形数据清洗效果

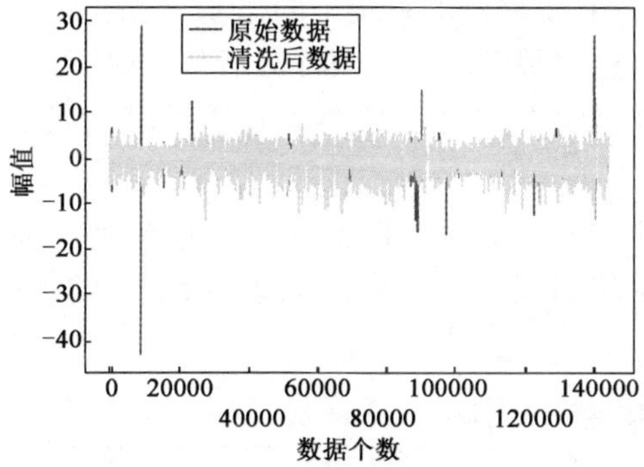

a)清洗总体效果

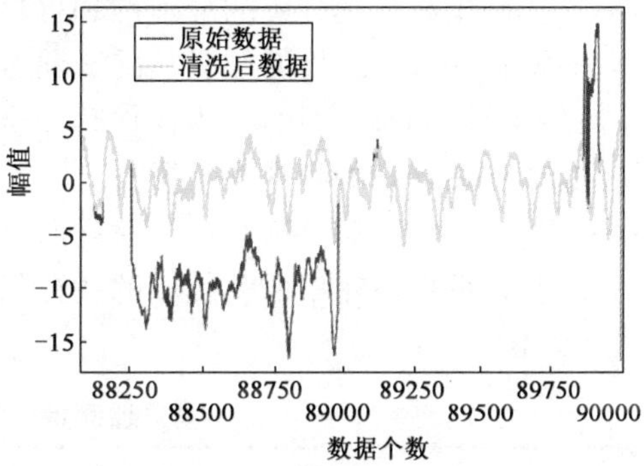

b)清洗细节

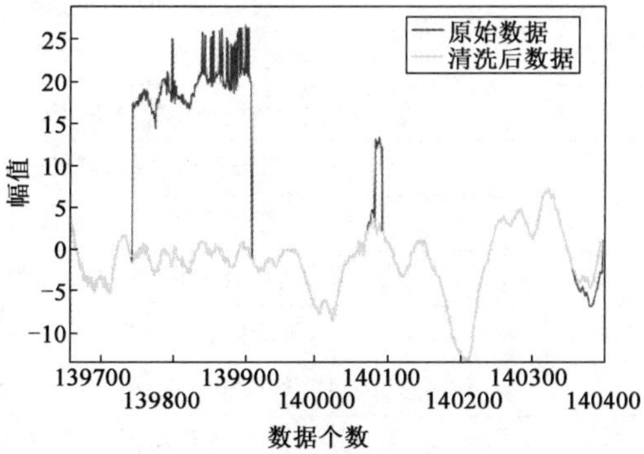

c)清洗细节

图 4.4-5　结构应变数据清洗效果

4.4.2 数据特征提取

在桥梁监测数据的分析与应用中,统计分析方法是其中重要一环。这些方法不仅有助于提升数据分析效率,帮助工程技术人员深入理解桥梁结构的健康状况,还能为桥梁的维护、管理和设计提供科学依据。

在数据分析应用和统计学中,特征值主要用于描述数据的内在特性或模式,揭示长周期数据的演化形式和规律。在桥梁健康监测数据分析应用中,通过提取特征值,可以简化后续的数据分析过程,提高数据处理的效率和准确性。

基于统计学角度,对于桥梁健康监测数据,可以提取多种类型的特征值,主要包括:

①中心趋势特征值:如均值、中位数、众数等,可用于描述监测数据的中心趋势等信息。

②离散程度特征值:如极差、方差、标准差等,可用于描述监测数据的离散程度等信息。

③分布特征值:如偏度、峰度等,可用于描述数据的分布形态。

④其他特定领域的特征值:在不同的应用领域中,还可能存在其他特定类型的特征值。例如,在信号处理中,特征值可以用于描述信号的频谱特性等。

在桥梁监测数据应用中,数据特征值的提取是其中的重要一环。桥梁监测系统往往会产生大量的原始数据,通过提取数据特征值,可以将高维的原始数据降维为低维的特征数据,从而简化数据分析的复杂度、提高处理效率,也有助于减少数据存储和传输的成本。

提取数据特征值可以帮助数据分析人员更高效地识别并处理那些不符合预期或存在误差的数据点,从而提高后续分析的准确性和可靠性。如:桥梁监测系统中的振动、温度、应变等监测数据,能够反映桥梁结构的健康状况。通过提取这些数据的特征值并分析其规律,可以更直观地了解桥梁结构的运营状态,为评估其安全性和稳定性提供依据;同时可以及时发现结构损伤的迹象,并评估损伤的程度和位置。

在桥梁轻量化监测系统中,由于桥梁所处监测场景差异及不同监测指标数据所包含的意义有所差别,在数据应用中所需提取的特征值不尽相同。对于常见监测指标特征值的提取,可参考表4.4-1。

常见监测指标特征值提取对应表 表4.4-1

序号	监测指标	特征值
1	挠度	平均值、绝对最大值、均方根值
2	主梁振动	绝对最大值、均方根值、频谱
3	索力	平均值、最大值、最小值、均方根值、疲劳损伤指数
4	应变	平均值、绝对最大值、疲劳累积损伤指数、可靠度
5	裂缝	裂缝长度、宽度、数量、分布
6	梁体移位	平均值、绝对最大值、均方根值和绝对值累积量
7	多片梁竖向位移差	平均值、绝对最大值、均方根值
8	车辆荷载	车辆总数、超重车总数、最重车总重及轴重、车辆疲劳荷载谱
9	桥墩振动	绝对最大值、均方根值、频谱
10	通航净空(水位)	最高水位、最低水位

续上表

序号	监测指标	特征值
11	体外预应力	预应力变化程度
12	支座偏位	平均值、绝对最大值、均方根值和绝对值累积量
13	氯离子含量	平均值、最大值、最小值
14	路面温度	最高温度、最低温度、最大温差
15	路面结冰	最大厚度、结冰分布
16a	桥梁冲刷	冲刷深度最大值、冲刷范围
17a	边坡位移	绝对最大值
18a	墩台沉降	绝对最大值
19a	索体锈蚀	腐蚀速率最大值、累计腐蚀量

注:具体特征值指标可根据监测方式适当调整。

4.4.3 数据分析方法

4.4.3.1 相关性分析

桥梁在自然环境中服役,受到自然环境的影响的同时,对自然环境有一种反作用,即结构响应。自然环境的激励作为输入,结构响应作为输出,两者之间具有一定的关系。这个关系也被称为频响函数,可利用相关性分析和描述。理论上,当输入相同时,输出也应该相同。制约这种输入输出关系的相关性是确定的,能够反映结构的行为状态及安全状态。但是桥梁作为一种大型的复杂结构,受到自然环境的影响十分复杂,例如温度场的变化、风场的变化、车辆荷载的变化等都对结构的响应产生一定影响,因此研究输入与输出的关系就可以判断结构的安全状态。本节以主梁结构温度和梁端位移的相关性为例,采用线性回归方法研究主梁梁端位移与主梁有效温度之间的相关性关系。

主梁梁端位移与主梁有效温度之间存在如式(4.4-3)所示线性关系:

$$D = \alpha T + \beta \tag{4.4-3}$$

式中:D——平均梁端位移;

T——有效温度;

α、β——回归系数,可通过最小二乘法得到,如式(4.4-4)、式(4.4-5)所示。

$$\alpha = \frac{S_{\mathrm{DT}}}{S_{\mathrm{TT}}} \tag{4.4-4}$$

$$\beta = \overline{D} - \alpha \overline{T} \tag{4.4-5}$$

其中,S_{DT}、S_{TT}、$\overline{D}$、$\overline{T}$可由式(4.4-6)~式(4.4-9)计算得出。

$$S_{\mathrm{DT}} = \sum_{i=1}^{n} (D_i^m - \overline{D})(T_i^m - \overline{T}) \tag{4.4-6}$$

$$S_{\mathrm{TT}} = \sum_{i=1}^{n} (T_i^m - \overline{T})^2 \tag{4.4-7}$$

$$\overline{D}=\frac{1}{n}\sum_{i=1}^{n}D_i^m \tag{4.4-8}$$

$$\overline{T}=\frac{1}{n}\sum_{i=1}^{n}T_i^m \tag{4.4-9}$$

式中：S_{DT}、S_{TT}、$\overline{D}$、$\overline{T}$——拟合参数；

D_i^m、T_i^m——第 i 个实测的梁端纵向位移和有效温度；

n——实测的梁端纵向位移与有效温度的样本数。

然而，由于温度引起的梁端位移变化滞后于温度变化，导致温度与梁端位移相关性不显著，难以为结构状态评估提供有效支撑。由图 4.4-6、图 4.4-7 可知，各梁端位移与温度之间的线性回归模型由多个滞回环叠加而成，梁端位移与结构温度之间的强相关性遭到破坏。

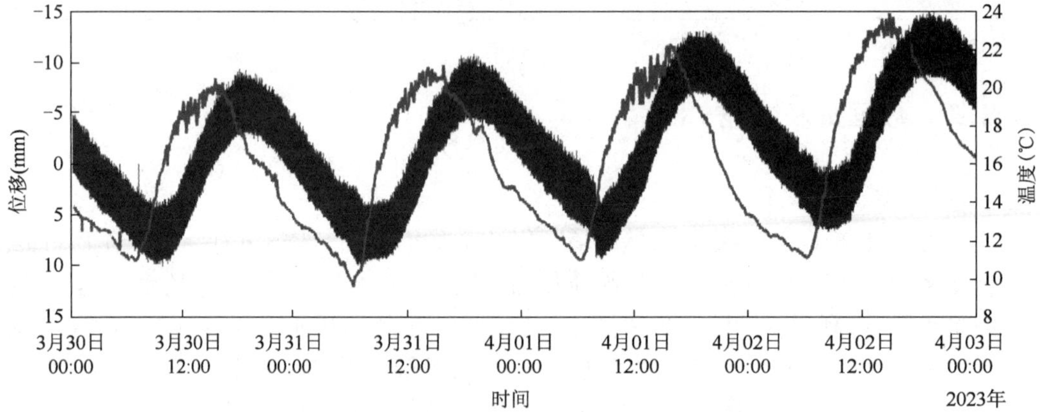

图 4.4-6　梁端位移与温度趋势

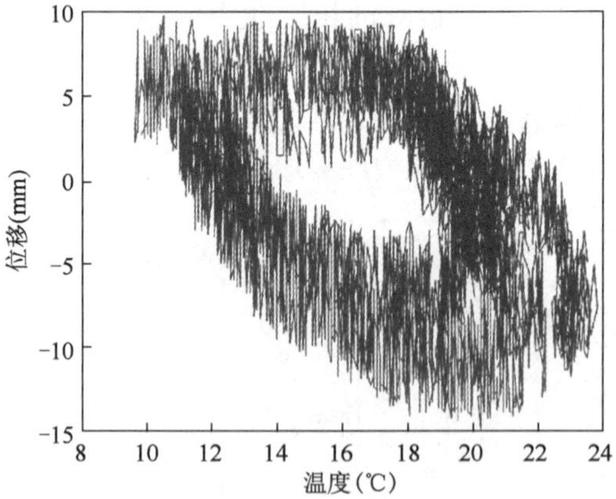

图 4.4-7　梁端位移与温度线性回归模型(未消除时滞效应)

为了消除梁端位移与结构温度之间的时滞带来的影响，分别找出每天的梁端位移极小值出现时间和温度极大值出现时间，将得到的两个极值时间作差，并将不同极值差的平均值作为梁端位移与结构温度之间的时滞。

图 4.4-8 为消除时滞效应后的结构温度与梁端位移趋势，图 4.4-9 为消除时滞效应后的

结构温度与梁端位移线性回归模型。从图4.4-8可看出消除时滞效应后的趋势图相关性较好。从图4.4-9可看出消除时滞效应后的结构温度与主梁梁端下游侧的梁端位移线性回归模型满足一次线性关系，具体相关性为：$y = -1.398x + 20.86$。这个关系式表示结构温度 x 每上升（或下降）1℃，梁端位移 y 缩短（或伸长）1.398mm；当结构温度为0℃时，梁端位移为20.86mm。

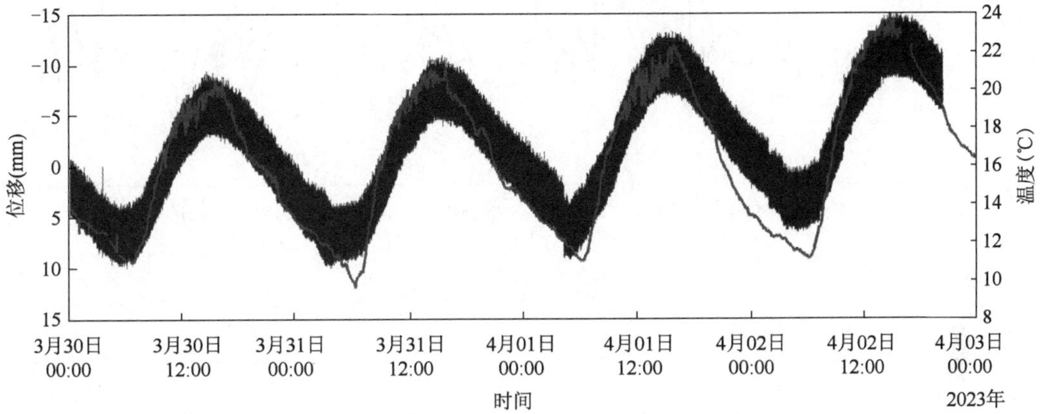

图4.4-8　梁端位移与结构温度趋势（消除时滞效应）

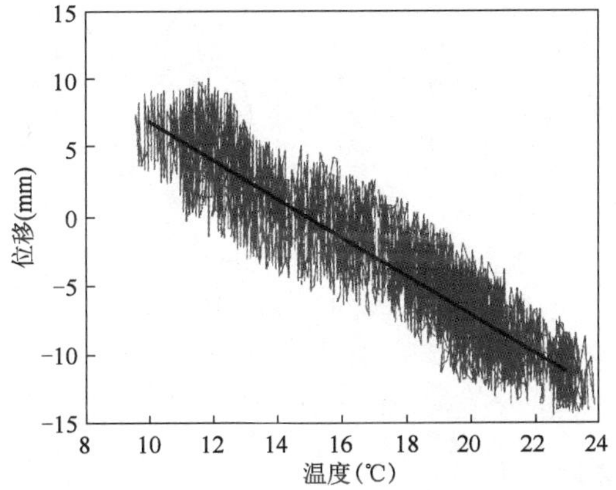

图4.4-9　梁端位移与结构温度线性回归模型（消除时滞效应）

4.4.3.2　趋势分析

桥梁健康监测数据趋势分析是对不同指标监测数据随时间的变化进行分析的过程。其目的在于通过对数据的趋势性变化分析，发现数据背后的规律性，进而预测未来的发展趋势，为桥梁养护维修决策提供支撑。

以风速趋势分析为例，为掌握桥梁所处的风场规律和了解桥梁风速对桥梁主梁、索塔振动以及主梁、索塔位移的影响，有必要统计分析桥梁风场的长周期以及空间分布特征，为结构异常响应诊断、结构超限报警、预警提供数据支撑，满足桥梁运营阶段的安全保障需求。塔顶、桥面长周期风速极值趋势示意如图4.4-10、图4.4-11所示。

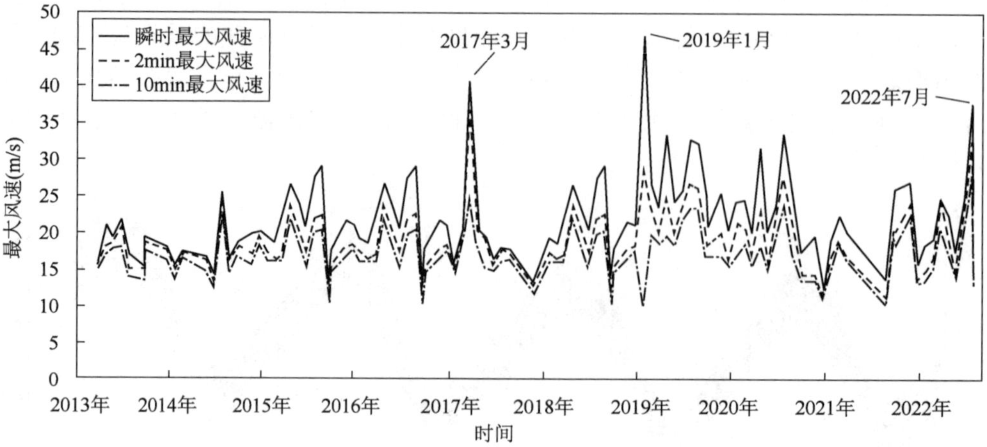

图 4.4-10　塔顶风速极值趋势

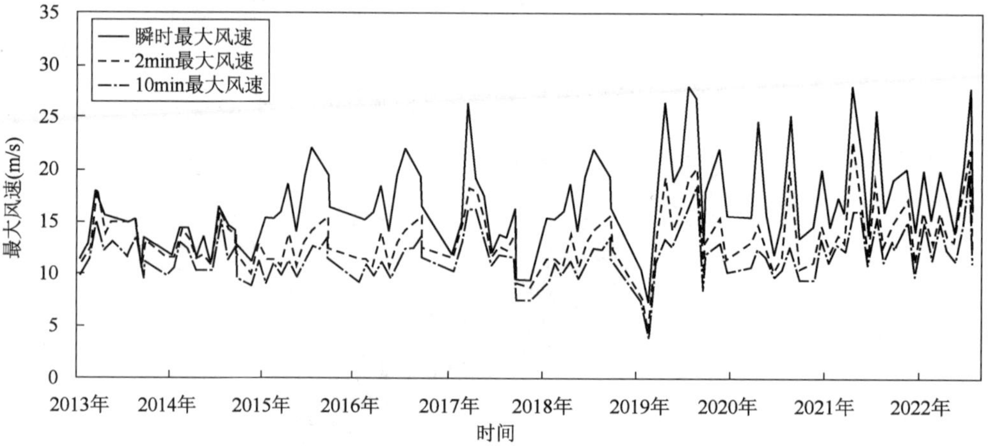

图 4.4-11　桥面风速极值趋势

4.4.3.3　协调性分析

桥梁监测过程中，不同类型数据之间存在一定相关性，例如梁端位移-结构温度相关性、风速-结构位移相关性等。如果监测数据足够准确，那么各类数据应该满足相应的相关性关系；而如果监测数据误差较大，则不满足。数据采集过程中不可避免地存在跳点、漂移、缺失等数据质量问题，给数据分析工作带来一定困难。为高效判断监测数据是否异常，协调性分析应运而生。数据协调性分析指的是在桥梁健康监测过程中，不同来源、不同类型的数据之间能够相互补充、相互验证，共同反映桥梁结构的真实受力状态。这种协调性是确保监测结果准确可靠的关键，也是制定有效维护和管理策略的基础。

为提升对异常数据判别的效率与准确性，编者团队提出了一种基于平行坐标图的协调性分析方法。该方法可将高维空间的数据映射到低维空间，对相同或不同监测指标中的监测数据进行可视化展现。

4.4.3.4 时频特性分析

时频特性分析(时域分析和频域分析)是桥梁健康监测数据分析的重要手段,它们各自关注数据在不同维度上的特性。

(1)时域分析

时域分析是基于桥梁结构的动态响应数据,在时间维度上对数据进行分析的方法。这种方法主要用于分析不同监测指标随时间的变化趋势,其优点在于直观和准确,能够直接表达数据在时间域内的变化趋势和特征值。图 4.4-12 为梁端位移时域图,时域分析方法具体包括以下步骤:

①对原始采集数据进行可靠性检验,剔除异常数据,确保分析数据的准确性和可靠性。

②绘制研究对象(如应力、温度、位移等)的时程图形,分析其在时间轴上的变化情况,观察有无周期性、单个周期内的变化规律及多个周期内的变化趋势。

③对研究对象绘制频率分布直方图,统计其概率分布规律并计算分布特征值,如平均值、众值、极值及方差等,揭示研究对象在时域内的趋势变化规律以及特征值。

④对于单一研究对象,进行趋势统计和特征值统计,以揭示其在时域内的特性。

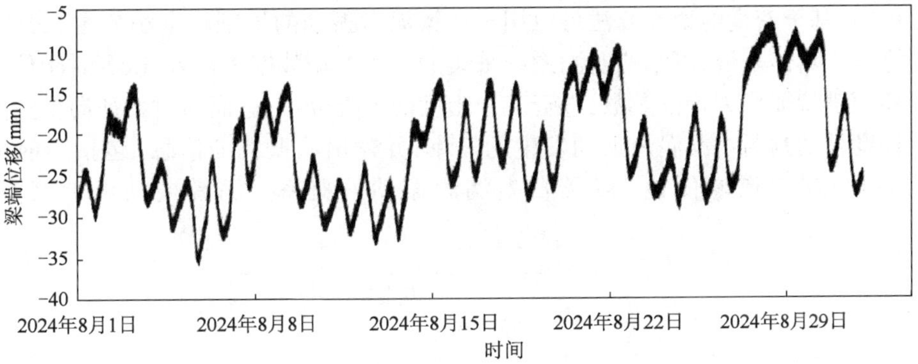

图 4.4-12 梁端位移时域图

(2)频域分析

频域分析则是基于结构动态响应数据,在频率维度上对数据进行分析,它主要用于分析桥梁结构的模态参数,为评估结构的动态响应和整体性提供重要依据。研究结构对特定频率的响应情况,检测共振模态,以及判断可能存在的结构疲劳问题等。图 4.4-13 为索力加速度频谱图,频域分析方法具体包括以下步骤:

①功率谱分析:对桥梁健康监测数据进行功率谱分析,通过图解分析法分析数据在频域内的能量分布来获取特征参数。功率谱分析可分为自功率谱分析与互功率谱分析,能够更明显地表现频域特征值。

②模态参数识别:利用频域分析的结果,识别桥梁结构的模态参数,如固有频率、阻尼比等。这些参数对于评估桥梁的动力特性和整体性具有重要意义。

时域分析和频域分析在桥梁健康监测数据分析中各有侧重,相互补充。通过综合运用这两种分析方法,可以更加全面、准确地评估桥梁的健康状态,为桥梁的维护和管理提供科学依据。

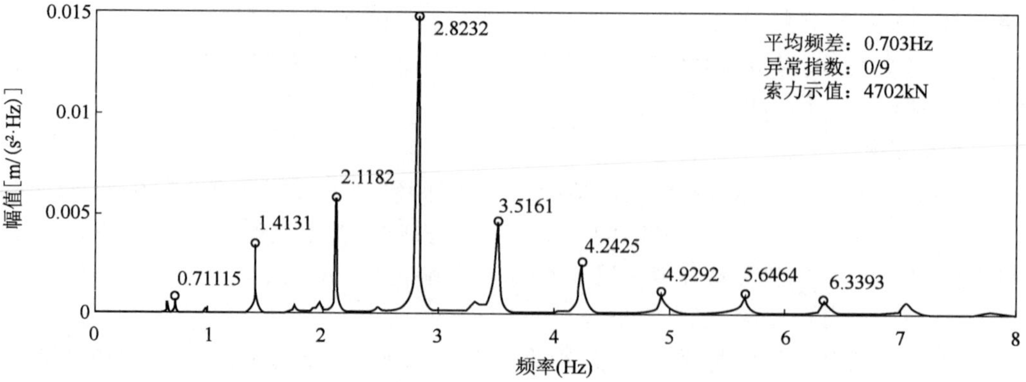

图 4.4-13　索力加速度频谱图

4.4.3.5　聚类分析

聚类分析是将物理对象或抽象对象的集合分组为由类似的对象组成的多个类的分析过程。它是一种无监督学习技术，即在聚类过程中不需要事先对数据进行标签或分类。聚类分析算法包括 K-Means 聚类、层次聚类、DBSCAN 聚类（基于密度的聚类）、谱聚类等。在桥梁监测数据分析中，基于密度的聚类算法可以用于桥梁涡激振动的识别。本小节主要介绍基于密度的聚类算法。具体来说，以结构监测系统采集的主梁振动数据为输入，以等时距信息的振动统计特征和频谱特征作为特征参数，进行基于密度的聚类分析，进而通过特征向量空间中各点位的聚集程度自动判断主梁涡激振动发生的概率，并输出涡振特征信息（包括当前主梁振动加速度均方根、功率谱峰值比）以及发生涡激振动的概率。涡激振动识别聚类分析如图 4.4-14所示。

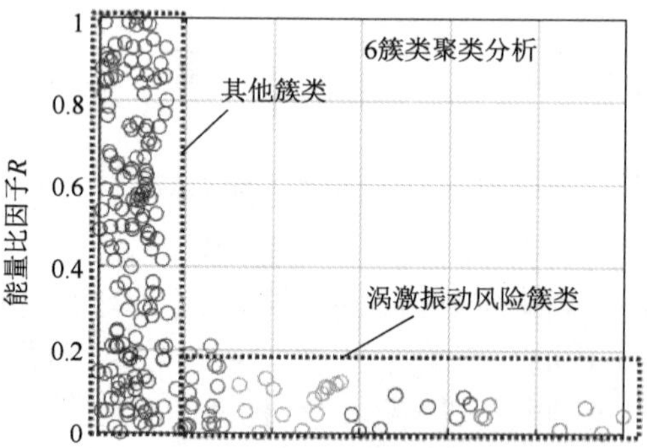

图 4.4-14　涡激振动识别聚类分析示意图

进一步地，在聚类分析的基础上，编者团队针对桥梁长期性能评估，提出了一种结构响应指标概率标准场的构建方法。该方法将多维、强耦合的桥梁环境影响分解为一系列波动范围较小的环境标准场，在各标准场内对结构响应指标进行观察，有利于将高维、复杂问题简化为低维、简单问题，可以充分利用监测数据实现对监测数据更好地观察。该方法通过同一位置不同时间测量结果的变化来识别结构状态，能充分发挥结构健康监测技术在线、动态、实时的优势。桥梁状态概率标准场分析方法步骤如图 4.4-15 所示。

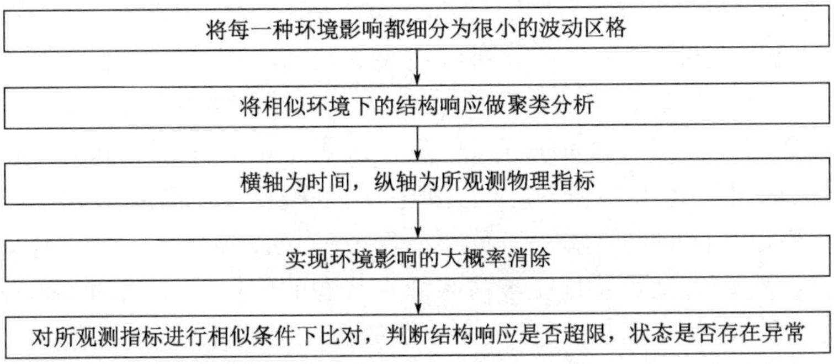

图 4.4-15　桥梁状态概率标准场分析方法步骤

以主梁风速-横向位移标准场为例，说明结构响应单影响因素标准场的构建过程与方法。具体来说，首先以年度为单位，统计大桥主跨跨中横桥向风速数据，以及跨中横向桥主梁位移数据。通过数据清洗、平滑处理等手段，提取结构主梁 10min 静风压下的横向位移响应，并构建不同风速等级下主梁横向位移的概率分布标准场，如图 4.4-16 所示。从图中可以看出，不同风速情况下，主梁横向位移的主要分布情况。该风速-横向位移标准场不仅反映了风速对主梁横向位移的影响规律，也可以看出主梁横向位移还受到其他因素的影响。

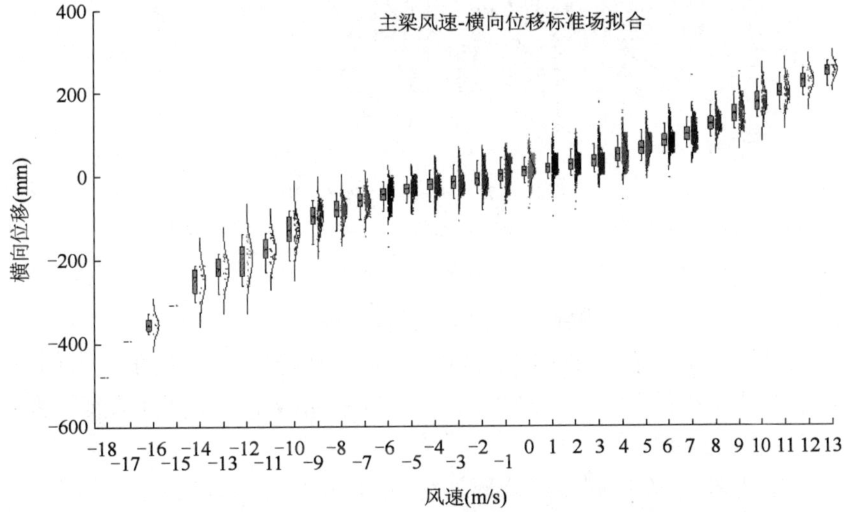

图 4.4-16　主梁风速-横向位移的概率标准场

4.4.3.6　人工智能方法

人工智能方法在桥梁监测数据分析中的应用已经日益广泛。这些应用提高了桥梁监测的效率和准确性，在桥梁结构状态评估中起到了重要的作用。本小节以 LSTM（长短期记忆）神经网络、卷积神经网络为例，说明人工智能方法在桥梁监测数据分析中的应用。

（1）LSTM 神经网络

传感器在使用过程中容易因电磁干扰、温湿度等影响导致数据出现跳点、缺失、漂移等质量问题。复杂的数据质量问题一般在数据分析时需要人工判定和剔除，对数据分析人员的要求较高且具有一定的主观性，判定和剔除效率较低，给海量数据分析带来很大的困难。而 LSTM 神经网络可用于桥梁监测时间序列异常数据的检测和分类,提高数据预处理质量和效率。

LSTM 神经网络也可叫作 LSTM 时序神经网络,专门用于处理序列数据,特别是时间序列数据。LSTM 神经网络的核心在于其独特的单元结构,每个单元包含 3 个“门”结构,分别是遗忘门、输入门和输出门。遗忘门(Forget Gate)负责决定上一时刻细胞状态中的哪些信息应当被遗忘。遗忘门的输出值介于 0 和 1 之间,其中 0 表示完全遗忘,1 表示完全保留。输入门(Input Gate)负责决定当前时刻新输入信息哪些部分应被添加到细胞状态中。输入门包括两个部分,一是决定哪些新信息重要且应被写入细胞状态的门控信号,二是提供新的候选信息的激活函数层。输出门(Output Gate)负责决定当前时刻细胞状态中哪些信息应作为隐藏状态输出给后续层或用于最终预测。LSTM 神经网络结构如图 4.4-17 所示。

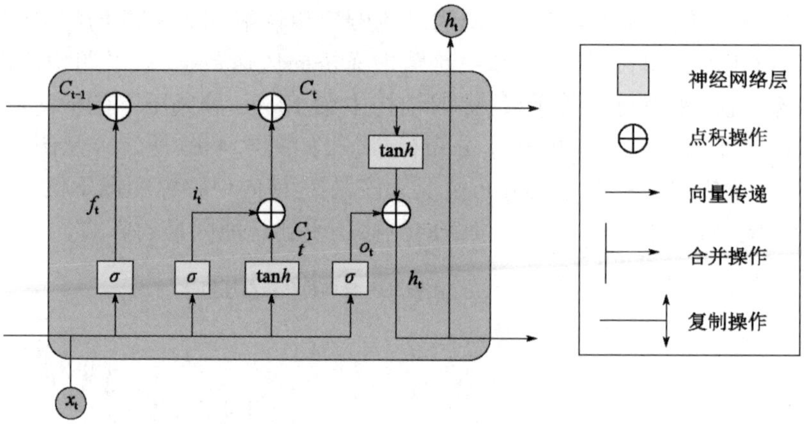

图 4.4-17　LSTM 神经网络结构

t-时刻;C_{t-1}、C_t-$t-1$、t 时刻的记忆单元状态变量;σ-sigmoid 激活函数;h_t-t 时刻隐藏层状态变量;f_t-上一时刻细胞状态 C_{t-1} 中被遗忘信息的比例;x_t-当前输入;tan$h$-激活函数;i_t-x_t 中有多少信息被保留下来;C_1-当前时刻细胞状态

LSTM 神经网络用于桥梁监测数据的检测,具体方法如下:

①获取已标定的各类传感器在不同温湿度、风场等环境下 1 个月的不同质量的数据,包括质量完好的数据以及存在跳点、漂移、缺失的数据,分别用数字 0、1、2、3 表征,并将数据集按照 9:1 划分为训练集和测试集。

②数据归一化处理,消除不同传感器数据单位的差异。

③搭建 LSTM 神经网络模型,将采集数据和环境温度、湿度数据作为输入,将数据质量作为输出,训练 LSTM 神经网络。

④将桥梁监测数据作为输入,对数据质量进行判定,并将新获取的传感器数据及判定结果输入 LSTM 神经网络训练,不断迭代,最终实现对桥梁监测传感器异常数据的检测。

基于 LSTM 神经网络的桥梁监测传感器数据检测方法,考虑环境温湿度和传感器初始应变等的影响,提高了传感器数据质量检验的准确度,避免了人工判断主观性强的问题,提高了异常数据标定效率,可以为桥梁健康监测数据分析和性能评估提供支撑。

(2)卷积神经网络

现有长大桥梁健康监测系统主动防船撞模块,主要集成超高、偏航检测等技术以及视频监控、取证单元等装置。然而超高、偏航检测技术基于激光、图像、雷达等多种类传感器,成本高,难以部署于常规桥梁健康监测系统,且设备种类多、运维较为烦琐。随着人工智能、机器视觉技术的发展,基于卷积神经网络的目标检测技术被逐步应用于桥梁主动防船撞模块中。

YOLO(You Only Look Once 的缩写)深层神经网络是较为经典的单阶段卷积神经网络模型,由 Ultralytics LLC 公司提出,具有准确性高、检测速度快的优点,在各类目标检测任务中具有良好的应用基础。其网络模型分为 3 个部分,分别为 Backbone(骨干网络)、Neck(网络颈部,即多尺度特征融合模块)和 Head(网络头部)。其网络结构如图 4.4-18 所示,船舶检测结果如图 4.4-19 所示。

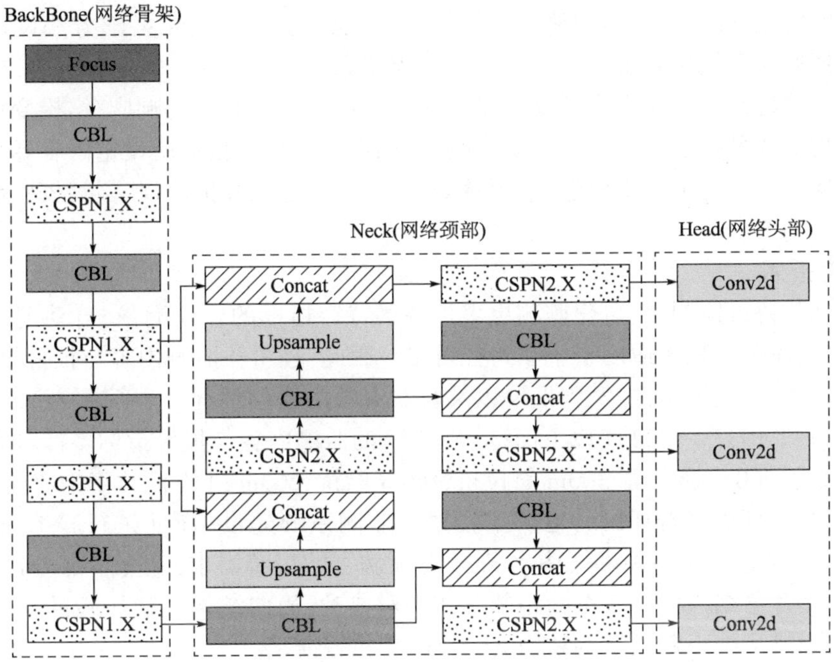

图 4.4-18 YOLO 第 5 版网络结构

CBL-CBL 组件主要用于特征提取,由 conv(卷积层)、批量归一化层、激活函数层组成;Focus-卷积层;Conv2d-二维卷积操作;Concat-特征融合操作,将不同尺度特征图、在通道维度上拼接;Upsample-上采样;CSPN1. X-网络结构组件,包括输入卷积层、残差单元、输出卷积层;CSPN2. X-网络结构组件,由输入卷积层、CBL 组件、输出卷积层组成

图 4.4-19 船舶检测结果

基于卷积神经网络的目标检测模型，搭配不同焦距摄像头，可以实现不同距离的船舶识别和预警；相比传统激光雷达、AIS（船舶自动识别系统）等高价设备，建设成本大幅降低，具有良好的应用前景。

4.4.4 超限阈值设定与报警

桥梁轻量化监测系统的一个重要功能是结构异常报警。当监测数据的特征指标达到或超过报警阈值时，系统通过人工或自动手段发出相应等级的警报，管养单位可及时组织养护维修或采取有效的安全保障举措，避免桥梁结构发生重大损伤。因此，用科学方法设定报警阈值，对于充分利用监测系统保障桥梁安全服役具有重要意义。

桥梁监测系统设定的超限报警阈值是针对桥梁环境、作用、结构响应、结构变化、关键结构构件可能出现的各种级别的异常或风险，为各监测点数据特征指标所设定的临界状态警戒值。设定阈值总体上可分为报警指标选择、报警等级、阈值设定及养护建议、报警校验设计、超限报警信息存储规则5项工作。

（1）报警指标

相比标准化桥梁监测，轻量化监测更聚焦桥梁特定指标的专项测量、自动记录、异常报警功能的实现，其应用场景多适用于中小跨径桥梁。因此，轻量化监测内容与报警指标更倾向于常规桥梁潜在风险、突发事件、病害发展以及自然灾害的典型情况。现行《公路桥梁结构监测技术规范》（JT/T 1037—2022）（以下简称《规范》）的监测内容与报警指标多针对大跨桥梁（主跨跨径大于等于500m悬索桥、300m斜拉桥、160m梁桥、200m拱桥），对于中小跨径桥梁的适用性仍待细化。《江苏省普通国省道桥梁轻量化监测系统建设指南（试行）》在充分吸收《规范》相关成果基础上，考虑中小跨径桥梁对于专项病害的报警需求，补充了部分针对性报警指标，包括针对多片梁结构横向联系的相邻梁体相对错动、面向结构失稳风险的支座偏位、实际通航净空等，以满足中小跨径桥梁结构安全风险的报警需求。

（2）报警等级

报警等级与阈值是监测系统发挥养护运维指导作用最为重要的参数指标。我国国家标准《建筑与桥梁结构监测技术规范》（GB 50892—2014）最先提出了监测预警值的概念，但未设定报警等级。随后，《公路桥梁结构安全监测系统技术规程》（JT/T 1037—2016）采用黄色和红色两级预警。2022年，该规程被《规范》代替，超限阈值改为一级、二级和三级。在轻量化报警阈值设计方面，《江苏省普通国省道桥梁轻量化监测系统建设指南（试行）》充分吸收《规范》相关成果，采用三级报警等级。近年来建设的桥梁监测系统普遍采用三级报警等级，业界对于三级报警阈值的设定原则基本达成共识，即：

①当监测数据或分析指标接近或超过桥梁正常使用条件界限值，但不会对桥梁安全、正常使用和行车安全产生影响时，进行一级报警。

②当监测数据或分析指标超过桥梁正常使用条件界限值且即将对桥梁安全、正常使用和行车安全产生显著影响时，进行二级报警。

③当监测数据或分析指标接近桥梁结构安全极限值或者严重影响桥梁安全、正常使用和行车安全时，进行三级报警。

报警阈值的具体数值宜考虑桥梁管养需求、车辆通行管控建议等监测应用需求，基于监测内容历史统计值、设计值和规范容许值确定。然而,多年来桥梁结构监测的事实证明,静态阈值很难屏蔽环境变化对结构状态造成的干扰,特别是温度效应可能造成季节性或周期性误报警情况,严重影响报警准确性。关于这一问题,目前普遍存在两类观点:一类认为报警阈值采用固定值,对于系统采集的结构响应时序数据进行解耦,提取与报警阈值相关的指标同报警阈值进行对比,判断超限事件是否发生;另一类认为可建立动态报警阈值,建立报警阈值与环境指标间的动态关系,进而基于当前环境下的报警阈值判断结构是否超限。编者团队认为,后者比前者提前建立了报警阈值-环境指标间的映射关系,无须实时对结构响应数据进行解耦计算,有效保障了系统报警的时效性,应为后续报警阈值设定方法的发展方向。

(3)阈值设定及养护建议

报警阈值由桥梁轻量化监测系统设计单位结合轻量化监测场景和桥梁管养需求提出,监测数据触发异常报警时,基于桥梁特点、报警频次、异常极值等采取养护措施。《江苏省普通国省道桥梁轻量化监测系统建设指南(试行)》面向桥梁轻量化监测,率先开展了报警阈值设定并提出对应的养护建议,如表4.4-2所示。

阈值设定及养护建议　　表4.4-2

序号	监测项目	报警阈值	报警级别	养护建议
1	结冰监测	出现结冰	一级	提示桥梁管养单位安排路面除冰
2	风速风向监测	桥面10min平均风速大于25m/s	一级	提示采取交通管控措施,启动强/台风应急预案
		桥面10min平均风速大于0.8倍桥面设计风速	二级	提示强/台风影响强烈,应密切关注桥梁各构件的安全状态
		桥面10min平均风速大于桥面设计风速	三级	提示密切关注桥梁各构件的安全状态,强/台风过后应对桥梁进行全面检查和结构安全评估
3	车辆荷载监测	车辆总重或轴重达到1.5倍设计车辆荷载	一级	提示桥梁管养单位注意超载情况,对违法车辆进行警告警示
		车辆总重达到100t	二级	提示检查桥梁主要受力构件的技术状况
4	竖向位移监测	桥上通行限载车辆时测点位置处产生的挠度变化值和相邻梁体竖向位移变化幅值出现明显差异	一级	提示密切关注桥面交通荷载分布和挠度变化情况
		达到0.8倍的设计值	二级	提示采取交通管控措施,开展专项检查评估
		达到设计值或一天内出现10次以上二级报警	三级	提示封闭交通,对桥进行全面检查和结构安全评估
5	横向位移监测	最不利工况计算值	一级	密切关注桥面交通荷载分布情况
		达到0.8倍的设计值	二级	提示采取交通管控措施,开展专项检查评估
		达到设计值或一天内出现10次以上二级报警	三级	提示封闭交通,对桥梁进行全面检查和结构安全评估
6	裂缝监测	裂缝宽度超过规范限值或发展加速	一级	提示桥梁管养单位注意裂缝发展趋势,必要时对裂缝附近区域进行专项评估
7	应变监测	超过最不利工况计算值	一级	提示对传感器所在构件进行特殊检查

续上表

序号	监测项目	报警阈值	报警级别	养护建议
8	振动监测	结构物受到碰撞时的激励响应特征	一级	结合视频抓拍监测进行分析，评估异常振动对结构的影响程度
		10min 加速度均方根达到 31.5cm/s² 且持续时间超过 30min	二级	提示对连接构件进行检查
		10min 加速度均方根达到 50cm/s²	三级	提示封闭交通，对桥进行全面检查和结构安全评估
9	净空监测	实际通航净空小于最小通航净空要求	一级	提示过往船只注意航道净空变化
10	梁体倾角监测	超过历史最大值	一级	提示密切关注桥面交通荷载分布情况和梁体倾角变化情况
		最不利工况计算值	二级	提示采取交通管控措施，开展专项检查评估
11	索力监测	达到 0.8 倍的设计值	二级	提示检查索构件
		达到设计值或一天内出现 10 次以上二级报警	三级	提示封闭交通，对桥进行全面检查和结构安全评估
12	体外预应力监测	体外预应力相对损失超过 5%	二级	提示进行体外预应力构件检查
13	梁体移位监测	触发梁体移位报警	二级	提示进行梁体支点移位情况检查，尽快查明异常原因，消除异常因素
14	拱脚位移监测	达到设计限值	三级	提示封闭交通，对桥进行全面检查和结构安全评估，必要时进行支座更换

(4)报警校验设计

由于轻量化监测系统长期在线运行，不可避免出现非结构真实响应的数据异常，而现有的数据异常清洗算法很难保障异常的彻底滤除。特别是趋势性异常，很难通过单一传感器数据进行识别，当异常超过报警阈值时，大概率导致误报警的情况发生。因此，需要根据多参数对超限报警进行校验，有效控制系统异常导致的误报、漏报。轻量化监测系统相比标准化监测系统，传感器布设数量往往较少，因此，在设计阶段宜考虑报警校验需求进行测点冗余设计。

关于报警校验的相关研究，仅在《规范》中提出了部分要求，尚缺少相关技术与具体方法。中国公路学会在团体标准《公路缆索承重桥梁健康监测阈值技术指南》(T/CHTS 10149—2024)编制过程中，对超限报警校验方法进行了一系列研究。桥梁结构轻量化监测系统尚缺少有效的报警校验方法，可吸收此类方法，充分利用不同位置传感器监测数据在时间、空间和模态特征上存在较强的相关关系的特性，开展报警校验：

①时间相关指在某一时间段内，多个监测指标之间存在一定的相关性。如在某一时刻，大气温度、结构温度、桥面温度之间存在相关性，那么对历史数据进行统计分析后，可通过一个监测指标变化趋势评估其他监测指标。

②空间相关指不同位置的监测指标之间存在一定的相关性。如跨中上游挠度测点和跨中下游挠度测点，可通过一侧的挠度趋势评估另一侧的挠度。

③模态相关指由于结构振动响应倾向于自身固有频率与振型。不同测点数据频域成分之间具有相关性，如主梁跨中和四分点处的各阶振动频率应具有一致性。

(5)超限报警信息存储规则

桥梁轻量化监测系统的超限报警应形成完备的记录体系。一是《规范》中三级报警的触发条件多基于单位时间内一级、二级报警次数；二是后期特殊事件分析需要结合超限指标的详细信息。

目前，《规范》中对于超限报警信息存储未给出明确规定，各类桥梁结构监测系统也尚未达成共识。考虑到报警信息的完备性，编者团队从桥梁结构超限报警后对数据挖掘、指导养护运维的需求出发，认为以下几类信息是超限报警需存储的必要信息：报警指标、报警传感器信息、报警时点、报警等级、超限极值、持续时长及报警期间相关监测指标数据等。同时，应制定完备的报警存储流程与存储规则，特别是报警计算周期、连续报警下归类同一报警事件的时间间隔、判定为数据异常后的清库规则等。完整的桥梁结构监测系统超限报警数据存储流程如图 4.4-20 所示。

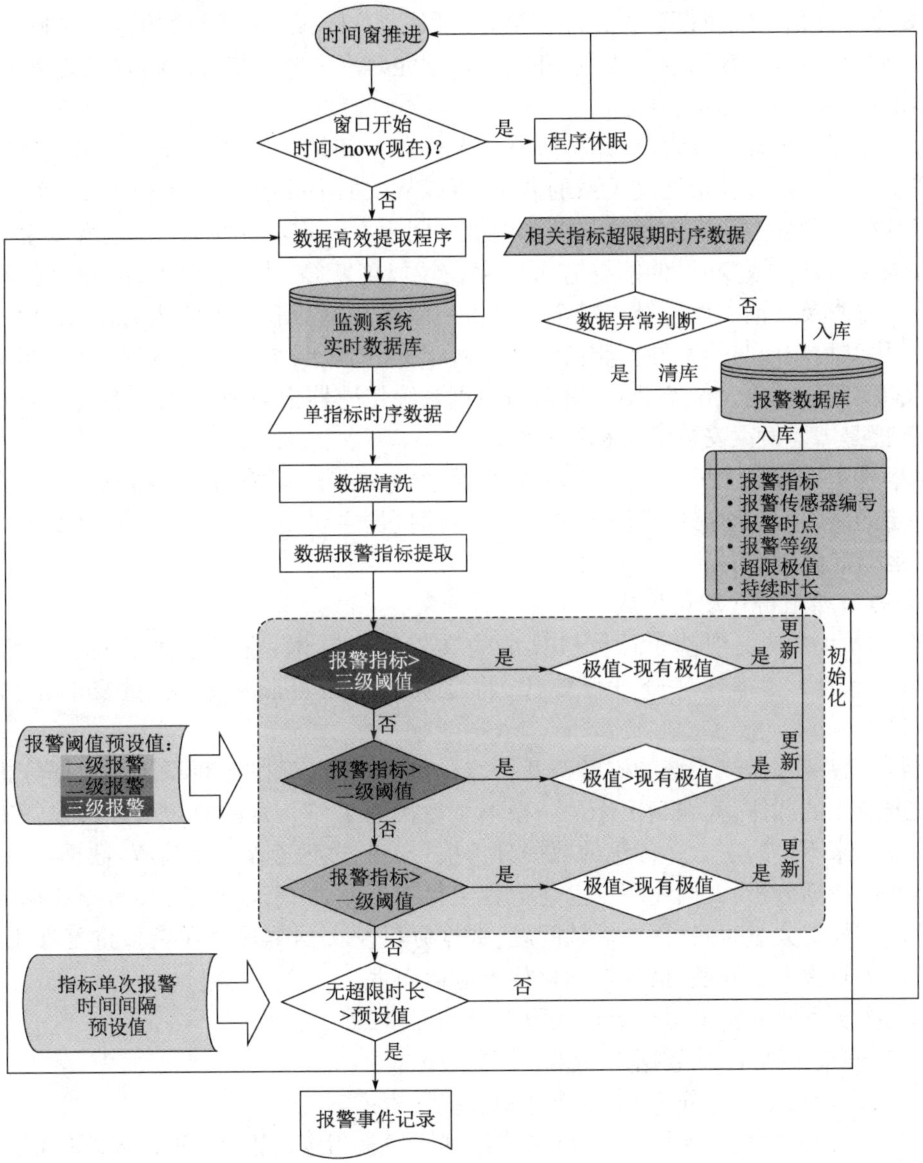

图 4.4-20　桥梁结构监测系统超限报警数据存储规则设计

近年来,时序数据库与数据高效存取技术高速发展,桥梁结构超限报警信息可选择适宜的数据库技术进行构建。目前主流的时序数据库包括 MongoDB、InfluxDB、TimescaleDB、QuestDB、TDengine 等,均具备较好的时序存取性能,能够满足超限报警信息的存取需求。

4.4.5 数据分析报告

(1)报告类型

轻量化监测数据分析成果通常包括试运行报告、日报、周报、月报、季报、年报和特殊事件报告。

试运行报告分析周期一般为 3 个月,通过统计设备在线率、数据完好率等指标,分析数据质量,主要用于评估系统建设是否完好、数据质量是否达标,是项目验收的重要材料。

日报、周报、月报以数据统计为主,并给出数据完好率和监测指标的超限报警情况,用于指导传感器的维护和桥梁养护工作。

季报和年报除数据统计之外,还会进行相关性分析和结构安全性分析。相关性分析是一种用于研究两个或多个变量之间关系的方法,可以从数据中提取出变量之间的关系,辅助判断结构运行情况。例如主梁纵向位移与结构温度之间存在一定的相关性,当温度发生变化主梁纵向位移却没有发生改变时,伸缩缝有可能存在垃圾堵塞等"卡死"病害,应建议管养单位开展相关隐患排查及整治工作。结构安全性分析一般将车辆荷载数据输入有限元模型,计算结构响应,如果结构响应与传感器实测值吻合或者接近,则表明结构运行状况良好;如果结构响应与传感器实测值有较大偏差,则表明动态称重系统传感器损坏或者桥梁承载能力发生较大折减,但前提是需要桥梁安装动态称重系统。

特殊事件主要包括大风、大雪、大雾、大交通量、地震、车/船撞击等。特殊事件发生会对桥梁产生一定的影响,甚至导致桥梁损伤。特殊事件报告主要用于分析桥址周边发生特殊事件时结构的运行状况,从而指导桥梁养护工作。

(2)数据分析报告自动化生成

报告自动生成是一项基于计算机算法的文档编辑技术,它通过算法对报告编制过程中重复性较高的人工操作部分进行替代,将宝贵的人力资源从繁重、重复的工作中解放出来。

随着桥梁轻量化监测系统的不断普及,大量的监测数据正在不断积压。数据分析报告作为一种数据应用的载体,其编制工作是一项不可替代的工作。大量的数据分析报告工作给数据分析人员带来不小的压力。传统的数据分析报告编制过程遵循以下流程:数据拷贝、数据规整、数据清洗、数据分析、文档编写。上述流程中存在低效、冗余等问题,如监测数据的获取及规整往往需要耗费大量时间,存在低效问题;数据分析及文档编写存在较多重复性工作,存在冗余问题。为解决上述问题,报告自动化技术应运而生。

自动化报告程序的基本运行流程大致可分为三步,为:

第一步,连接数据库,从数据库中读取特征数据;

第二步,进行数据统计分析,生成统计图和统计表;

第三步,打开本地报告模板,将统计图表添加至模板指定位置,同时生成简要文字总结。

传统报告与自动报告流程对比如图 4.4-21 所示。

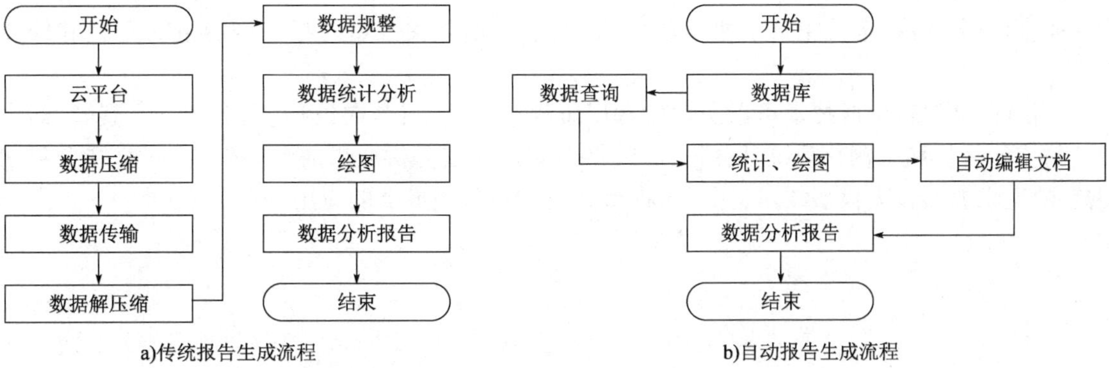

图 4.4-21　传统报告与自动报告流程对比

编者团队开发的自动报告生成技术已经应用于桥梁轻量化监测季度数据分析报告的生成中，累计生成报告 500 份，节省工作时间 1500h。这项自动报告生成技术采用 Python 语言（一种程序设计语言）开发，为便于业务人员使用，避免复杂的程序运行环境准备工作，还进行了代码封装，设计了简单 UI 界面（用户界面），如图 4.4-22所示。在这种模式下，报告编制人员只需要将自动报告生成软件拷贝到个人电脑上，即可进行相关参数配置和报告自动生成工作。

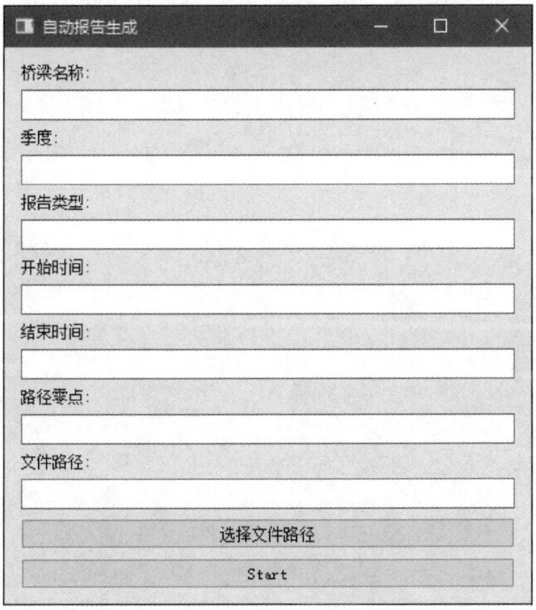

图 4.4-22　自动报告生成技术简易 UI 界面

值得注意的是，报告自动生成技术并不能完全替代人工，只是对编制报告过程中一些枯燥、重复的过程进行电子化替代，以优化编制体验、提升编制效率。在整个报告编制的工作流程中，人员需要介入的环节位于整个报告编制流程的开头和结尾，即报告模板的编制和报告的审核、完善工作。在生成报告之前,需要相关人员自行搭建数据分析报告模板,设定各级标题,统一监测项名称;在运行完自动报告程序之后,需要由相关人员对报告内容进行审核和修改完善。

当前自动报告生成技术可以实现对常规监测指标(主梁竖向位移、应变、温度、裂缝、索力等)的统计分析和车辆荷载统计分析,后续将会支持更多分析成果的自动生成,同时结合目前火热的生成式语言大模型技术,探索大模型在自动报告生成上的应用场景。

5 典型应用案例

相比于长大桥梁结构健康监测系统“大而全”的特点，常规桥梁轻量化监测技术面向桥梁专项场景监测，具备系统成本低、安装快、维护少等特点，目前已在江苏省普通国省道桥梁群、湖北省国省道桥梁群、安徽省芜湖市智慧公路桥梁群、江苏省南京市城市桥梁群等省(市)区域桥梁群中得到广泛应用。

本章给出了6个具体工程案例，分别为桥梁灾毁监测预警系统、重载交通下桥梁结构响应监测、船舶撞击桥梁报警监测、船舶撞击主动预警监测、空心板梁铰缝状态监测、桥梁加固改造期跟踪监测。

5.1 桥梁灾毁监测预警系统

5.1.1 项目背景

2024年8月16日交通运输部办公厅发布《关于组织开展高速公路监测预警应用示范揭榜的通知》(交办公路函〔2024〕1597号)，希望通过科技手段提高监测预警能力，以应对高速公路桥梁面临的山洪、泥石流、崩塌、滑坡等自然灾害威胁，实现桥梁灾毁的快速感知、及时报警，并确保在极端灾害条件下仍能保持报警信息的持续发布，从而显著提升桥梁灾毁监测系统的灵活性和报警及时性，切实保障汛期高速公路安全运行。其中揭榜任务四中，明确桥梁简易感知报警设备的预期目标应具备如下功能：“集成振动、倾角、温度等多参量为一体，并将采集、供电、传输等功能高度集成，具备边缘计算能力；能够自动连续测量、定时测量、触发报警；测量值超过阈值时，设备在报警时上报时间前后5s(可自定义设置)的监测数据，当安装视频抓拍系统时，报警时刻与视频进行联动，及时获取相关视频证据；报警信号可实时传输至监控中心或指定巡查人员手机；极端灾害导致供电中断时，应具备本地自动供电能力，且报警信息持续发布时间不少于30分钟。”基于上述需求，编者团队研发了多元感知终端，打造了桥梁灾毁监测预警系统，并在交通运输部高速公路监测预警应用示范揭榜评审中成功揭榜，且在同系列设备中综合排名第一。

5.1.2 系统组成

桥梁灾毁监测预警系统主要由4部分组成：桥梁简易感知报警设备(即多元感知终端)、

智能网关控制器、报警联动装置及监测预警软件平台。其中,桥梁简易感知报警设备分为 NB-IoT 和 LoRa 两个版本。桥梁灾毁监测预警系统架构如图 5.1-1 所示。

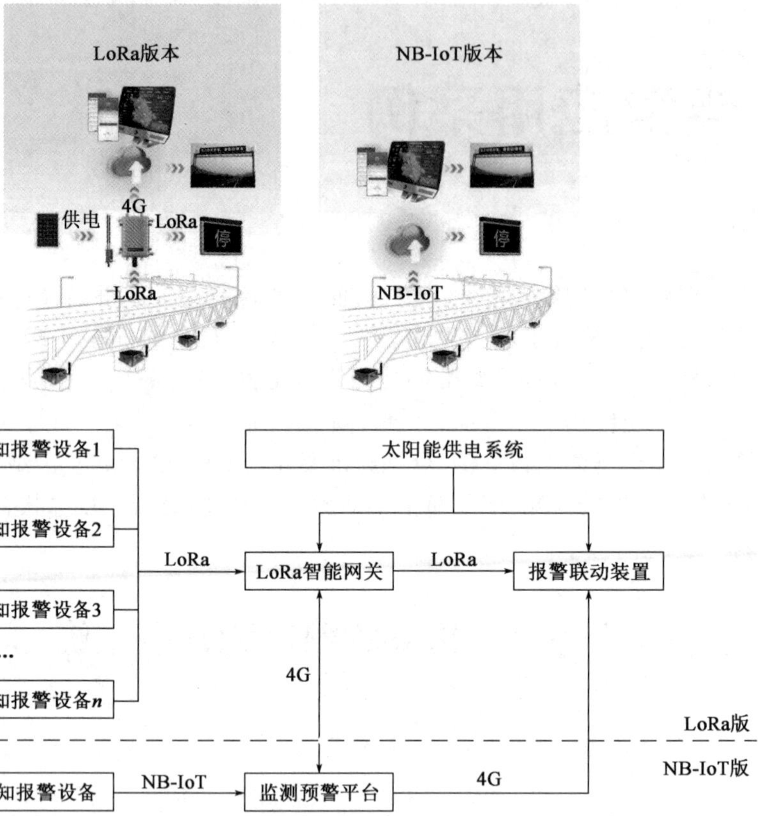

图 5.1-1　桥梁灾毁监测预警系统架构

①对于现场移动网络覆盖稳定的场景,推荐使用 NB-IoT 版桥梁简易感知报警设备。一旦触发报警,它将直接将报警信号及数据通过 NB-IoT 网络传输至监测预警平台。平台在接收到信号后,会迅速下发指令触发报警装置进行联动,确保及时响应。此设备的特点是无须现场组网,节省了网关设备,安装简单,便于快速部署和有效监测。

②对于现场移动网络覆盖不稳定或灾时基站易受损的场景,为保障无电无网情况下报警联动装置能在报警触发后第一时间开启工作,推荐使用 LoRa 版桥梁简易感知报警设备。这些设备通过自组网方式连接 LoRa 网关。一旦触发报警,网关会迅速汇聚各感知节点数据,并通过 4G 无线网络传输至监测预警平台。同时,网关以 LoRa 通信方式直接下发指令触发报警装置进行联动,确保即使在因极端灾害导致无网络的情况下,也能实现及时有效的监测预警。此设备的特点在于报警联动不依赖基站网络,能够在第一时间发现潜在风险并采取应对措施,为现场安全提供有力保障。

1)简易感知报警设备

KY-L700 多元感知终端(图 5.1-2)由苏交科集团江苏科运智慧交通科技有限公司研发并生产,是一款专为桥梁灾毁监测设计的报警装置,其内部集成了三轴加速度、双轴倾角以及温度传感单元,将采集、供电、传输等多功能高度集成,安装后扫描设备上的二维码即可完成联网,具有自动连续测量、准确触发报警、即时联动发布的功能,保证设备可在无电无网、严酷环境下实现长期稳定工作。

图 5.1-2 桥梁简易感知报警设备——多元感知终端产品

常规工作状态下,该设备能够连续采样,每隔 1h(也可根据要求自定义时间间隔)上传一次特征数据至云平台。一旦检测到振动加速度或者倾角数值变化超过安全阈值,设备立即触发报警机制,同时将报警前后 5s(可自定义)内数据迅速回传至云平台进行实时展示。该设备内置三级预警算法,当触发一级、二级预警阈值时,提醒桥梁存在垮塌风险,从而实现有效的预警;而一旦触发三级报警阈值,系统将立即产生桥梁垮塌报警信号,以便迅速采取应急措施。该设备的工作流程如图 5.1-3 所示。

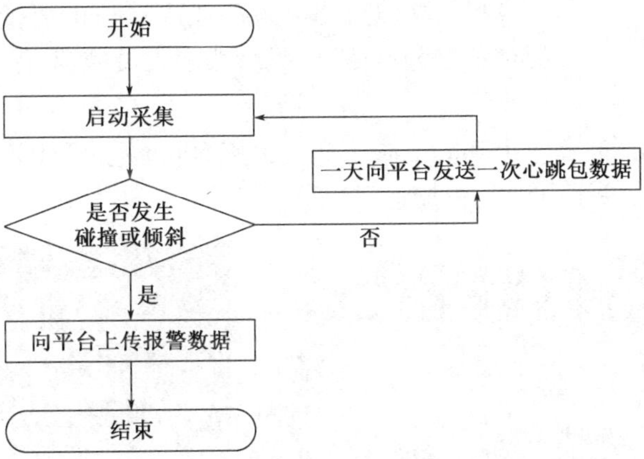

图 5.1-3 桥梁简易感知报警设备工作流程

2)智能网关控制器

苏交科集团江苏科运智慧交通科技有限公司自主研发的 KY-G100 智能网关是一款利用 LoRa 无线调制技术实现远距离数据传输的网关设备。其通过 LoRa 技术汇集感知节点数据,并进行边缘计算处理,处理后的数据通过 4G 无线网络传输至监测预警平台。此外,该网关还具备触发报警装置进行联动的能力,即使在移动网络不通的情况下也能实现及时有效的报警联动。该设备采用太阳能供电,有效解决了现场无市电供应的问题。同时,它还支持 LoRaWAN 通信协议,具备 GPS 高精度时钟同步功能,以及多频点、多信道的并发处理能力,可满足现场复杂的大容量组网要求。LoRa 智能网关及太阳能供电产品如图 5.1-4 所示。

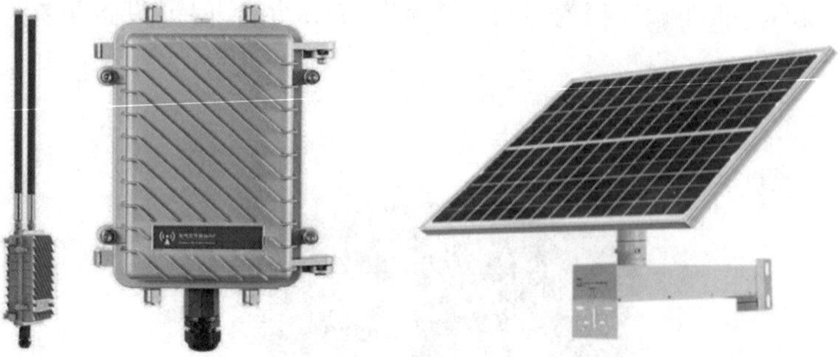

图 5.1-4　LoRa 智能网关及太阳能供电产品

3）报警联动装置

图 5.1-5　4G 太阳能抓拍摄像头

通过在报警装置上安装配套的无线接收器，能够接收来自网关或平台的指令，从而实现快速部署和及时联动。常用桥梁灾毁监测现场报警联动装置主要分为 4 类。

（1）抓拍摄像头

在高风险路段前端安装视频抓拍摄像头（图 5.1-5），报警触发后可将视频数据上传平台，及时获取相关视频证据，为后续的处理和决策提供有力支持。

（2）可变信息标志

利用高速公路灾害高风险点位的可变信息标志（图 5.1-6）及时发布警示信息，提示驾乘人员减速、停车。

（3）车载移动标志牌

在高风险路段起始点、上游 100m、上游 200m、上游 500m、上游 1000m 处，布置警示信息为“前方桥梁坍塌，请靠边停车”的可移动标志牌（图 5.1-7）。

图 5.1-6　可变信息标志

图 5.1-7　车载移动标志牌

（4）爆闪警示装置

在事发路桥前端 500m/300m 范围内，每间隔 20m 设置爆闪警示装置（图 5.1-8）。一旦发生事故，感知设备报警，通过平台或智能网关研判后触发远端爆闪警示装置启动，除红蓝交替高频闪烁外，还具备文字提醒功能，依次重复显示“前方坍塌，靠边停车”类似警示标语。设计速度 120km/h 的高速公路，在高风险路段前 500m 范围内，每间隔 20m 设置爆闪警示装置；设计速度 100km/h 的高速公路，在高风险路段前 300m 范围内，每间隔 20m 设置爆闪警示装置。

图 5.1-8　带文字显示功能的爆闪灯警示装置

5.1.3　系统布设

桥梁灾毁监测预警系统属于一体化智能报警设备，设计精巧，各功能模块高度集成封装，顶部还配备了太阳能充电板，实现了绿色节能。在实际安装过程中，它展现出了极简快捷的特点，仅需 3 步操作，即可轻松实现与平台的快速连接，极大地提高了安装效率和使用便捷性。

其安装过程如图 5.1-9 所示，具体步骤如下：

第一步：将设备牢固地固定在被测结构物上；

第二步：旋转接头即可启动设备；

第三步：扫描设备上的二维码，完成设备绑定，实现平台对接。

图 5.1-9　便捷化安装过程

相较于传统监测设备，这种快捷布设方法现场安装调试效率提升了近 5 倍。该系统已在 40 多座桥梁上实施并稳定运行超过 2 年，表现出极高的稳定性，故障率极低，充分证明了其卓越的性能和可靠性。

5.1.4 应用成效

以位于江苏省句容市县道X104疏港公路上的王庄桥为例。该桥中心桩号K0＋567，桥长700m，桥宽23m，设计荷载公路—Ⅰ级，于2010年建成，上部结构主梁采用23×30m箱梁，下部结构采用桩柱式桥台、双桩柱式桥墩。为确保桥梁运营安全，结合桥梁结构特点和实际养护需求，对王庄桥进行重车过桥时桥梁振动、梁端倾角监测和视频监控，现场安装照片如图5.1-10所示。

图5.1-10 现场安装照片

通过多元感知终端，实现对桥梁振动、梁端倾角监测。一套装置可完成多项指标监测。正常情况下，多元感知终端以较低的采样频率进行多项指标监测；而当梁体倾斜过大、结构振动异常情况时，监测指标超过事先设置的阈值，设备自动提高采样频率并对异常前后的数据进行上报。同时，联动触发位于桥面的视频监控系统，自动抓拍报警前后的视频，用于后期取证与评估。预警监测云平台界面如图5.1-11所示。

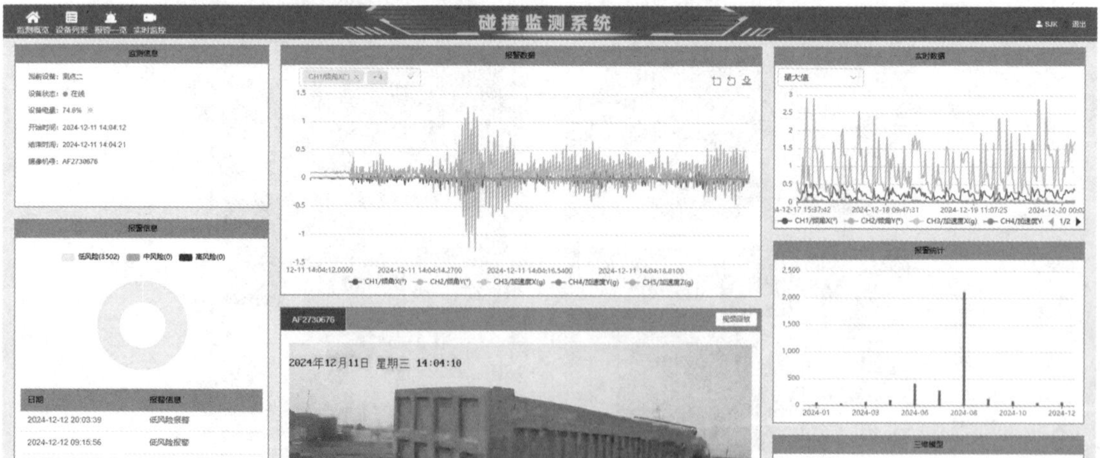

图5.1-11 预警监测云平台界面

5.2　重载交通下桥梁结构响应监测

5.2.1　项目概况

S356 京杭运河特大桥位于江苏省扬州市运河南路，连接邗江区与广陵区，建成于 2006 年，中心桩号为 K293 + 852。桥跨组成为 6 × 30m + 6 × 30m + 78m + 120m + 78m + 5 × 30m + 6 × 30m，桥梁全长 966m。桥梁为双幅桥，桥宽组成为 2 × (0.5m + 11.5m + 0.5m)，左右两幅桥相隔 0.5m，桥面总宽为 25.5m。

桥梁上部结构类型为悬浇变截面连续箱梁、装配式组合箱梁。主桥为变截面连续箱梁桥，全长 276m，跨径组合为 78m + 120m + 78m。伸缩缝类型为模数式伸缩缝。主桥桥跨布置如图 5.2-1所示，桥梁正、侧面照如图 5.2-2 所示。

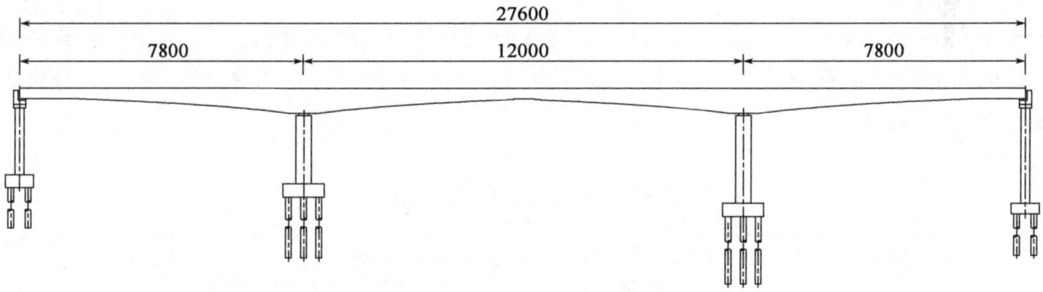

图 5.2-1　主桥桥跨布置(尺寸单位:cm)

a)正面照　　b)侧面照

图 5.2-2　S356 京杭运河特大桥桥梁正侧面照

5.2.2　系统介绍

1) 车辆荷载监测

S356 京杭运河特大桥称重断面位于桥梁西侧约 120m 位置，现场左右幅共布置 6 车道动态称重系统及对应车号抓拍系统。交通荷载监测系统布局如图 5.2-3 所示。

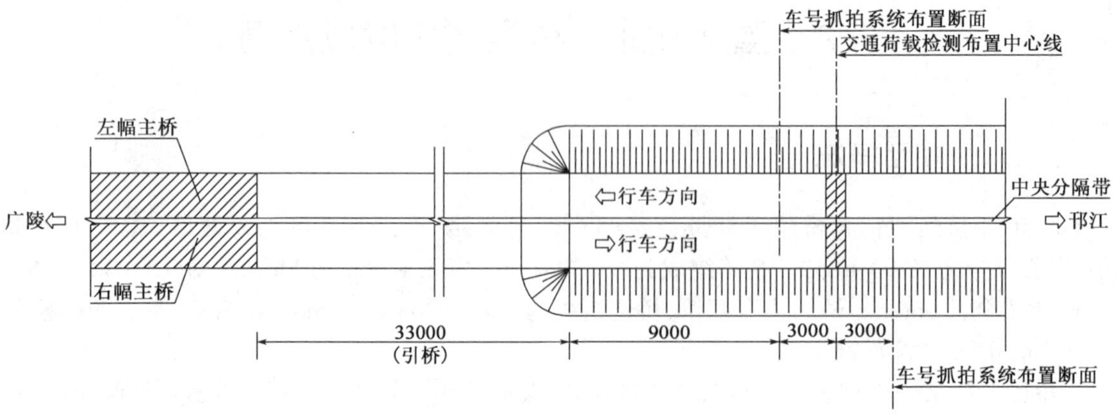

图 5.2-3　交通荷载监测系统布局(尺寸单位:cm)

2)位移监测

S356 京杭运河特大桥结构实时变形监测选取结构主跨为代表跨进行布设,上下游各布设 4 个标靶和 1 台机器视觉挠度仪(图像法动位移监测仪),全桥共布置 8 个标靶和 2 台机器视觉挠度仪。主梁挠度监测测点布置如图 5.2-4 所示。

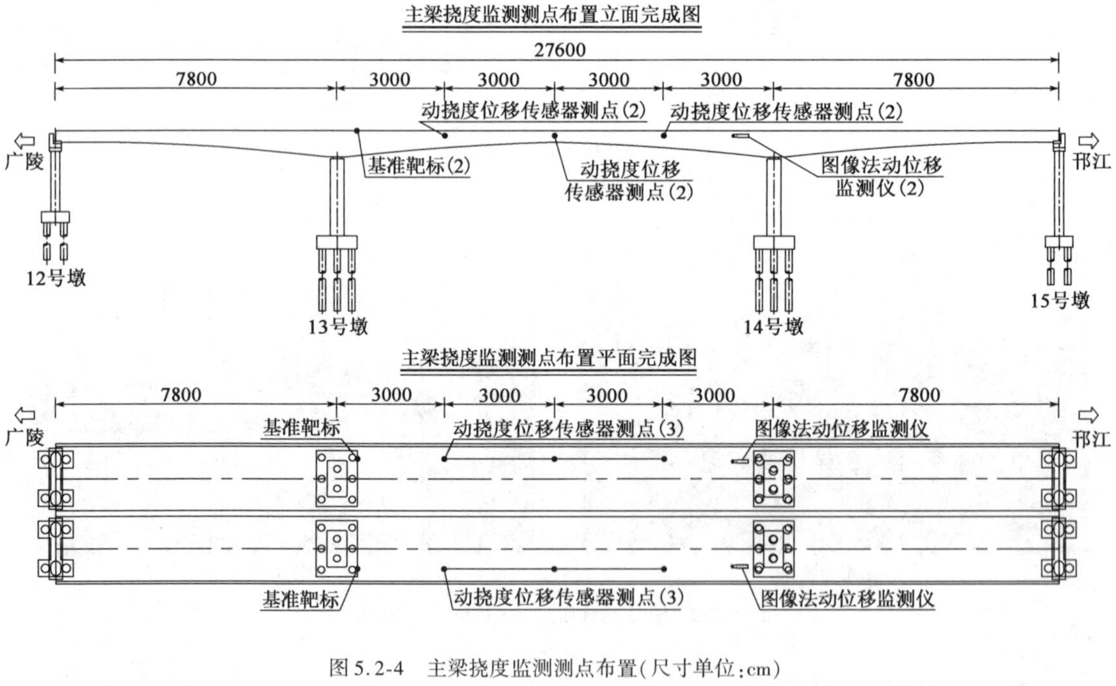

图 5.2-4　主梁挠度监测测点布置(尺寸单位:cm)

3)振动监测

通过振动监测数据可以判断桥梁是否发生过大振动,识别桥梁结构振动,监测主梁竖向振动。竖向振动测点布置于各跨跨中位置,S356 京杭运河特大桥单幅布置 3 个测点,共布置 6 个测点,如图 5.2-5 所示。

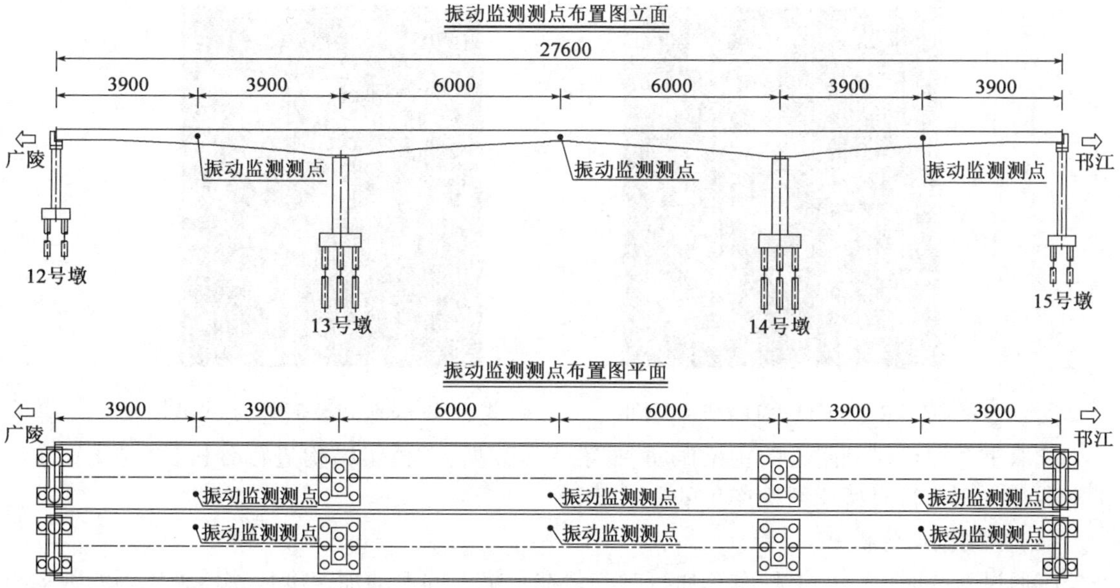

图 5.2-5 振动监测测点布置(尺寸单位:cm)

5.2.3 数据分析

根据 S356 京杭运河特大桥动态称重系统(称重断面现场布置如图 5.2-6 所示)监测数据显示:

①在 2024 年 4 月 3 日 3 时 13 分 11 秒有一辆总重约为 107t 的七轴汽车列车经过大桥右幅,如图 5.2-7 所示;

②在 2024 年 4 月 3 日 3 时 19 分 5 秒有一辆总重约为 103t 的七轴汽车列车经过大桥右幅,如图 5.2-8 所示。

图 5.2-6 称重断面现场布置

图 5.2-7　3 时 13 分 11 秒重车抓拍图

图 5.2-8　3 时 19 分 5 秒重车抓拍图

选取重车通行时刻附近的主梁振动、主梁变形数据，对桥梁结构进行分析，以对比重车与正常荷载汽车通行对桥梁结构产生的影响差别。

(1) 主梁振动分析

①通过对 3 时 13 分 11 秒重车通行时安装在主梁上的振动加速度传感器采集到的数据分析可知，在本次重车通行时主梁振动明显增大，加速度最大值为 0.13m/s^2，出现在右幅主跨跨中位置，但在重车通行过后主梁振动恢复正常值，结构状况较为稳定。

②通过对 3 时 19 分 5 秒重车通行时安装在主梁上的振动加速度传感器采集到的数据分析可知，在本次重车通行时主梁振动明显增大，加速度最大值为 0.06m/s^2，出现在右幅主跨跨中位置，但在重车通行过后主梁振动恢复正常值，结构状况较为稳定。

主梁振动数据时程曲线如图 5.2-9 所示。

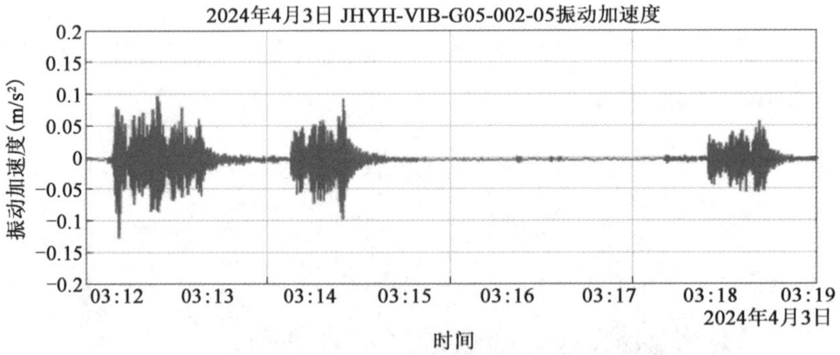

图 5.2-9　主梁振动数据时程曲线

(2) 主梁竖向位移分析

①通过对 3 时 13 分 11 秒重车通行时安装在主梁上的机器视觉挠度仪采集到的数据分析可知，在本次重车通行时主梁挠度明显增大，挠度最大变化值为 16.32mm，出现在右幅主跨跨中位置，但在重车通行过后主梁挠度恢复正常值，结构状况较为稳定。

②通过对 3 时 19 分 5 秒重车通行时安装在主梁上的机器视觉挠度仪采集到的数据分析可知，在本次重车通行时主梁挠度明显增大，挠度最大变化值为 15.90mm，出现在右幅主跨跨

中位置，但在重车通行过后主梁挠度恢复正常值，结构状况较为稳定。

主梁竖向位移数据时程曲线如图 5.2-10 所示。

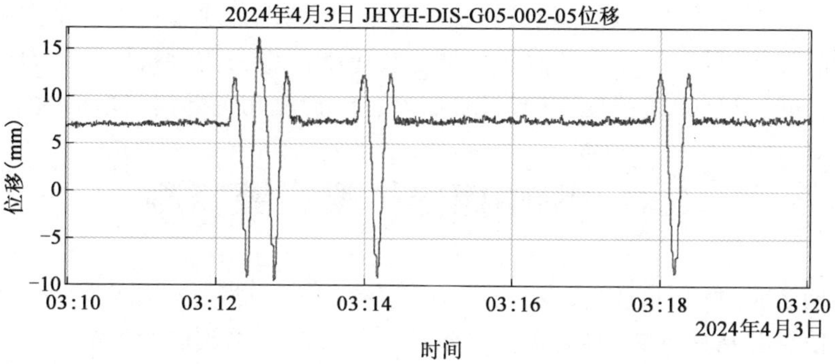

图 5.2-10　主梁竖向位移数据时程曲线

通过对 2024 年 4 月 3 日两次重车通行期间结构响应、结构变化情况分析可初步得出以下结论：

①两次重载车通行时刻监测数据值（主梁振动、挠度）均出现明显变化，但在重车通行过后监测数据值恢复正常值。因此，大桥此段时间结构状态良好，服役状况稳定，监测系统整体运行平稳，数据真实，能够如实反映结构状况。

②车辆冲击导致的较大振动依然普遍存在。因此，建议平时加强对车辆速度的监督管控，同时在日常巡检中加强对桥面系及支座等构件的检查及相应病害（路面坑槽、支座脱空等）的处理，防止车辆冲击效应进一步增加。

表 5.2-1 为 2024 年 S356 京杭运河大桥重载交通过桥数据统计。

2024 年 S356 京杭运河大桥重载交通过桥数据统计　　表 5.2-1

序号	时间	车辆总重(t)	跨中挠度极值(mm)	振动极值(m/s^2)
1	2024 年 3 月 22 日 05:32:36	112	18.86	0.09
2	2024 年 4 月 3 日 03:13:11	107	16.32	0.13
3	2024 年 4 月 3 日 03:19:15	103	15.90	0.06
4	2024 年 4 月 7 日 03:58:58	108	17.46	0.22
5	2024 年 4 月 7 日 03:59:09	105	9.07	0.06
6	2024 年 4 月 22 日 03:30:57	117	20.06	0.11
7	2024 年 4 月 24 日 04:19:24	116	19.20	0.10
8	2024 年 4 月 24 日 04:21:30	113	19.15	0.13
9	2024 年 4 月 28 日 22:39:34	113	24.65	0.03
10	2024 年 5 月 4 日 21:21:01	106	21.22	0.02
11	2024 年 5 月 14 日 06:07:58	101	22.23	0.04
12	2024 年 5 月 25 日 04:58:21	113	36.31	0.08
13	2024 年 5 月 27 日 01:49:38	103	22.75	0.05

5.2.4 应用成效

桥梁轻量化监测系统能够通过先进的技术手段,对重载交通车辆进行全方位、实时的监控和管理,从而确保运输过程的安全和高效。通过传感器等设备监测桥梁的受力情况、车辆的行驶状态等参数,一旦发现异常情况立即发出预警信号,提醒相关部门采取应对措施。

5.3 船舶撞击桥梁报警监测

桥梁在长期运营过程中有时会发生被车辆或船舶撞击的事故,如果管理部门不能在第一时间获知事故信息并从速处置,则有可能导致严重的安全隐患或后续事故。

被动防船撞设施在一定程度上能够保护桥梁结构,但并不能减少船舶撞击桥梁事故的发生概率,且不仅建设成本高还会影响航道的通行状况。同时,船只发生偏航时,也可能撞上未设置防撞设施的桥墩。因此针对跨越航道的重要桥梁在建设被动防撞设施的同时,建设船舶撞击监测报警系统是很有必要的。

在此需求基础上,编者团队研发了一体化集成船舶撞击监测报警系统,并在多座跨越航道存在船舶撞击风险隐患的桥梁上进行了部署和应用。

5.3.1 项目概况

芒稻河大桥(图 5.3-1)位于江苏省扬州市江都区 G328 国道,建成于 1996 年,主桥跨越芒稻河航道(航道等级为 3 级)。大桥为双幅桥,中心桩号为 K304 +976,桥梁全长 457m,桥面总宽 21m。桥跨组合为 1 ×30m + (1 ×45m + 3 ×70m + 1 ×45m) + 4 ×30m。芒稻河大桥主桥上部结构为变截面箱梁桥,下部结构为单柱墩,存在跨越等级航道的水中墩。

图 5.3-1 芒稻河大桥

为了对可能存在的船舶撞击事件进行及时报警,保障桥面通行安全,2023 年在芒稻河大桥部署了一体化集成船舶撞击监测报警系统。

5.3.2 系统介绍

芒稻河大桥服役年限已超25年，且运营期间重载交通通行量大，交通情况较为严峻。大桥7号孔为通航孔，通航孔两侧桥墩未设置防撞墩，难以实现对船舶撞击事件第一时间的报警消息获取和事后肇事船舶及事件的追溯，因此在实际应用层面有必要进行船舶撞击监测。

为了在船舶撞击事件发生后第一时间报警并提醒桥梁管养单位进行交通管控，避免船舶撞击事件影响扩大，以及后续对肇事船舶及撞击事件的追溯，选取大桥左幅桥6号墩墩顶外侧和右幅桥7号墩墩顶外侧各布设1个加速度计和1个高清摄像头，以实现对船舶撞击事件的视频取证。全桥共布置2个加速度传感器和2个高清摄像头，测点布设分布如图5.3-2所示。

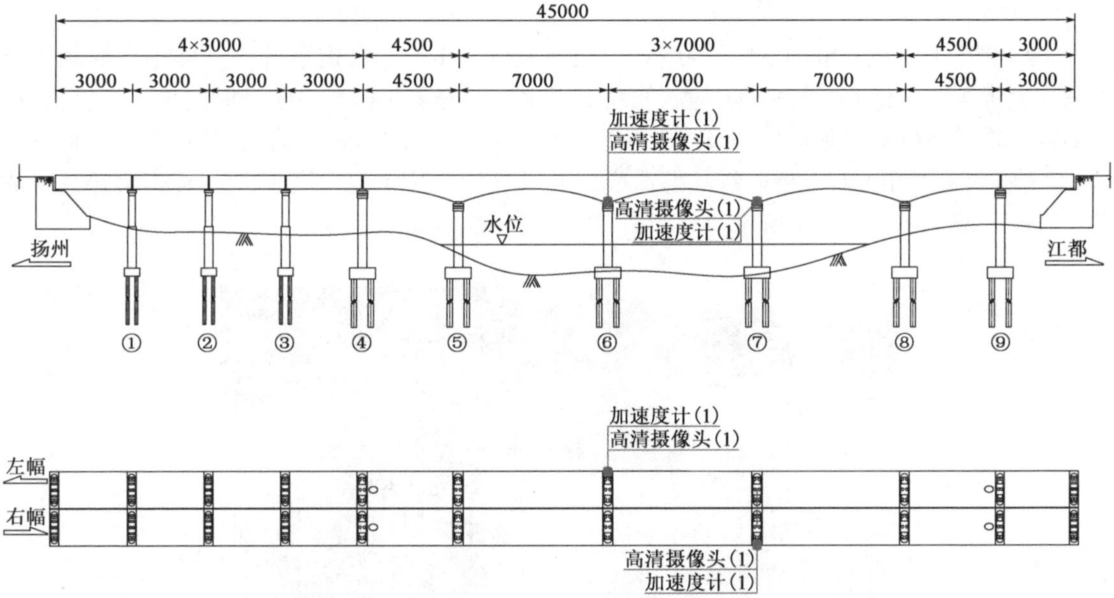

图5.3-2 船舶撞击监测测点布设分布(尺寸单位:cm)

船舶撞击监测用于对船舶撞击桥梁事件的识别、报警和视频取证。当结构受到突发外力撞击时，会发生高频振动。传感器实时监测结构振动数据，对振动数据进行分析，判断是否发生碰撞。设备内置碰撞识别算法，可过滤行人、正常车辆通行时出现的振动数据，避免误报警。

通过在桥梁防撞结构体上安装加速度采集节点，自动采集监测结构体的振动等各类信息，结合布设的航道监控摄像头，对航道通航情况进行实时监测。当碰撞事件发生时，加速度传感器进行超限报警，结合摄像头捕捉肇事船舶，存储事件数据及视频，后续进行肇事船舶追责及结合船舶撞击信息进行安全性数据分析评估。

船舶撞击监测系统技术优势包括：

①振动信号超限启动摄像头拍照并报警。

②报警时延缩短到秒级，结合视频数据取证，报警准确率在90%以上。

③感知、传输、报警、取证一体化高度集成,可电池供电,无线通信。

一体化集成被动防撞报警设备如图 5.3-3 所示。

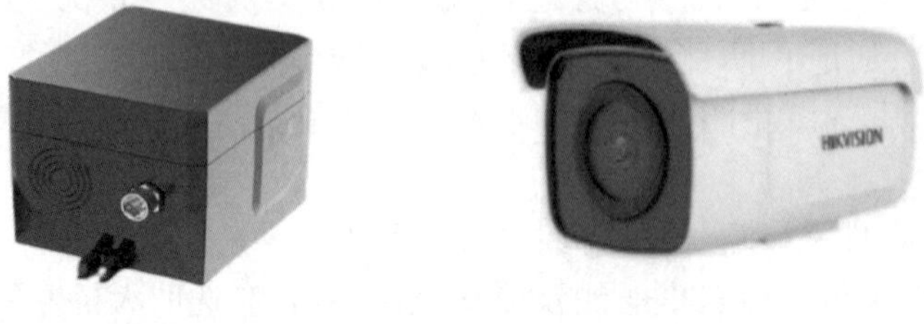

图 5.3-3 一体化集成被动防撞报警设备

5.3.3 数据分析

2024 年 5 月 29 日 20 时 54 分 50 秒,芒稻河大桥发生船舶撞击事件。一艘小型船只撞击芒稻河大桥主跨江都侧左幅桥墩,随后船只沉入水底。轻量化监测系统及时发出了报警信息,通知桥梁管养单位进行现场检查及应急响应。对本次船撞事件进行的数据分析及后续检查表明:本次船撞事件并未对大桥通行状态造成较大影响,但对桥墩表面造成明显撞击痕迹。事故发生后现场情况如图 5.3-4 所示。

图 5.3-4 事故发生后现场情况

监测系统建设单位对芒稻河大桥 2024 年 5 月 29 日 12 时至 30 日 12 时的监测数据进行了分析。从数据可以看出,船舶撞击时监测数据有明显变化,桥墩振动明显增大,峰值为 $0.1\mathrm{m/s^2}$,高于报警阈值 $0.05\mathrm{m/s^2}$,出现在右幅 7 号墩墩顶处。分析图 5.3-5 可知,在船撞击桥墩瞬间,桥墩加速度变化明显,加速度值约为正常状态的 10 倍,但在 10s 左右迅速恢复至正常值水平。这主要是由于瞬时撞击产生的冲击效应导致桥墩振动幅值突变。本次事件对桥梁造成了一定影响,具体影响程度需进行现场检查后确定。针对本次事件应开展专项检查,检查内容包括主梁线型、桥墩破损处应力(维修前后)、支座状态、伸缩缝是否运行正常等。

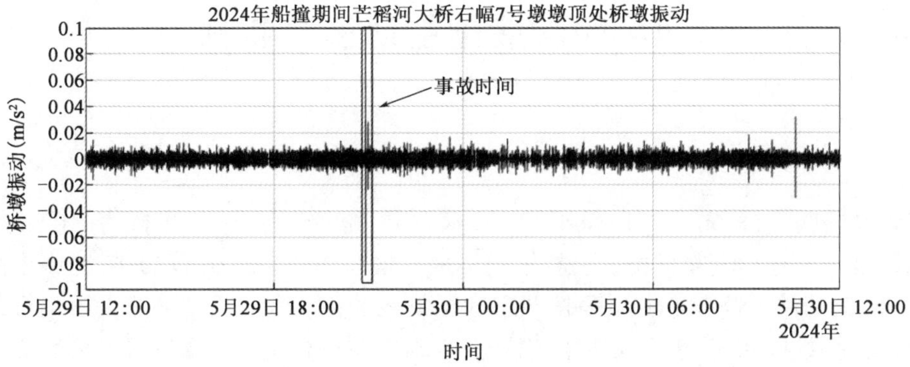

a)1d时程图

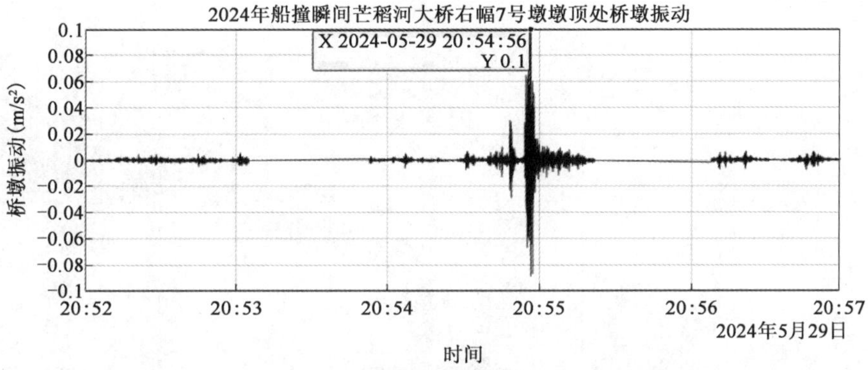

b)5min时程图

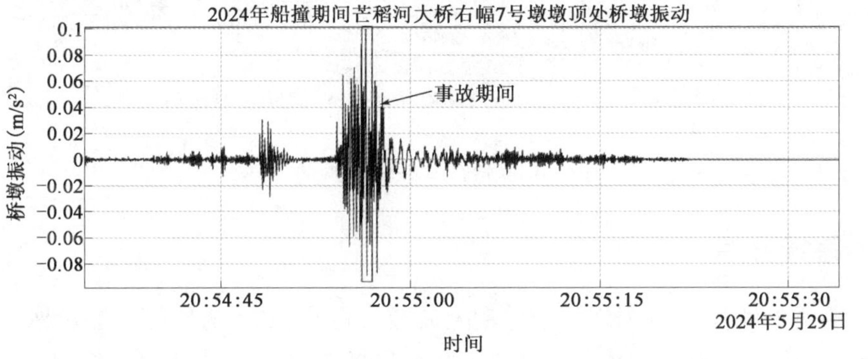

c)1min时程图

图 5.3-5 芒稻河大桥右幅 7 号墩墩顶加速度变化趋势图

5.3.4 应用成效

一体化集成船舶撞击监测报警系统的应用,显著提升了恶劣天气或人为疏忽造成的船舶撞击特殊事件情况下的桥梁养护及应急安全管理水平,加强船舶撞击等特殊事件响应的及时性、主动性、科学性,科学分担养护人员巡查任务,减少人工检查盲点,强力支撑管养单位的科学决策。

5.4 船舶撞击主动预警监测

5.4.1 项目概况

崇启长江公路大桥(图5.4-1)位于长江入海口处,跨越长江北支,主桥为(102 +4 ×185 +102)m六跨变截面连续钢箱梁桥。主桥钢箱梁根部梁高9m、高跨比1/20.6,跨中梁高4.8m、高跨比1/38.5,边跨梁高3.5m,梁高按照二次抛物线变化。崇启长江公路大桥主桥跨越长江一级航道,为保障过往船舶通行及桥梁结构安全,对该桥进行基于视觉图像的船舶撞击主动预警监测。

图5.4-1 崇启长江公路大桥

5.4.2 系统介绍

在主桥钢箱梁3号、4号、5号墩桥面护栏上安装摄像头,采集通航孔船舶影像,具体测点布置如图5.4-2所示。全套主动预警系统包括8个摄像头、4套声光报警系统、1套喊话系统及1套软件展示界面。

5.4.3 数据分析

1)车/船通行动态背景机器视觉抗干扰多目标检测

(1)数据集构建

使用摄像头拍摄200张船舶、浮标照片。由于数据集照片量较少,为增加数据集的多样性、增强模型的识别能力,对照片进行翻转、亮度调整、对比度调整、噪声添加等处理,将数据集增加至500张,如图5.4-3所示。

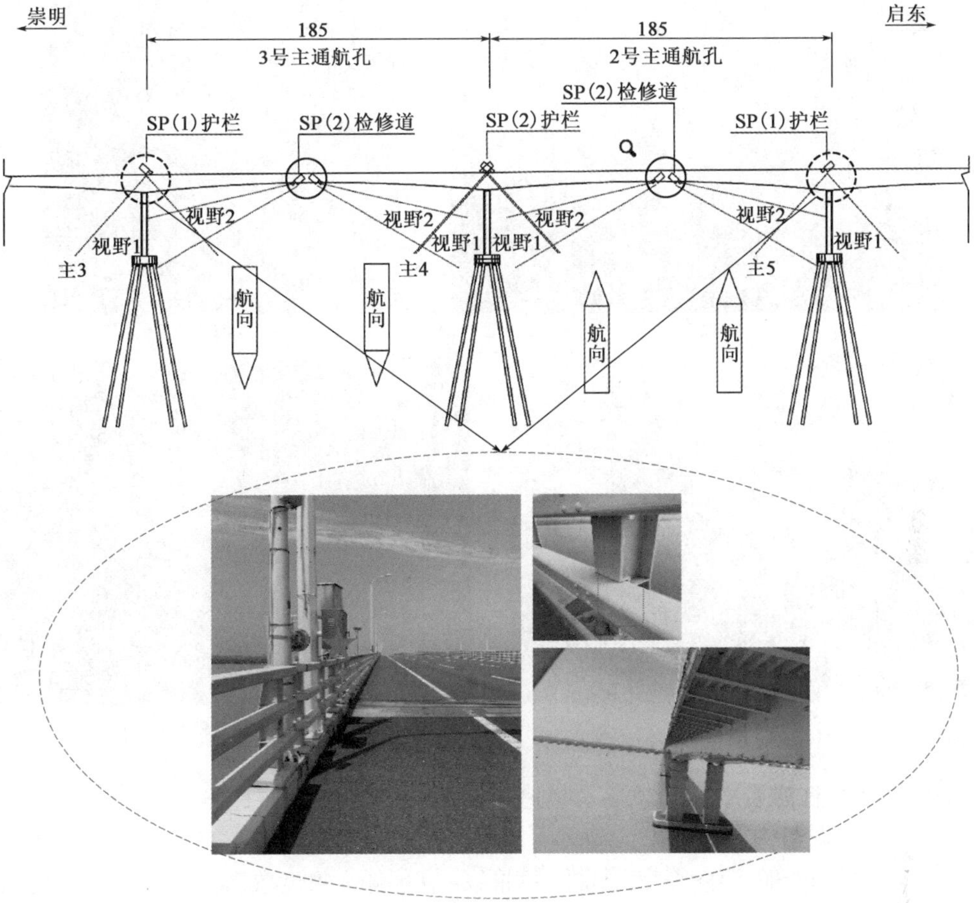

图 5.4-2 船撞预警测点布置

(2)改进的 YOLOv5(YOLO 第 5 版)目标检测网络

YOLOv5 算法主要应用于静态背景中物体的检测,而运动中的船舶背景水波纹是运动的。此外,桥梁防船撞视觉监测主要通过摄像头采集影像,然而摄像头一般采集俯视角度的影像,船舶的立面形态检测不出来,只能捕捉到二维平面特征,给目标检测带来一定难度。同时,原生 YOLOv5 算法的 Focus 组件会导致模型采集到较多低维信息,比如水波纹、月光倒影、飞虫等线状、片状几何特征。这些信息一方面加重模型特征提取的负担,另一方面易导致后期模型的误判,从而影响对船舶撞击的预测。

针对以上问题,编者团队在 Focus 组件中采用多个切片,对图像低维信息进行过滤,降低模型对无关、干扰特征的学习,使模型更多地关注船舶、浮标等目标信息而忽略背景信息;同时对切片后的特征进行拼接,充分利用图像上下文信息,进一步提升模型训练速度和预测精度。此外,由于深层特征图具有较大的感受野和较高的语义信息,因此难以捕捉到小尺度物体的信息。为了解决这个问题,在 BackBone 部分的末端,增加一层空间金字塔池化,把特征图进行最大池化,并将深层特征图与浅层特征图进行融合,避免多次下采样造成的小目标特征信息比如整体水面颜色大量丢失的问题,从而得到具有多尺度特性的特征图,有效提升模型的检测精度。

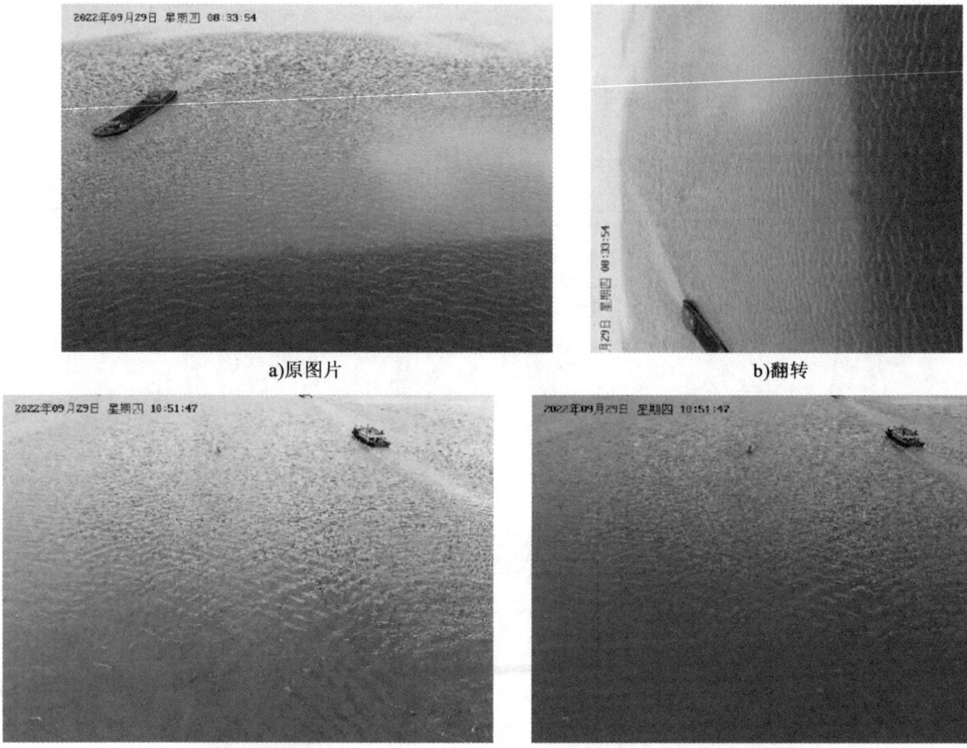

a)原图片 b)翻转 c)改变对比度 d)灰度调节

图 5.4-3　船舶、浮标数据集

2）基于图像特征融合的船舶轨迹及早追踪

（1）多尺度数据集构建

为了进一步增强船舶、浮标等小目标的检测能力，在船舶大尺度数据集的基础上，通过放大、裁剪、旋转、加入噪声等操作，增加船舶局部小目标视图，将数据集扩容至 2000 张，如图 5.4-4 所示。

a)原图片 b)裁剪 c)翻转 d)改变对比度 e)亮度调节 f)加入噪声

图 5.4-4　多尺度目标物数据集

(2)深层和浅层图像特征融合算法

原生 YOLOv5 算法通过 FPN(特征金字塔网络)和 PAN(路径聚合网络)结构对 BackBone 提取的特征图进行再加工和利用,然而该方式计算量大,不适用于大量不同尺度特征图的特征提取。为解决该问题,在 BackBone 部分最后一层 CSPN1. X 组件接入 TUM(简化的 U 形结构模块)和 SFAM(面向尺度的特征聚合模块)结构。TUM 采用了简化的 U 形结构,通过编码、解码机制输出浅层特征图、中层特征图和深层特征图;SFAM 可以接受大量的不同尺度特征图并进行拼接,以此获取更大的感受野,增加了对语义特征的表达能力,面对大规模数据集更有优势。同时 SFAM 引入了 SE(压缩与激发)注意力机制,使得模型能够有效地筛选出高价值通道,以极小的参数代价换取较高的特征利用率。

(3)基于 DeepSORT 算法的船舶轨迹跟踪

为实现桥梁防船撞主动预警,需要对改进的 YOLOv5 网络模型检测到的船舶航行轨迹进行分析,形成船舶轨迹模型。该模型应可以对船舶在水面上航行的轨迹进行实时监测,给船舶在水面上的安全行驶提供指导。DeepSORT 是一种基于检测的跟踪算法,在各类目标跟踪任务中得到了广泛的使用,可以应用于对船舶轨迹的跟踪。

首先将改进的 YOLOv5 算法检测出的船舶传送给 DeepSORT 网络,然后 DeepSORT 算法通过特征提取网络将目标检测框中的船舶特征提取出来并保存。DeepSORT 将每一帧的船舶检测信息与改进的 YOLOv5 检测出的船舶相匹配,即便摄像头只采集到船头、船尾等船体局部影像或者船舶被遮挡,DeepSORT 算法仍能对目标船舶进行精准匹配,进而检测出多帧照片的同一条船舶,实现船舶轨迹的跟踪。船舶轨迹跟踪技术路线如图 5.4-5 所示。

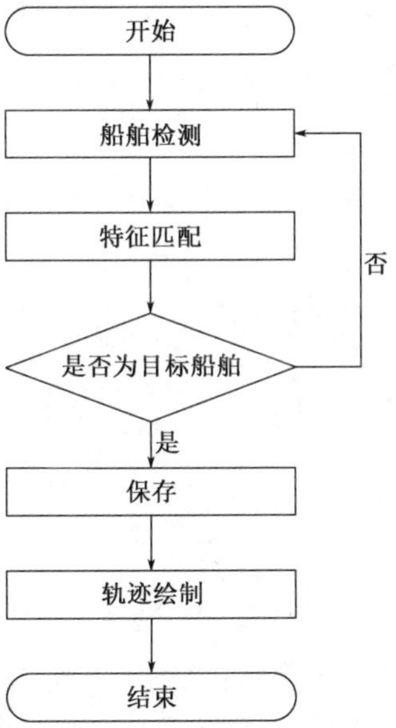

图 5.4-5　船舶轨迹跟踪技术路线

将 DeepSORT 算法在多尺度数据集上进行训练,并对远端微小船舶画面进行检测和轨迹跟踪,结果如图 5.4-6 所示。

a)　　b)

图 5.4-6　船舶轨迹跟踪结果

由图 5.4-6 可见，DeepSORT 算法跟踪船舶准确度 MOTA（多目标跟踪准确度）和跟踪精度 MOTP（多目标跟踪精度）较好，分别达到了 85.5% 和 87.7%，并且跟踪速度达到了 20fps，满足实时性要求，可以应用于船舶轨迹的实时跟踪。

3）基于贝塞尔曲线的船舶轨迹预测

船舶在实际正常航行过程中，航行轨迹一般不会发生突变，船舶舵量的调整也不会突然增大或减小。通过多帧图片追踪发现，船舶轨迹走向是连续光滑的，这为船舶轨迹预测带来了可能。可以通过对船舶轨迹进行数学表达，实现对船舶轨迹的预测。崇启长江公路大桥项目采用三次贝塞尔曲线[式(5.4-1)]拟合船舶轨迹。三次贝塞尔曲线是应用于二维图形的数学曲线，由 4 个控制点组合而成，可以通过改变节点位置生成，如图 5.4-7 所示。

$$P(t)=P_1\times[(1-t)^3]+3\times P_2\times t\times[(1-t)^2]+3\times P_3\times t^2\times(1-t)+P_4\times t^3 \quad (5.4\text{-}1)$$

式中：$P(t)$——曲线上任意一点的坐标；

t——取值范围[0,1]的参数，与曲线形状有关；

P_1、P_2、P_3、P_4——控制点参数。

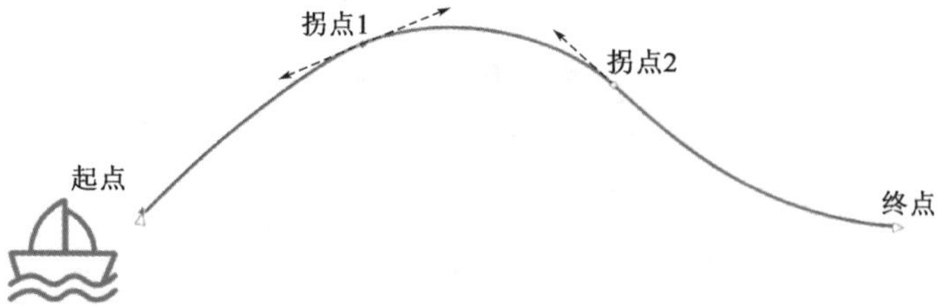

图 5.4-7　三次贝塞尔曲线示意

三次贝塞尔曲线需要求解 4 个未知参量，原则上只需要 4 个控制点的坐标即可求解。然而由于船舶在航行过程中可能会发生抖动，DeepSORT 预测框与目标检测框也有一定偏差，只根据 4 段视频检测出的船舶坐标得到的三次贝塞尔曲线，与实际航线仍有一定偏差，鲁棒性不强。因此这里取 40 段每 10s 船舶航线的中点坐标分别代入三次贝塞尔曲线方程，基于最小二乘法求解 4 个未知参数，得到船舶轨迹预测方程。

在前述训练环境（数据集构建与增强、模型结构改进、算法训练框架等）和模型评价指标

(主要是检测性能和跟踪性能等客观指标)基础上,使用 DeepSORT 对船舶轨迹进行追踪,并使用三次贝塞尔曲线对船舶轨迹进行拟合,得到预测轨迹结果如图 5.4-8 所示。

图 5.4-8 船舶轨迹预测

4)基于视觉传感的船舶撞击多级预警

(1)风险指标及分级

将船舶到桥墩的距离 D 作为桥梁船舶撞击风险划分的指标,如式(5.4-2)所示。

$$D=\sqrt{(x_1-x_2)^2+(y_1-y_2)^2} \tag{5.4-2}$$

式中:D——船舶到桥墩的距离,m;

x_1、y_1——桥墩在物平面坐标系中的横坐标和纵坐标;

x_2、y_2——船舶在物平面坐标系中的横坐标和纵坐标。

崇启长江公路大桥项目结合相关规范、工程经验和通航桥梁特点,将桥梁船舶撞击风险划分为三级,详见表 5.4-1。

风险等级评定准则 表 5.4-1

风险级别	一级	二级	三级
D(m)	[0,100)	[100,200)	[200,300)
预警颜色	红色	橙色	黄色

(2)平面坐标系转换

为了进行桥梁船舶撞击风险评价,需要计算船舶到桥墩的距离,然而由于摄像头拍摄的画面为俯视视角,且像平面坐标与物平面坐标不能直接进行运算,因此通过坐标换算,将像平面坐标与物平面坐标建立关联。坐标换算需要 4 个点的像平面坐标和物平面坐标。首先拾取相片中通航孔桥墩、附近浮标及目标建筑物的像点坐标,并查询它们相应的 GPS 坐标,然后求得像平面坐标到物平面坐标的转换矩阵,如式(5.4-3)所示。

$$(X,Y)=\boldsymbol{H}(x,y) \tag{5.4-3}$$

式中：(x,y)——像点在像平面坐标系中的坐标；

$\boldsymbol{H}$——像平面坐标到物平面坐标的转换矩阵；

(X,Y)——物点在物方平面坐标系中的坐标。

(3)桥梁船舶撞击多级预警评估方法

首先根据透视投影变换技术对图像预警区域进行正视化处理，接着根据浮标与桥墩的位置动态划分多级预警区域，以 100m 为间隔，由远到近划分一级、二级、三级预警区域，根据不同的报警等级采取不同的报警应对措施。三级预警体系技术路线如图 5.4-9 所示。

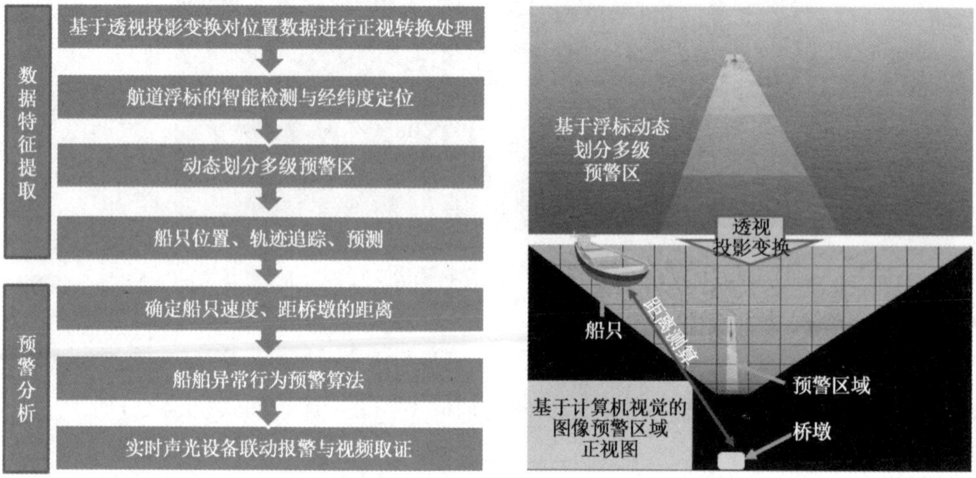

图 5.4-9　三级预警体系技术路线

此外，将得到的船舶轨迹预测方程代入上式中，计算船舶轨迹的物方坐标，并判断轨迹是否与桥墩相交，如果相交，则无须计算船舶到桥墩的距离，直接进行黄色预警。

按照风险评价标准将崇启长江公路大桥划分为三级风险区域，如图 5.4-10 所示；分别在暗光和正常光情况下进行了监测，结果分别如图 5.4-11、图 5.4-12 所示。

图 5.4-10　预警区域划分

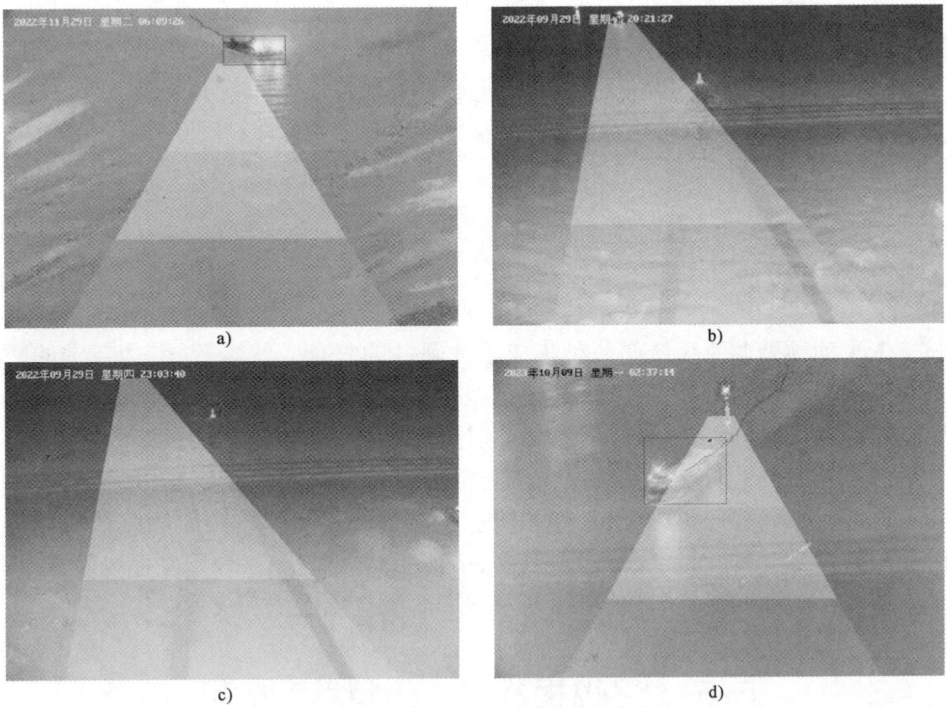

图 5. 4-11　暗光条件下船撞预警结果

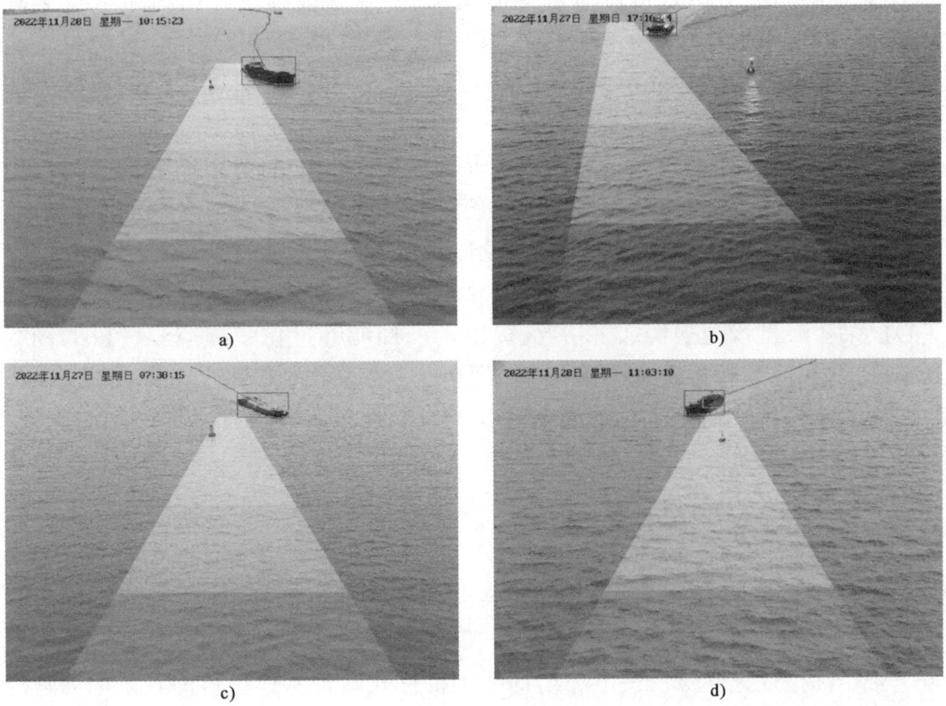

图 5. 4-12　正常光条件下船撞预警结果

由图5.4-11可见，暗光条件：船舶(示廓灯)检测与轨迹追踪准确率达到91%，检测距离在400～500m之间。由图5.4-12可以看出，正常光照条件下，船舶检测与轨迹追踪准确率达到95%，检测距离可达500m。本船舶撞击主动预警监测系统以图像分析技术部分替代了激光雷达、AIS等设备的船舶定位、追踪功能，保障了实时性，实现了船舶通航的多级预警，具有较好的应用前景，同时成本高度可控，在中小跨径桥梁监测系统中具有极大市场应用前景。

5.4.4 应用成效

船舶撞击主动预警监测系统是一种集成了软硬件的复杂系统工程，专为特定的防撞区域设计。系统中部署了多种类型的传感器，包括但不限于雷达、摄像头和激光雷达等，实时监测并获取船舶的位置、速度以及其他关键指标，通过数据通信网络传输至中央处理单元进行实时处理和分析。系统内嵌的智能化算法在主动防撞方法中发挥着关键作用，包括船舶多目标检测与跟踪、目标重识别、船舶行为分析、船舶轨迹预测、碰撞风险评估、船舶路径规划等。系统支持实时数据处理，能够即时接收传感器数据，估计船舶当前状态，评价碰撞风险，最终提供决策和预警支持，帮助管理人员获得预警反馈及采取后续应急措施和决策。

5.5 空心板梁桥铰缝状态监测

在中小跨径桥梁中，装配式板桥为常见形式，其中空心板梁桥占比约为70%～80%。它以构造简单、施工方便著称。梁场预制预应力混凝土板后，运至施工现场，将混凝土板横向安置并通过交叉钢筋混凝土构造和桥面铺装等部分连接为一整体，应用这样的连接方法使荷载在各板之间形成良好的横向荷载分配。这种连接方法被称为企口混凝土铰接。在荷载作用下，板与板之间凭借连接处钢筋混凝土构造传递竖向剪力和横向弯矩而共同受力。但装配式板铰缝易出现病害，如超限的荷载反复作用致使铰缝纵向开裂，并在雨雪天气的侵蚀下加剧损伤程度，剪力传递逐步失效造成单板受力，安全隐患极大。

因此，桥梁铰缝的损伤程度判断极为重要。本节基于江苏省内部分空心板梁桥挠度监测数据和空心板梁桥典型铰缝损伤病害情况，提出了一种能够量化受损空心板桥的铰缝损伤程度的计算方法，并在江苏省无锡市G104归径河桥、S342南山桥、S263钮家大桥、S342融通港桥、S342走马塘河桥、宿迁市G235姚河中桥、G343朱成洼河大桥、徐州市G206运南灌渠桥、S253胡楼桥等桥梁上进行了应用。

5.5.1 项目概况

限于篇幅，本节仅选取1座较为典型桥梁——位于江苏省无锡市的S342南山桥进行介绍。该桥建成于2009年，中心桩号为K144+814，全长52m，跨径组合为1×13m+1×20m+1×13m，全宽25m，上部结构采用空心板梁，下部结构采用桩柱式墩台。该桥桥面系采用沥青混凝土桥面铺装，异型钢单缝式伸缩缝装置。桥梁设计荷载等级为公路—Ⅰ级。其现场照片如图5.5-1所示。

图 5.5-1 S342 南山桥现场照片

S342 南山桥上部结构关于铰缝的病害描述如表 5.5-1 所示。

铰缝病害统计 表 5.5-1

序号	缺损类型	病害位置
1	渗水	1 号孔 8 号铰缝
2	渗水	2 号孔 13 ~ 15 号铰缝
3	渗水	2 号孔 6 ~ 11 号铰缝

5.5.2 系统介绍

如图 5.5-2、图 5.5-3 所示，南山桥选取 1 号台台顶布设 1 台光电挠度仪，2 号孔 4 号 ~ 11 号、13 ~ 15 号空心板梁底部各布设 1 个光电靶标，2 号墩墩顶布设 1 个基准靶。合计布设 1 台光电挠度仪、11 个目标靶和 1 个基准靶。各监测设备测点编号-位置对应关系如表 5.5-2 所示。

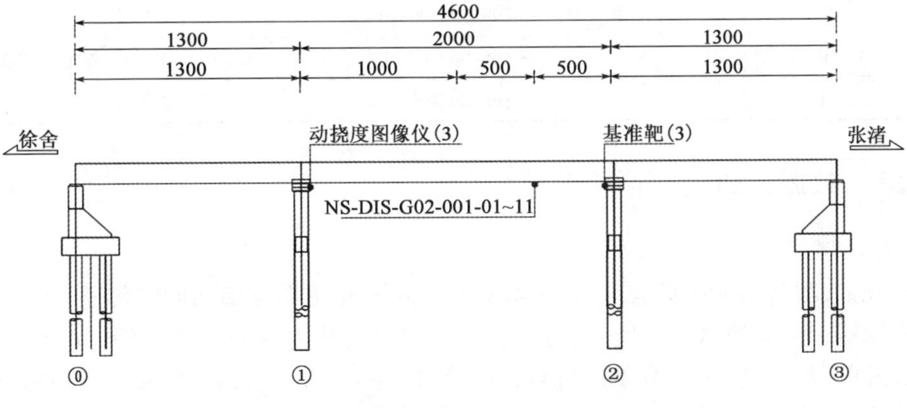

图 5.5-2 测点布置立面图(尺寸单位:cm)

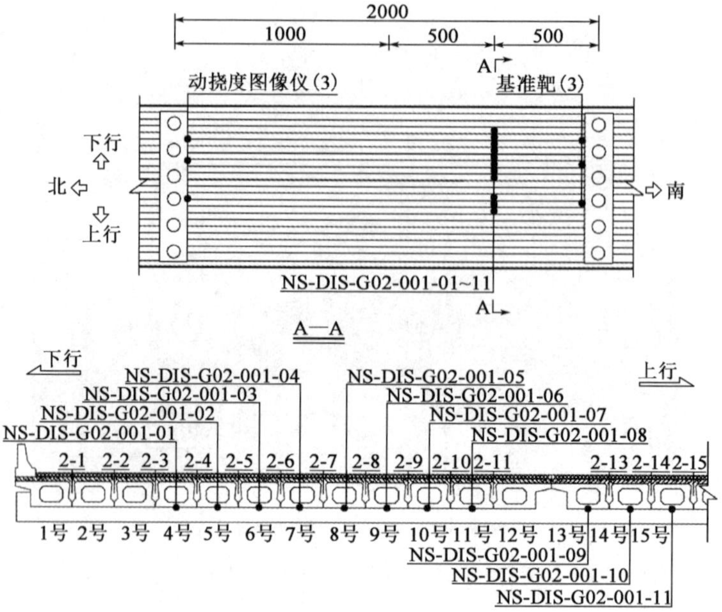

图 5.5-3　测点布置横断面图(尺寸单位:cm)

测点编号-位置对应关系　　表 5.5-2

序号	传感器编号	传感器位置
1	NS-DIS-G02-001-01	2 号孔 4 号板梁底
2	NS-DIS-G02-001-02	2 号孔 5 号板梁底
3	NS-DIS-G02-001-03	2 号孔 6 号板梁底
4	NS-DIS-G02-001-04	2 号孔 7 号板梁底
5	NS-DIS-G02-001-05	2 号孔 8 号板梁底
6	NS-DIS-G02-001-06	2 号孔 9 号板梁底
7	NS-DIS-G02-001-07	2 号孔 10 号板梁底
8	NS-DIS-G02-001-08	2 号孔 11 号板梁底
9	NS-DIS-G02-001-09	2 号孔 13 号板梁底
10	NS-DIS-G02-001-10	2 号孔 14 号板梁底
11	NS-DIS-G02-001-11	2 号孔 15 号板梁底

5.5.3　数据分析

1)分析思路

由于空心板梁桥横向刚性较大,桥上荷载作用沿桥梁纵向和横向同时传递,属于空间受力问题,求解困难。为解决这一难题,通常是将空间问题转化为平面问题,将研究对象设定为铰缝的横向协同变形问题,选取桥梁横断面进行受力分析。如图 5.5-4 所示,在板 1 受到外荷载 P 时,由于铰缝理论上为完全铰接,所以铰缝左右两侧的空心板在铰缝截面所受剪力相等,剪力方向相反。因此,在外荷载作用下铰缝两侧梁板挠度变化应具有较强的相关性。

空心板梁横截面宽度远小于纵向跨径(跨径/板宽 >>1),在荷载作用下板梁的横向扭转位移远小于跨中竖向位移。因此,在监测过程中忽略空心板梁横向扭转,假设板梁同一横断面底板各位置下挠变形一致,挠度监测点位布置于板梁底部中间,如图5.5-4中的测点1所示。理论上正常铰缝两侧板梁监测的相对位移差不完全为0,但接近于0,根据空心板梁桥实测数据显示(图5.5-5),相邻板梁挠度变化吻合度高。

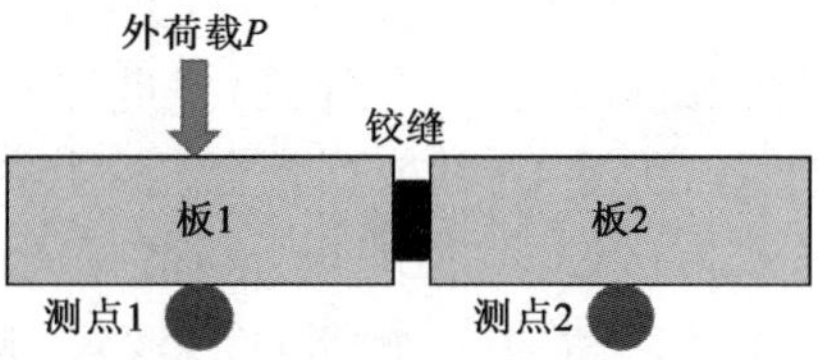

图5.5-4 铰接板计算简图

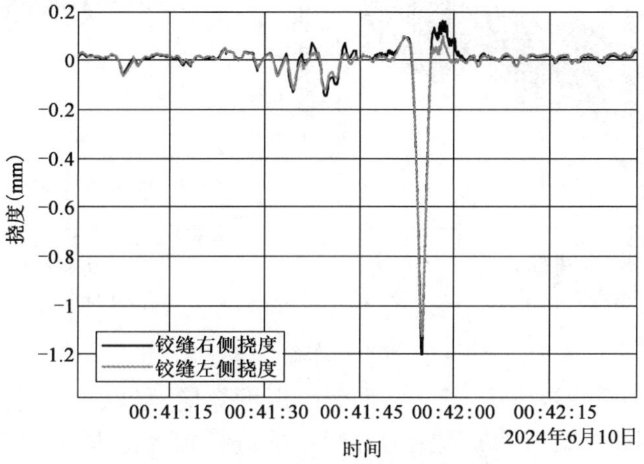

图5.5-5 相邻梁挠度监测时程数据

因此,基于相邻板梁挠度监测数据,采用最小二乘法计算铰缝两侧梁板挠度变化的相关系数,相邻梁挠度采用最小二乘法进行数据的1次拟合。设拟合直线的公式为 $y = kx + b$,其中,x、y 为需要拟合的坐标点,k 为拟合直线的斜率,b 为截距。计算出斜率后,根据已经确定的斜率 k,利用待定系数法求出截距 b,然后基于拟合曲线 $y = kx + b$,计算出监测数据与拟合曲线的相关系数 R^2。相关系数 R^2 越接近1,说明邻梁挠度的正相关程度越高。将计算出的相关系数 R^2 作为相邻两片空心板梁协同受力参数(图5.5-6),用来评判铰缝是否存在损伤。

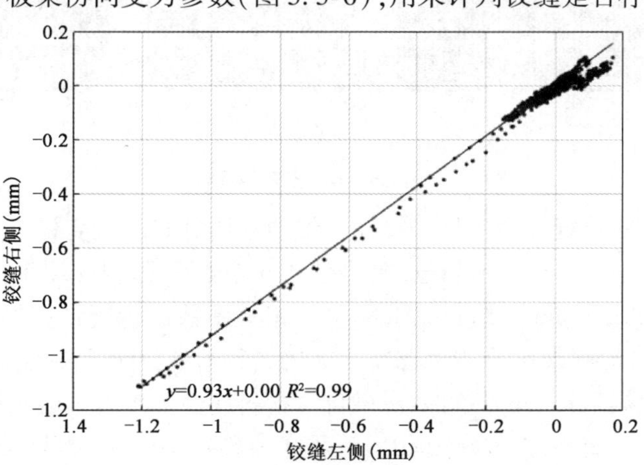

图5.5-6 相邻梁挠度相关性图

采用长周期的数据进行数据拟合会存在温度效应。温度效应会导致原本独立变形的两片尺寸相同的板梁(非邻梁)挠度变化具有较强的相关性。如图 5.5-7a)所示,同一座桥不同幅的空心板梁 1d 的数据就会存在相同温度趋势变化,非邻梁挠度也会存在较好的相关性(相关系数为 0.93)。但缩短分析数据周期后,挠度主要受车辆荷载影响,非邻梁受到的车辆荷载作用不同,变形不一致,相关性较差(相关系数为 0.07),如图 5.5-7b)所示。

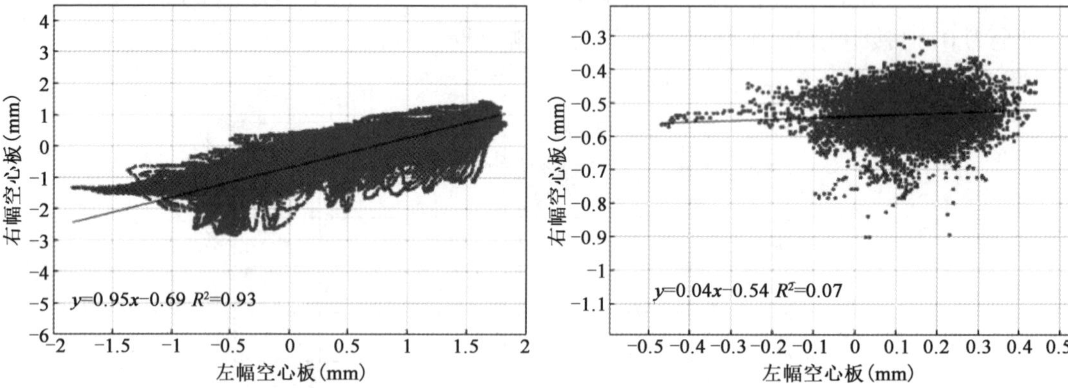

a)1d的数据　b)10min的数据

图 5.5-7　非相邻梁挠度相关性拟合图

因此,在计算相关系数过程中,首先需要忽略温度效应,采取较短时间的数据进行相关性分析。本小节采用相邻板梁 10min 数据为一组数据进行相关性求解,如图 5.5-8 所示。图中对每 10min 一组邻梁挠度数据进行相关性拟合,得到邻梁线性相关系数,从图中可看出相关系数趋势稳定,数据大致在 0.94 附近波动。

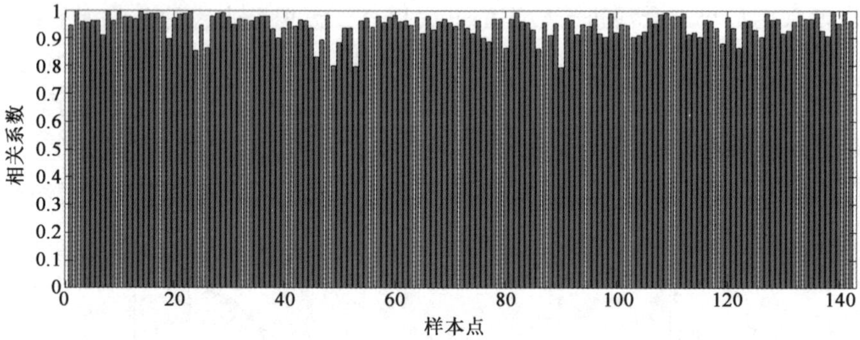

图 5.5-8　相关系数趋势图

广义极值分布是极值统计学中用于描述一组独立同分布随机变量最大值或最小值的概率分布。它是极值理论中的一个核心概念,特别适用于分析和预测极端事件。依据广义极值分布模型对图 5.5-8 中每 10min 一组数据求解出的相关系数进行统计归纳,得到相关系数分布模型的位置参数 μ、尺度参数 σ、形状参数 k。优化之后的参数能消除温度对相关系数的影响,能描述相关系数受数据采集、外界条件、桥梁自身材料属性等多方面因素影响而呈现出的离散性。如图 5.5-9 所示,通过位置参数 $\mu=0.94$、尺度参数 $\sigma=0.04$、形状参数 $k=-0.81$ 来描述铰缝运营状态。

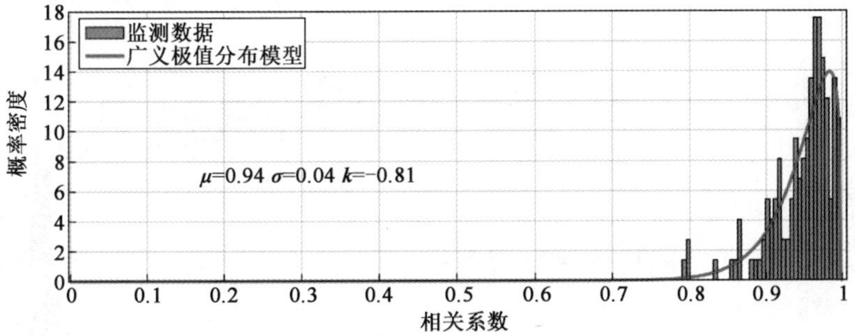

图 5.5-9 广义极值分布模型拟合图

结合大量空心板梁桥桥检报告病害情况、病害现场验证、邻梁挠度相关系数分布情况，得到表 5.5-3 所示的铰缝损伤程度判定及预警等级。

铰缝损伤判定及预警等级 表 5.5-3

预警级别	参数描述(μ、σ、k)	铰缝损伤程度	养护建议
一级	$0.9<\mu\leq1$ 且 $\sigma\leq0.15$，$k\leq0$	完好	常规养护，持续观测
二级	$0.6<\mu\leq0.9$ 且 $\sigma\leq0.40$，$k\leq0$	轻度损伤	提示管理部门注意
三级	$0.3\leq\mu\leq0.6$ 且 $\sigma\leq0.60$，$k\leq0$	中度损伤	提示检查铰缝损伤发展情况
四级	$\mu<0.3$ 或 $k>0$	严重破损	铰缝修补

注：当计算结果不满足各级预警时，参考参数 μ 的计算结果进行判断。

2）单桥数据分析

选取 S342 南山桥 2d 挠度监测连续数据进行分析，得到铰缝服役状态如表 5.5-4 所示。表中关于损伤的评定与桥检报告铰缝损伤类型对应率在 90% 以上。分析表 5.5-4 可知，由于 2 号孔的 11 号梁和 13 号梁非邻梁，且不属于同一桥幅，挠度变化值完全独立，因此可看作严重破损状态的铰缝；而根据本章节提出的铰缝损伤方法计算结果（$\mu=0.16<0.3$，$k=0.16>0$）也显示为严重破损，说明本章节提出的铰缝损伤方法准确性高。

铰缝损伤评定 表 5.5-4

挠度监测点位	铰缝编号	μ	σ	k	损伤评定	桥检报告缺损类型
2 号孔 4 号板梁	2-4	0.96	0.06	−1.50	正常	正常
2 号孔 5 号板梁	2-5	0.94	0.08	−1.51	正常	正常
2 号孔 6 号板梁	2-6	0.91	0.12	−1.39	正常	渗水
2 号孔 7 号板梁	2-7	0.33	0.25	−0.26	中度损伤	渗水
2 号孔 8 号板梁	2-8	0.81	0.22	−1.17	轻度损伤	渗水
2 号孔 9 号板梁	2-9	0.84	0.16	−1.00	轻度损伤	渗水
2 号孔 10 号板梁	2-10	0.79	0.24	−1.14	轻度损伤	渗水
2 号孔 11 号板梁	11 号与 13 号非邻梁	0.16	0.13	0.16	严重破损	—
2 号孔 13 号板梁	2-13	0.72	0.23	−0.82	轻度损伤	渗水
2 号孔 14 号板梁	2-14	0.68	0.30	−0.95	轻度损伤	渗水
2 号孔 15 号板梁	—	—	—	—	—	—

图 5.5-10～图 5.5-12 为部分铰缝相关系数分布图,从图中分布情况可以明显看出铰缝服役状态。

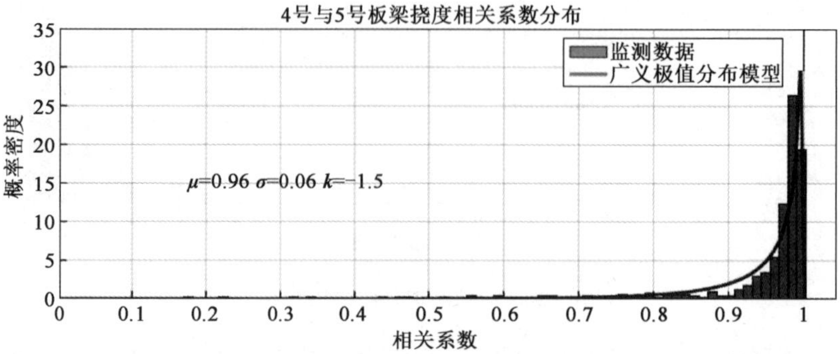

图 5.5-10　4 号与 5 号板梁挠度相关系数分布图(完好)

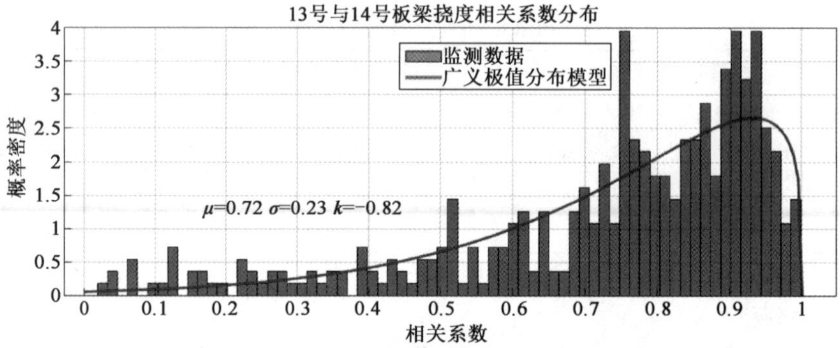

图 5.5-11　13 号与 14 号板梁挠度相关系数分布图(轻度损伤)

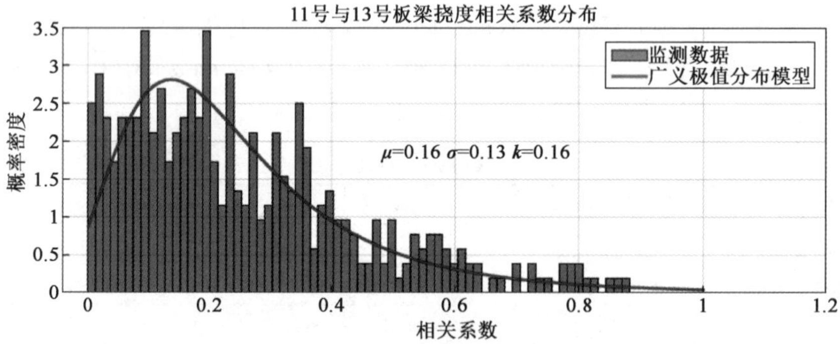

图 5.5-12　11 号与 13 号板梁挠度相关系数分布图(严重损伤)

3)桥梁群数据分析

选取江苏省部分空心板梁桥挠度监测数据进行分析,包括无锡市 5 座桥:G104 归径河桥、S342 南山桥、S263 钮家大桥、S342 融通港桥、S342 走马塘河桥;宿迁市 2 座桥:G235 姚河中桥、G343 朱成洼河大桥;徐州市 2 座桥:G206 运南灌渠桥、S253 胡楼桥。

表 5.5-5 中列出了各桥所在地市、路线名称、跨径、损伤评定等级,图 5.5-13 为不同桥梁铰缝损伤占比,图 5.5-14 为不同服役时间铰缝损伤占比,图 5.5-15 为不同地市铰缝损伤占比,图 5.5-16为不同地市运营车辆数。

各桥铰缝损伤评定表

表 5.5-5

地市	路线	桥名	跨径(m)	建桥时间(年)	铰缝	μ	σ	k	损伤评定
无锡	G104	归径河桥	25	2010	Z2-4	0.98	0.04	-1.71	一级
					Z2-5	0.96	0.08	-1.95	一级
					Y2-4	0.93	0.07	-1.15	一级
					Y2-5	0.94	0.10	-1.70	一级
	S342	南山桥	20	2009	2-4	0.96	0.06	-1.50	一级
					2-5	0.94	0.08	-1.51	一级
					2-6	0.91	0.12	-1.39	一级
					2-7	0.33	0.25	-0.26	三级
					2-8	0.81	0.22	-1.17	二级
					2-9	0.84	0.16	-1.00	二级
					2-10	0.79	0.24	-1.14	二级
					2-13	0.72	0.23	-0.82	二级
					2-14	0.68	0.30	-0.95	二级
	S263	钮家大桥	25	2004	3-5	0.88	0.15	-1.33	二级
					3-6	0.87	0.17	-1.34	二级
					3-17	0.93	0.10	-1.60	一级
					3-18	0.92	0.13	-1.56	一级
	S342	融通港桥	30	2012	Z3-4	0.95	0.10	-1.90	一级
					Z3-5	0.99	0.01	-0.81	一级
					Y3-4	0.98	0.02	-0.84	一级
					Y3-5	0.94	0.04	-0.81	一级
		走马塘河桥	25	2010	Z3-4	0.94	0.06	-1.06	一级
					Z3-5	0.88	0.16	-1.37	二级
					Y3-4	0.81	0.31	-1.61	二级
					Y3-5	0.85	0.23	-1.49	二级
宿迁	G235	姚河中桥	20	2021	Z1-5	0.93	0.08	-1.17	一级
					Z1-6	0.93	0.12	-1.75	一级
					Z1-7	0.96	0.06	-1.81	一级
	G343	朱成洼河大桥	20	2010	Z1-4	0.97	0.05	-1.53	一级
					Z1-5	0.95	0.06	-1.13	一级
					Z1-6	0.96	0.08	-1.92	一级

续上表

地市	路线	桥名	跨径(m)	建桥时间(年)	铰缝	μ	σ	k	损伤评定
徐州	G206	运南灌渠桥	12	1995	Y2-5	0.80	0.29	-1.47	二级
					Y2-6	0.82	0.20	-1.17	二级
					Y2-7	0.69	0.30	-0.96	二级
					Y2-8	0.78	0.24	-1.06	二级
					Y2-9	0.81	0.22	-1.19	二级
					Y2-10	0.77	0.25	-1.11	二级
					Y2-11	0.74	0.29	-1.12	二级
	S253	胡楼桥	20	2008	2-4	0.86	0.19	-1.40	二级
					2-5	0.79	0.26	-1.26	二级
					2-6	0.82	0.23	-1.28	二级
					2-7	0.84	0.19	-1.16	二级
					2-8	0.74	0.29	-1.12	二级
					2-9	0.75	0.26	-1.04	二级
					2-10	0.62	0.34	-0.91	二级

注：铰缝编号 $Zi-j$、$Yi-j$ 中 Z 表示左幅，Y 表示右幅，i 表示 i 号孔，j 表示 j 号铰缝。

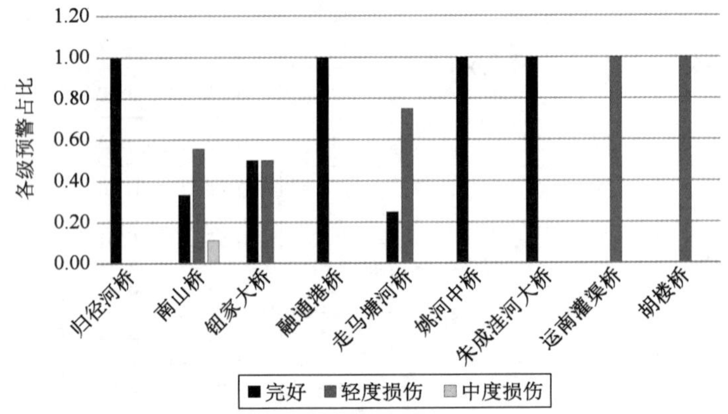

图 5.5-13　不同桥梁铰缝损伤占比

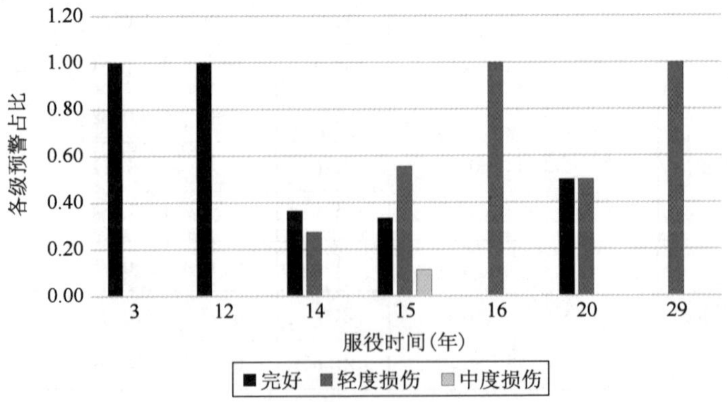

图 5.5-14　不同服役时间铰缝损伤占比

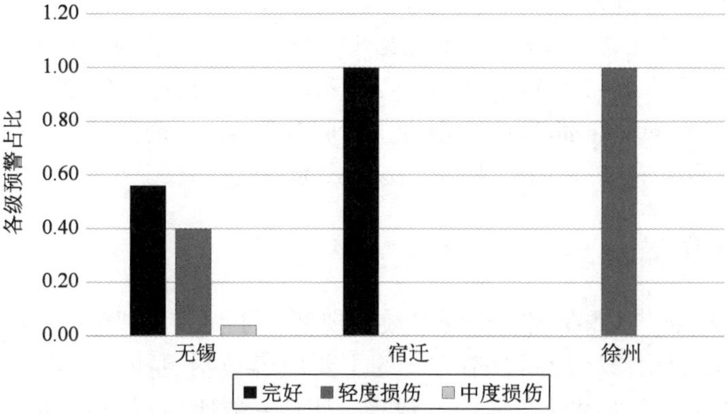

图 5.5-15　不同地市铰缝损伤占比

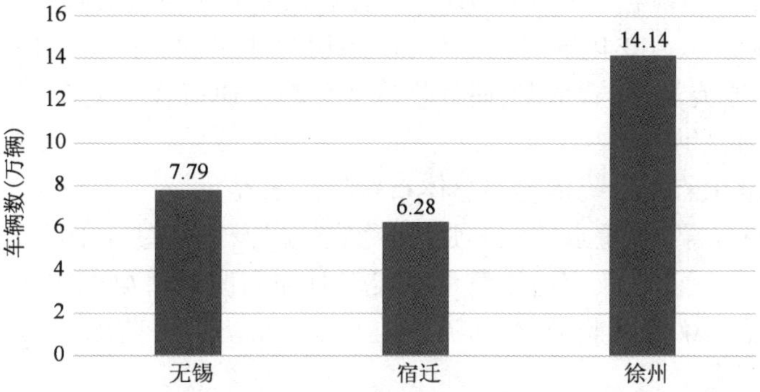

图 5.5-16　不同地市营运车辆数

分析图 5.5-13 可知,同一座空心板梁桥的铰缝出现损伤时,基本上是多片铰缝同时出现损伤,较少出现单桥单铰缝损伤;分析图 5.5-14 可知,随着服役时间的增加,空心板梁桥铰缝更易出现损伤;分析图 5.5-15 和图 5.5-16 可知,在车流量大的地市,铰缝更易出现损伤。

5.5.4　应用成效

空心板梁铰缝的受力一般处于拉、压、弯、剪的复合受力状态。当跨径较小时,空心板梁受力较小,铰缝的受剪作用相对突出;当跨径较大时,空心板梁受力较大,铰缝的受弯作用相对突出。通过对大量分布空心板梁桥的铰缝状态进行监测和评估,可以反映桥梁的整体运营状态,为养护部门开展针对性养护提供可靠依据。

5.6　桥梁加固改造期跟踪监测

5.6.1　项目概况

江苏省南京市 G205 龙池立交桥(左幅桥)位于 G205 宁连公路,建成于 1995 年,当时的设计荷载等级为汽-20，挂-100。

该桥为单幅桥，桥梁全长490m，桥面全宽11.75m。上部结构跨径布置由北往南为6×21m+(21+34+36+21)m+5×21m+21m+3×21m+3×21m，共22跨。其中跨越六合大道的为(21+34+36+21)m的4跨预应力混凝土弯箱连续梁；其余桥跨为21m钢筋混凝土简支T梁，横断面由7片梁组成，T梁和T梁间连接形式为铰接。

5.6.2 系统介绍

2021年5月，龙池立交桥在定期检测时被发现部分T梁存在严重开裂，危及结构安全，于是进行了针对性的加固抢修。加固改造方案的主要内容包括更换开裂严重的T梁，重做T梁拼接缝以及T梁粘贴钢板加固。在加固完成后，为进一步评估桥梁加固改造效果，并对后续桥梁服役情况进行观测，在龙池立交桥上建设了针对性的轻量化监测系统。该系统对更换的T梁构件及周围梁段和横隔板进行了应力应变监测，以实时了解梁段应力分布，进行新旧构件受力状况对比，并跟踪应力变化趋势。此外，还密切关注了加固改造梁段的几何线形及其变化，以及匝道区域交通流量、荷载情况，研究挠度变化与交通荷载的关系，为桥梁工作状态动态显示及结构健康评估提供资料。

龙池立交桥轻量化监测系统传感器总体布置见图5.6-1。

对于加固改造的桥梁，应重点关注其强度、稳定性以及运营过程中的交通情况。因此通过桥梁的挠度变化、应力应变以及交通流量可以实现对加固改造桥梁的定量评估。加固后评估的监测方法主要包括主梁挠度监测、交通流量监测以及应力应变监测。

(1)主梁挠度监测

①监测目的：当出现接缝纵向开裂、横隔板开裂及顶、底板纵向裂缝等病害时，桥梁很可能存在横向联系减弱、横向刚度降低、梁体的受力不均等问题，需要利用粘贴横向钢板或横向预应力碳纤维板等方式进行处治。通过主梁挠度监测，可以为分析加固改造前后桥梁的横向连接性能提供依据，保证桥梁横向受力的均匀分布。

②监测设备：光电挠度仪+光电标靶(同截面布置)。

③测点布置：根据桥梁的结构特点及经济实用的原则，在11号桥墩处布置2台光电挠度仪；在11号和12号跨的3号、4号、5号梁跨中各布置1个靶标点，共6个靶标点。

(2)交通流量监测

①监测目的：车辆荷载为桥梁运营期的主要荷载，且超载车辆是造成桥梁破坏和影响桥梁寿命的主要因素，对桥梁结构实际所受荷载进行分析，可使桥梁健康监测更加直接、可靠。监测桥梁交通荷载，进行车流、车道、车型识别，统计分析荷载规律和交通流特征，为结构响应的比较分析提供数据支撑。

②监测设备：车流量摄像头。

③测点布置：在12号跨跨中行车道侧边灯杆上布置1台高清摄像机。

(3)应力应变监测

①监测目的：病害情况严重的上部结构需要通过更换新梁的措施对桥梁进行加固改造以确保安全使用。在新梁浇筑前可预埋嵌入式钢筋计，监测梁底纵向主筋应力，了解梁体内部受力情况并与外部混凝土的表贴式应变计数值比较，多维度评估梁体受力情况。

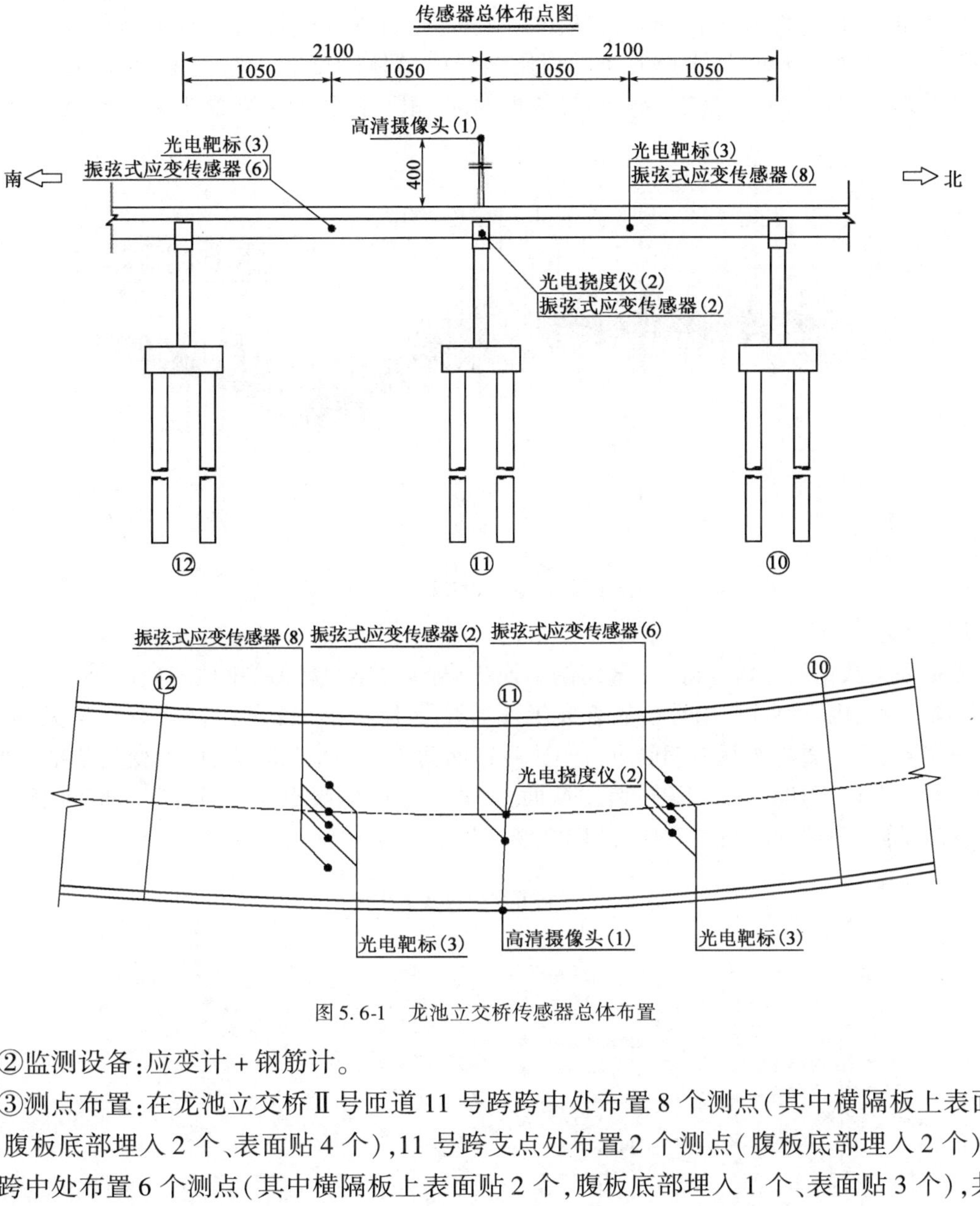

图 5.6-1 龙池立交桥传感器总体布置

②监测设备:应变计 + 钢筋计。

③测点布置:在龙池立交桥Ⅱ号匝道 11 号跨跨中处布置 8 个测点(其中横隔板上表面贴 2 个,腹板底部埋入 2 个、表面贴 4 个),11 号跨支点处布置 2 个测点(腹板底部埋入 2 个),12 号跨跨中处布置 6 个测点(其中横隔板上表面贴 2 个,腹板底部埋入 1 个、表面贴 3 个),共布置 16 个测点。

5.6.3 数据分析

本小节从应力应变的变化趋势和主梁挠度的对比两方面对加固后的龙池立交桥做出了分析评价,具体结论如下。

(1)主梁挠度

龙池立交桥的主梁挠度变化原因除了车辆荷载之外,还受到温度荷载影响,与温度呈强相关性,因此建议平时加强对伸缩缝和支座的检测。该桥(重载)车辆的通行时间主要分布在每天的5:00—23:00时间段内,23:00—5:00时间段内(重载)车辆通行较少。老梁跨中挠度大于更换的新梁,即更换的新梁相比老梁的整体刚度有一定程度提升(图5.6-2)。同跨两片新更换的梁跨中挠度变化趋势基本相同,相同截面的各新换T梁的刚度基本保持一致。

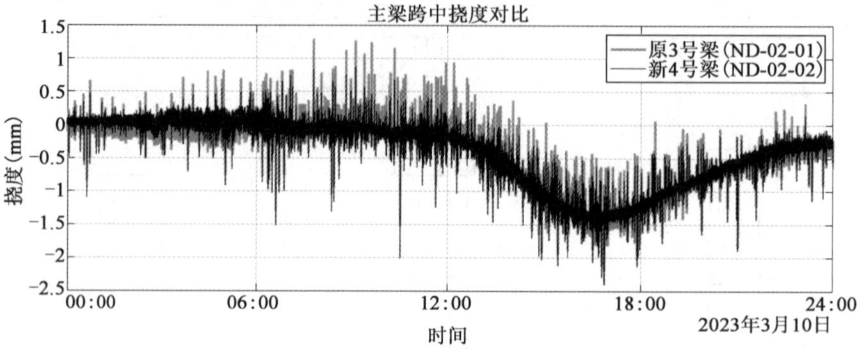

图5.6-2　龙池立交桥跨中挠度对比

(2)应力应变

根据采集数据的分析可得,11号跨的新换T梁(4号梁)腹板跨中位置处内外部应力变化趋势基本一致,内部钢筋应力数值显著大于外部混凝土应力。12号跨新换两片T梁(4号梁和5号梁)支点位置处腹板内钢筋应力相比浇筑前初始应力增长较大,应力变化基本一致,静应力波动不超过5MPa。12号跨的跨中截面上,各片T梁的腹板外表面混凝土应力变化趋势保持一致,静应力波动不超过2MPa,如图5.6-3所示。

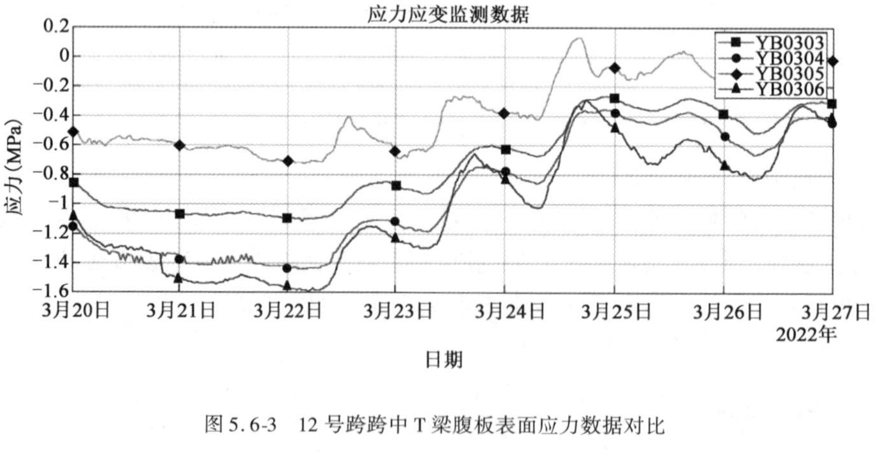

图5.6-3　12号跨跨中T梁腹板表面应力数据对比

5.6.4　应用成效

通过主梁挠度监测、交通变形监测及应力应变监测,实现了对加固改造桥梁的有效定性评估,并在龙池立交桥上进行了应用验证。通过对龙池立交桥监测数据的处理分析实现了对加固效果的量化分析。对加固前后的桥梁持续监测并进行比对,可以进一步挖掘监测数据价值,识别结构变化特征,并据此对监测方法和位置进行敏感性分析,从而优化监测方案设计,提升数据分析效用。从长期来看,在加固改造完成后对桥梁进行性能验证,反馈加固设计,形成良性循环,也能指导今后加固方案设计,提升加固改造前期设计的科学性和合理性。

参考文献

[1] 宗跃然,左永辉,程勋煜.长大桥群结构健康监测系统研究及开发[J].城市道桥与防洪,2024,(5):15-17,10.

[2] 王浩,邹仲钦,陶天友,等.苏通大桥实测典型台风特性对比分析[J].东南大学学报(自然科学版),2018,48(2):342-349.

[3] 苏木标,杜彦良,孙宝臣,等.芜湖长江大桥长期健康监测与报警系统研究[J].铁道学报,2007,(2):71-76.

[4] 刘正光,黄启远.人造卫星定位系统在桥梁结构健康监测系统中的应用——以香港悬索体系桥梁为例[J].现代交通技术,2008,5(6):22-27.

[5] 务实,于森.助力"两个纲要"深入实施在加快建设交通强国新征程中当好先行[N].中国交通报,2023-2-9(6).

[6]《城市道桥与防洪》编辑部.《"十四五"交通领域科技创新规划》解读[J].城市道桥与防洪,2022,(7):247-248.

[7] 杨杰,余向华,王林燊,等.平潭海峡公铁大桥健康监测系统构建及应用[J].中国交通信息化,2024,(S1):572-575.

[8] 王银刚,程华强,廖景胜,等.新河大桥健康监测系统设计与数据分析[J].结构工程师,2022,38(2):145-152.

[9] 张欣,潘玲,樊锋,等.中小跨径桥梁健康监测系统设计及应用[J].广东公路交通,2022,48(6):54-59.

[10] 向阳,杜君.桥梁健康监测系统中的大数据分析与研究[J].铁路计算机应用,2020,29(1):44-48,54.

[11] 王腾义,李丹,张建.桥梁结构轻量化健康监测思路与技术研发[J].土木工程学报,2024(5):1-18.

[12] 马成武,高博,李泽山.基于自适应鲸鱼算法的桥梁传感器优化布置方法[J].噪声与振动控制,2024,44(1):59-63,91.

[13] 邬晓光,徐祖恩.大型桥梁健康监测动态及发展趋势[J].长安大学学报(自然科学版),2003,(1):39-42.

[14] 高晓勇.汽车轻量化材料及制造工艺现状分析[J].汽车电器,2024,(6):29-31.

[15] 舒恪晟,陈李.飞机发动机短舱降载轻量化设计方法研究[J].飞机设计,2024,44(1):72-75.

[16] LIU G, LI L, ZHANG L, et al. Sensor Faults Classification for SHM Systems Using Deep Learning-based Method with Tsfresh Features[J]. Smart Materials and Structures, 2020, 29(7):075005.

[17] 张宇峰,李贤琪.桥梁结构健康监测与状态评估[M].上海:上海科学技术出版社,2018.

[18] PIMENTEL M A,CLIFTON D A,CLIFTON L,et al. A Review of Novelty Detection [J]. Signal Processing,2014,99:215-49.

[19] 唐志一.基于深度学习的结构健康监测异常数据诊断与重构[D].哈尔滨:哈尔滨工业大学,2021.

[20] RUCKSTUHL A F,JACOBSON M P,FIELD R W,et al. Baseline Subtraction Using Robust Local Regression Estimation[J]. Journal of Quantitative Spectroscopy & Radiative Transfer, 2001,68(2):179-193.